航 海 基 础

陈昌明 主编
张金水 主审

哈尔滨工程大学出版社

内 容 简 介

本书共分9章。分别介绍了航海基础知识,航海图书资料,潮汐与《潮汐表》的应用,游艇定位,游艇用磁罗经、测深仪和计程仪,航路与航法,气象和海洋学基础,主要天气系统和航海新技术。为便于学习,本书还编写了适合各章内容的练习题,并附参考答案。

本书的内容符合中华人民共和国海事局2004年颁布的《海船船员适任考试和评估大纲》(修订)航海学科目的要求,适用于近岸航区游艇船员培训,也可作为航海院校和其他航海从业人员的技术参考书。

图书在版编目(CIP)数据

航海基础/陈昌明主编. —哈尔滨:哈尔滨工程
大学出版社,2015.2(2024.3 重印)
ISBN 978 - 7 - 5661 - 1002 - 2

Ⅰ.①航… Ⅱ.①陈… Ⅲ.①航海学 - 中等专业
学校 - 教材 Ⅳ.①U675

中国版本图书馆 CIP 数据核字(2015)第 037014 号

出版发行	哈尔滨工程大学出版社
社　　址	哈尔滨市南岗区南通大街 145 号
邮政编码	150001
发行电话	0451 - 82519328
传　　真	0451 - 82519699
经　　销	新华书店
印　　刷	哈尔滨午阳印刷有限公司
开　　本	787 mm ×1 092 mm　1/16
印　　张	15.5
字　　数	399 千字
版　　次	2015 年 3 月第 1 版
印　　次	2024 年 3 月第 5 次印刷
定　　价	33.00 元

http://www.hrbeupress.com
E-mail:heupress@ hrbeu.edu.cn

前　言

本教材作为游艇专业的培训教材,既能够满足游艇船员考试培训的需要,也能为船员的业务学习提供帮助,提高游艇船员整体素质。本教材还可供海事管理机构和船员培训机构人员学习参考,促进考前培训质量的提高。

本书共分9章。第1章为航海基础知识,介绍了地理坐标、方位、航向及其测量、航程、海图的识读与使用、航标等;第2章为航海图书资料,介绍了近岸航区游艇必备的航海图书资料及其使用;第3章为潮汐与《潮汐表》的应用,介绍了潮汐的基本成因与潮汐不等现象、中版《潮汐表》与潮汐推算、潮流推算等;第4章为游艇定位,介绍了近岸航区常用的定位方法,包括陆标定位、雷达定位、GPS定位等;第5章主要介绍了游艇用磁罗经、测深仪和计程仪的分类与构造、检查与使用;第6章主要介绍了沿岸、狭水道、岛礁区、江河口地区与特殊条件下的航路选择与航行方法,简单介绍了船舶定线制以及我国定线制的报告制度;第7章为气象水文基本要素及其观测;第8章主要介绍了影响我国沿海的主要天气系统的特性;第9章主要介绍了VDR,AIS以及LRIT等航海新技术的应用。为便于学习,本书还编写了适合各章内容的练习题,并附参考答案。

本书由陈昌明主编,张金水、田慧玉参加了部分章节内容的编写,张金水任主审。

本书在编写过程中得到了交通部海事局领导和专家的关心与指导,相关海事部门和船公司对本书的编写也提供了热情的帮助和支持,在此一并表示感谢!由于编写水平有限,加上时间仓促,书中难免存在错误和疏漏,欢迎广大读者和专家批评指正。

编　者

2014 年 2 月

目　　录

第1章　航海基础知识

1.1　地球形状与地理坐标

1.1.1　大地球体

　　游艇在海面上航行,实际是在地球表面的海面航行,为了研究诸多航海问题,应该对地球的形状和大小有个基本的了解。地球的自然表面有高山、深海,形状非常复杂。地球表面约有3/4被大洋所覆盖,大陆的高低起伏与地球的半径相比,又显得微不足道。所以,航海上讨论的地球形状,并不是指其自然形状,而是指由大地水准面所包围的几何体的形状。

　　地球上任意一点的水准面是指通过该点且与该点的铅垂线垂直的平面。液体的静止表面就是水准面。设想一个与平均海面相吻合的水准面,并将它延伸到陆地内部,在延伸中始终保持此面处处与当地的铅垂线正交,这样形成的一个连续不断的、光滑的闭合曲面,叫做大地水准面。被大地水准面所围成的球体叫做大地球体。图1－1所示为地球的形状。

图1－1　地球的形状

1.1.2　大地球体的近似体

　　大地球体是一个不规则的几何体。为了应用的方便,在不同的应用场合会使用到大地球体的不同近似体。

　　1. 第一近似体——地球圆球体

　　航海上为了计算上的简便,在精度要求不高的情况下,通常将大地球体当作地球圆球体。

2. 第二近似体——地球椭圆体

在大地测量学、海图学和需要较为准确的航海计算中,常将大地球体当作两极略扁的地球椭圆体。

地球椭圆体即旋转椭圆体,它是由椭圆 P_NQP_SQ' 绕其短轴 P_NP_S 旋转而成的几何体(图1-2)。表示地球椭圆体的参数有:长半轴 a、短半轴 b、扁率 c 和偏心率 e。

1.1.3　地理坐标

地理坐标是指地球椭圆体表面上任意一点位置的坐标,由地理经度和地理纬度构成。航海上的游艇位置、物标的地理位置等都是用地理坐标来表示的。

地理坐标的基准圈是赤道和格林子午线。格林子午线就是通过英国伦敦格林尼治天文台的子午线,它作为计算地理经度的起始子午线,也称零度经线。格林子午线与赤道的交点 M 是地理坐标的原点(图1-3)。

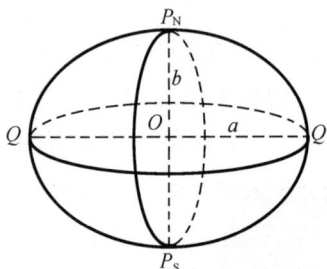

图1-2　地球椭圆体示意图　　　　图1-3　地理坐标结构图

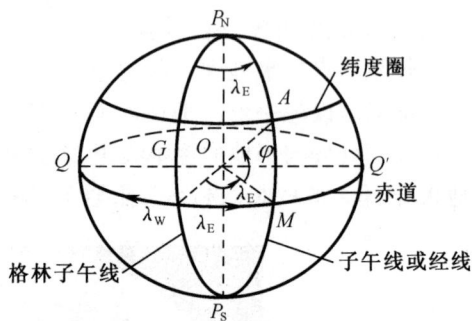

1. 地理经度

地面上某点的地理经度是按下述方法来确定的:它是以格林子午线为基准,以格林子午线与该点子午线之间所截的赤道短弧,或此短弧所对的球心角或极角作为该点的地理经度的。用代号 λ 或 Long 来表示地理经度,如图1-4所示。

某点经度的计算方法是:从格林子午线起算,向东或向西由 $000° \sim 180°$ 计量到该点的子午线。向东计算的称东经,用 E 标示;向西计算的称西经,用 W 标示。

例如:北京的经度是 $116°28'.2E$;广州的经度为 $113°18'.5E$。

2. 地理纬度

地面上某点的地理纬度是按下述方法来确定的:它是以赤道为基准,以椭圆子午线在该点的法线与赤道面的交角作为该点的地理纬度。用代号 Lat 或 φ 表示,如图1-4所示。

某点纬度的计算方法是:从赤道起算,向北或向南沿子午线在 $0° \sim 90°$ 的范围内量至测者所在的纬度圈。在赤道以北的称北纬,用 N 标示;在赤道以南的称南纬,用 S 标示。

例如:北京的纬度是 $39°54'.4N$;广州的纬度为 $23°08'N$。

1.1.4 经、纬差计算

经差为两地之间经度的代数差,用符号 D_λ 表示;纬差为两地纬度之代数差,用 D_φ 表示。经差和纬差是有方向性的,应根据起算点和到达点的相对位置关系确定。如到达点位于起算点以东,为东经差;位于起算点以西,为西经差。同样,如到达点位于起算点以北,为北纬差;位于起算点以南,为南纬差。其计算公式如下:

$$D_\lambda = \lambda_2 - \lambda_1 \quad 如图1-5(a)所示$$
$$D_\varphi = \varphi_2 - \varphi_1 \quad 如图1-5(b)所示$$

式中 λ_1,λ_2——起始点经度和到达点经度;
         φ_1,φ_2——起始点纬度和到达点纬度。

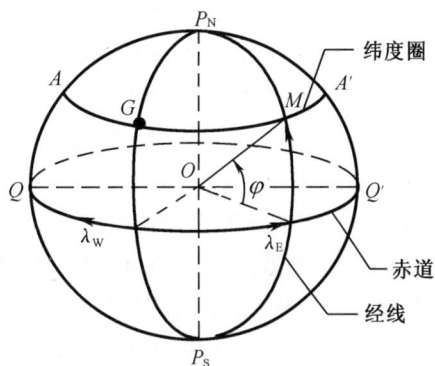

图1-4 地理经、纬度示意图

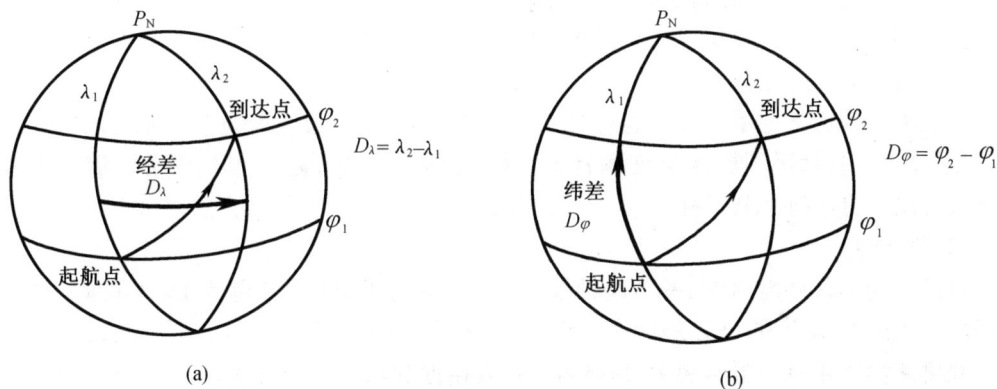

(a)

(b)

图1-5 经、纬差示意图

(a)经差;(b)纬差

计算中注意:

(1)东经、北纬取正值(+),西经、南纬取负值(−);

(2)经差、纬差为正值,分别表示东经差和北纬差,负值表示西经差和南纬差;

(3)经差的绝对值不应大于180°,当计算结果大于180°时,应由360°减去该绝对值,并改变符号。

1.2 向位与舷角

1.2.1 方向的确定、划分与换算

1. 四个基本方向的确定

通过测者眼睛,并与该点所受重力方向重合的直线叫做测者铅垂线。凡与测者铅垂线相垂直的平面,称为测者地平平面,其中通过测者眼睛的地平平面,叫做测者真地平平面;

包括测者铅垂线,并与测者子午圈平面相垂直的平面,称为测者东西圈平面(卯酉圈平面)。

航海上测者周围的方向是建立在测者地面真地平平面之上的。如图 1-6 所示,$A'O$ 为测者 A 的铅垂线,测者真地平平面 WSEN 与测者子午圈平面 P_NAQP_SQ' 相交的直线 SN 称为测者的方向基准线——南北线。它靠近地理北极 P_N 的一方是测者的正北方向;靠近南极 P_S 的一方是测者的正南方向。测者真地平平面与测者卯酉圈平面的交线 WE,叫做测者东西线。当测者面北背南时测者东西线的右方是正东方向,左方是正西方向。

位于不同地点的测者,具有不同的测者铅垂线和测者地面真地平平面,其方向基准也各

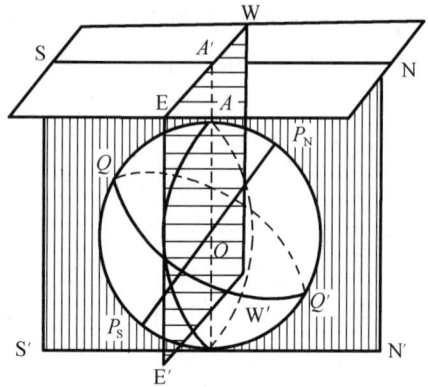

图 1-6 方向构成示意图

不相同。位于两极的测者无法确定其方向基准;位于南极的测者其任意方向都是正北方向;而位于北极的测者,其任意方向都是正南方向。

2.航海上方向的划分

仅在测者地面真地平平面上确定四个基本方向,不能完全表示测者地面真地平平面上的其他各个方向,远远不能满足航海上的需要,必须将方向做进一步的划分。航海上常用的划分方向的方法有下列三种。

(1)圆周法

以正北为方向基准 000°,按顺时针方向计量至正东为 090°,正南为 180°,正西为 270°,再计量到正北方向为 360°或 000°。

圆周法始终用三位数字表示,是航海上最常用的表示方向的方法。

(2)半圆法

以正北或正南为基准,分别向东或向西计量,计量范围 0°～180°,除度数外,还应标出起算点和计算方向,如 30°NE,150°SE,30°SW,150°NW。

任何一个地平平面方向,都有两种半圆法表示法。在天文航海中,常用半圆法表示天体方位。

(3)罗经点法

如图 1-7 所示,以北、东、南、西四个基本方向为基点;将平分相邻基点之间的地面真地平平面方向称为隅点,即北东(NE)、南东(SE)、南西(SW)和北西(NW)四个方向;将平分相邻基点与隅点之间的地面真地平平面方向称为三字点,其名称由基点名称以后加上隅点名称组成,即北北东(NNE)、东北东(ENE)、东南东(ESE)、南南东(SSE)等

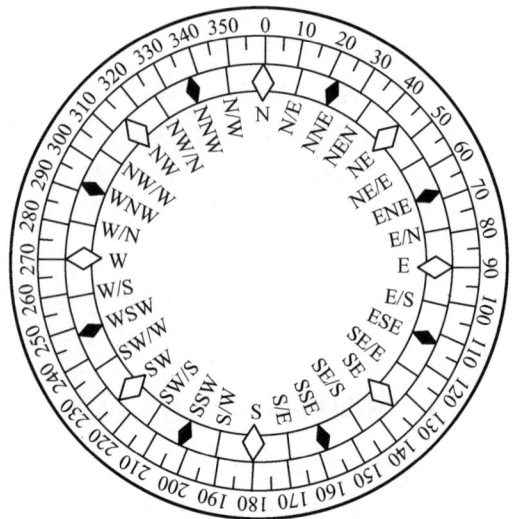

图 1-7 罗经点基点构成示意图

八个方向;再将平分相邻基点或隅点与三字点之间的 16 个地面真地平平面方向称为偏点,偏点名称由基点名称或隅点名称以后加上偏向的方向来组成,例如:北偏东(N/E)、北东偏北(NE/N)、东偏北(E/N)等。

这样,四个基点、四个隅点、八个三字点、十六个偏点共计 32 个方向点,叫做 32 个罗经点。罗经点也可以被认为是两个相邻的罗经点方向之间的角度,因此

$$1 \text{ 点} = 360°/32 = 11°.25, \text{ 或 } 4 \text{ 点} = 45°$$

过去,罗经点法曾在航海各领域得到广泛运用,而目前仅用它来表示风、流等的大概方向。

3. 三种方向划分之间的换算

根据航海实际的需要,三种方向之间的换算,通常是指将半圆法和罗经点法所表示的方向换算为相应的圆周法方向,其换算方法如下。

(1)半圆法换算成圆周法的法则

在北东(NE)半圆,圆周度数 = 半圆周度数

在南东(SE)半圆,圆周度数 = 180° − 半圆周度数

在南西(SW)半圆,圆周度数 = 180° + 半圆周度数

在北西(NW)半圆,圆周度数 = 360° − 半圆周度数

(2)罗经点法换算成圆周法的法则

由于相邻两罗经点之间的角度为 11°.25,因此,某个罗经点方向所对应的圆周方向,可根据该罗经点在罗经点法中的点数乘以 11°.25 的法则确定。

根据上述法则将罗经点法换算为圆周法方向固然可行,但是,掌握每个罗经点在罗经点法中的点数比较困难,故该换算方法的应用受到较大的限制。在掌握了所有罗经点的意义、命名方法以及四个基点与四个隅点所对应的圆周法方向的基础上,还可依据下列原则进行换算。

8 个三字点的圆周方向等于相应的基点方向与隅点方向的算术平均值;

16 个偏点的圆周方向等于相应基点或隅点方向 ±11°.25,其中"±"应根据该偏点偏向相应基点或隅点的方向确定:顺时针方向取"+",逆时针方向取"−"。

1.2.2 航向、方位与舷角

航海上经常涉及的方向有两种:游艇航行的方向(航向)和物标的方向(方位)。现将与此有关的若干定义等介绍如下(图 1−8)。

航向线:当游艇无横倾时,艇首尾面(通过游艇铅垂线的纵剖面)与测者地面真地平平面所相交的直线,叫做艇首尾线。艇首尾线向艇首方向的延伸线,叫做航向线,代号 CL。

真航向:游艇航行时,在测者地面真地平平面上,自真北线顺时针方向计量至航向线的角度,称为游艇的真航向,计量范围 000°~360°,代号 TC。

方位线:在地球表面上连接测者与物标的大圆弧 AM,叫做物标的方位圈,而物标方位圈平面与测者地面真地平平面相交的直线 AM′,称为物

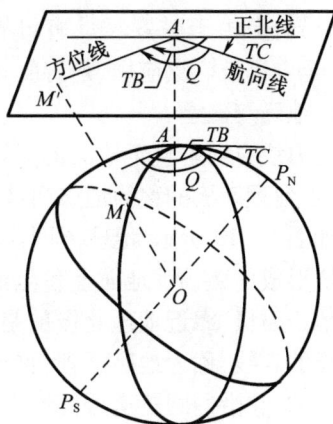

图 1−8 航向、方位与舷角示意图

标的方位线,代号 BL。

真方位:在测者地面真地平平面上,自正北方向线顺时针方向计量至物标方位线的角度,称为游艇的真方位,计量范围 000° ~ 360°,代号 TB。

舷角:在测者地面真地平平面上,从航向线到物标方位线之间的夹角,称为物标的舷角或相对方位。舷角以航向线为基准,按顺时针方向计量至物标方位线,计量范围 000° ~ 360°,始终用三位数表示,代号 Q;或以艇首向为基准,分别向左或向右计量至物标方位线,计量范围 0° ~ 180°,向左计量为左舷角 $Q_左$,向右计量为右舷角 $Q_右$。当舷角 $Q = 090°$ 或 $Q_右 = 90°$ 时,叫做物标的右正横;当 $Q = 270°$ 或 $Q_左 = 90°$ 时,叫做物标的左正横。

物标的真方位是以测者的正北方向线为基准度量的,与航向无关。如果只改变航向,而测者的位置不发生变化,则物标真方位不变。物标的舷角是以游艇首尾线为基准度量的,只要航向发生变化,物标的舷角也随之改变。航向、方位和舷角之间的关系为

$$TB = TC + Q_右 \quad 或 \quad TB = TC - Q_左$$

如计算所得的真方位值大于 360° 或小于 0°,则应分别减去或加上 360°。

1.3 向位的测定与换算

航海上测定向位(航向和方位)的仪器是罗经。目前游艇上配备的罗经有陀螺罗经(俗称电罗经)和磁罗经两大类型。本节重点介绍用磁罗经测定向位的有关概念和向位换算等基础知识。

1.3.1 磁罗经

磁罗经是由我国古代四大发明之一——指南针演变发展而来的(图 1 - 9)。磁罗经是用来指示游艇航向和观测物标方位的仪器。它的指向原理是根据地磁对于自由磁针"同性相斥、异性相吸"的磁力作用,使磁针的两端指向地磁的南北极,从而达到指向的目的。尽管现代高新航用仪器发展日新月异,但由于磁罗经具有可靠和使用方便等特点,至今仍被广泛应用,是游艇必备的仪器。

图 1 - 9 磁罗经图片

1. 地磁与磁差

磁力线方向垂直于地面的点称为地磁磁极;地磁场有两个极,近地理北极的称为地磁北极;近地理南极的称为地磁南极。

如图 1 - 10 所示,地球周围存在一个天然磁场——地磁,它好像是由地球内部的一个大磁铁所形成的磁场。地面上各点的磁力线方向是不相同的,磁力线方向垂直于地面的点,叫做地磁磁极,靠近地理北极的是磁北极,靠近地理南极的是磁南极。连接地磁北极和地磁南极的直线,称为地磁磁轴,它与地轴约相交成 11°.5。此外,地磁磁极的位置并不是固定不变的,它沿椭圆轨道缓慢地绕地极移动,约 365 年绕地极一周。

(1)磁差定义

因为地磁北极与地理北极并不在同一地点,地磁磁场本身又很不规则,所以地面上某点的磁北线与真北线往往不重合。磁北(N_M)偏离真北(N_T)的角度称为磁差,代号 Var。如

图 1-11 所示,如磁北偏在真北的东面,称磁差偏东,用 E 或 + 表示;磁北偏在真北西面,则称磁差偏西,用 W 或 - 表示。

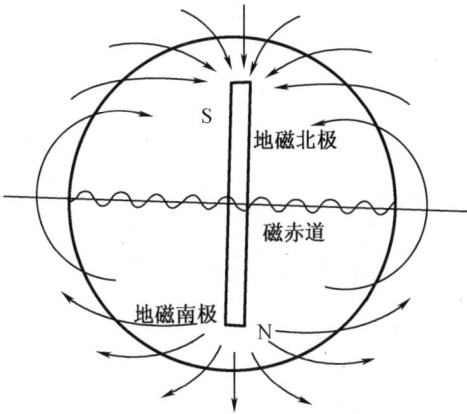

图 1-10　磁力线方向示意图

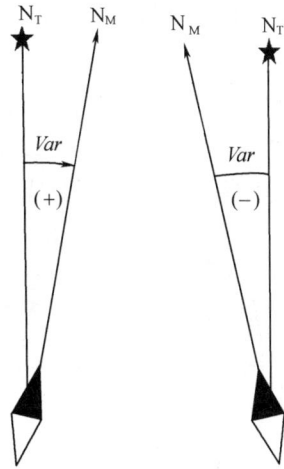

图 1-11　磁差示意图

（2）磁差的变化

根据地磁磁场的分布情况及其变化规律,磁差的变化具有下列特点:

①磁差随地区变化。由于地磁磁轴并不与地轴重合,而且地磁磁轴也不通过地球球心,加上地磁磁场的不规则性,使得地面上磁力线的分布与走向相当复杂,因此,各地磁差的大小和方向,随各地相对于地理北极和地磁北极的方向的不同而各不相同。低纬地区磁差一般较小,最小可为 0°;高纬地区,尤其是靠近地磁磁极的地区,磁差值较大而且变化显著,磁差最大可达 180°。因此,游艇在磁极地区（通常指极区）航行,是无法用磁罗经导航的。

②磁差随时间变化。由于地磁磁极沿椭圆轨道不断地绕地极缓慢移动,因此,同一地点的磁差将随时间逐渐变化,每年大约变化 0°~0°.2,叫做磁差的年变化或年差。年差可用东（E）或西（W）表示,也可用磁差绝对值的增加（+）或减少（-）表示。

年差的东（E）或西（W）表示该地磁差每年向东或向西变化,如年差 0°.2 W,表示磁差每年向西变化 0°.2,即该地磁北每年向西偏移 0°.2;年差的 + 或 - 不表示磁差的变化方向,而是指该地磁差绝对值的增加或减少。

③磁差随地磁异常和磁暴变化。沿海某些地区,可能由于地下埋藏着大量磁性矿物的影响,使得该地区的磁差与附近其他地区的磁差有明显的差异,称为地磁异常。各地地磁异常区的有关资料通常刊印在相应的海图和航路指南中,游艇在这些区域航行时,必须格外谨慎。磁差的偶然和罕见的波动,称为磁暴。经研究,它主要与太阳黑子的暴发有关。磁暴的时间一般比较短暂,但它可使磁差在一昼夜中变化几度至几十度。因此,一旦发现磁向位突然发生较大的变化,应特别谨慎。

（3）磁差的计算

磁差随地区变化,不同地区的磁差值一般经测量得到。此外,由于磁差还随时间变化,因此,仅知道测量当时磁差的大小和方向是不够的,还必须知道该地的年差。完整的磁差资料应包含:测量当时的磁差值(大小和方向)、年份和年差。

在航用海图上,给出磁差资料的方法一般有下列三种:

①某些航行图和港湾图上,一般在该图的方位圈(即罗经圈,俗称罗经花)上给出该方位圈中心点处的磁差值、测量年份与年差数据,如图 1 - 12 所示。

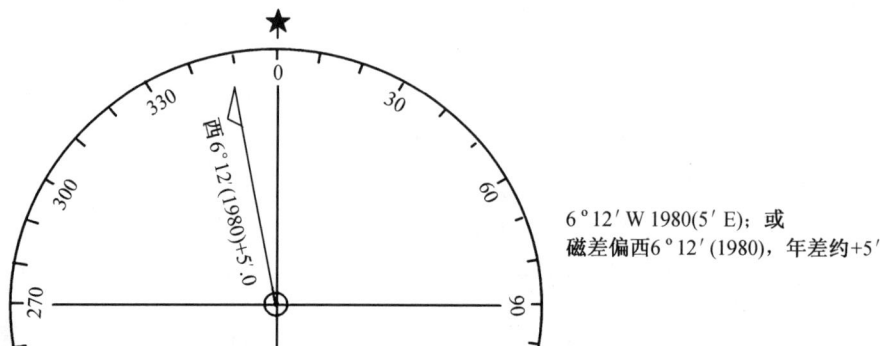

6°12′ W 1980(5′ E);或
磁差偏西6°12′(1980),年差约+5′

图 1 - 12　罗经花示意图

②在总图和远洋航行图上,由于海图比例尺小,覆盖范围大,图区内磁差变化较大,因此,只能以等磁差线的形式给出磁差资料。等磁差线是磁差相等的各点的连线,每条等磁差线上都注有相应的磁差和年差,其中 E 和 W 分别表示磁差(年差)偏东和偏西。所提供磁差的年份在海图标题栏内给出。使用该类磁差资料,需根据船位选取相邻的磁差曲线上当年的磁差数据,利用比例内插的方式求取船位处的磁差。

③在一些大比例港泊图上,由于比例尺较大,海图覆盖范围较小,整个图区内的磁差可以认为是相等的,因此,通常仅在海图标题栏内给出所在地的磁差资料。

使用磁罗经时,必须适时地查取磁差资料,并按下式求取当地、当时的磁差:

$$所求磁差 = 图示磁差 + 年差 × (所求年份 - 测量年份)$$

其中,图示磁差取其绝对值,年差增加取 + ,减少取 - 。若年差用 E 或 W 表示,则当年差与图示磁差同名时,年差取 + ,异名时取 - ;结果为 + ,所求磁差与图示磁差同名;结果为 - ,则所求磁差与图示磁差异名。

2.磁向位

将磁罗经放置在地球上某一点,当它仅受到地磁磁场的作用时,磁针的 NS 线将与该点的地磁磁力线相重合,其 N 极所指的方向(即磁罗经刻度盘 0°的方向)在地面真地平平面上的投影,即为磁北 N_M。如图 1 - 13 所示,磁北线与航向线之间的夹角称为磁航向,代号 MC;磁北线与方位线之间的夹角称为磁方位,代号 MB。磁航向与磁方位均以磁北为基准,分别按顺时针方向计量至航向线或物标方位线,计量范围 000° ~ 360°。显然,磁向位、磁差和真向

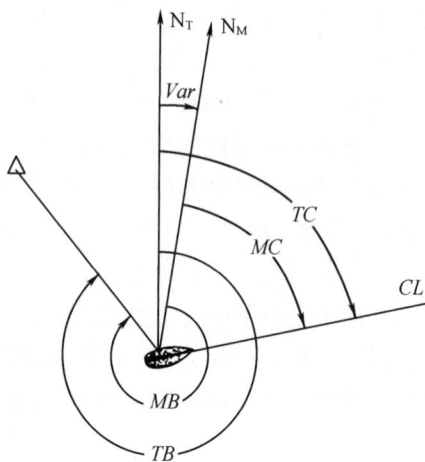

图 1 - 13　磁航向示意图

位之间的关系为

$$MC = TC - Var$$
$$MB = TB - Var$$

3. 磁罗经自差

（1）船磁与自差

安装在钢铁制成的游艇上的磁罗经，除了受到地磁的作用外，还将受到游艇上钢铁在地磁磁场中磁化后形成的磁场——游艇磁场的影响以及磁罗经附近电气设备形成的电磁场的影响。这样，致使磁罗经的指北端不再指示磁北方向，而指向上述各磁场的合力方向。此时磁罗经刻度0°所指示的北称为罗北，代号 N_C。

罗北偏离磁北，是由于游艇自身的磁场所引起的，因此，将罗北线与磁北线之间的角度称为自差，用缩写 Dev 或符号 σ 示。如图 1–14 所示，如罗北偏在磁北以东，称为东自差，用 E 或 + 标示；若罗北偏在磁北以西，则为西自差，用 W 或 – 标示。

自差的大小和符号与游艇钢铁磁化的性质和程度（船磁）有关，而船磁又与游艇首向和地磁磁力线方向的相对位置有关，即船磁的大小和方向是随航向的不同而改变的。因此，磁罗经的自差也随航向的变化而变化。

此外，自差还可能因游艇装载钢铁和磁性矿物、磁罗经附近铁器和电器的变动、游艇倾斜和游艇所处不同地区磁差的显著变化而有所变动。

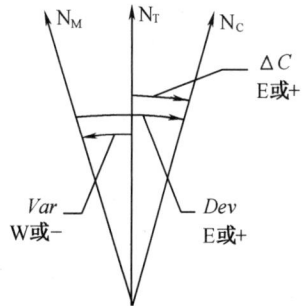

图 1–14　自差示意图

（2）自差资料的求取

如果磁罗经自差较大，则当游艇转向时，转向角度可能和罗经读数的变化数值相差较大，这样，不仅对使用罗经很不方便，而且容易产生错觉，甚至发生事故。因此，当磁罗经自差较大时，必须进行自差校正，尽可能地消除各个方向的自差。

磁罗经自差虽然可以校正，但是不可能把各个方向的自差消除干净，一般还会剩下 ±0° ~ ±3°的自差，叫做剩余自差。对磁罗经进行自差的校正以后，应测出 8 个罗经点方向的剩余自差，然后用曲线法或公式计算法，制成磁罗经自差曲线图（图 1–15）或自差表，供游艇航行中向位换算使用。

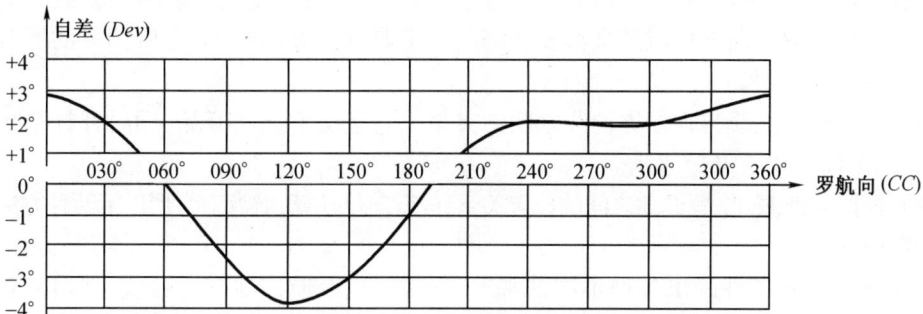

图 1–15　磁罗经自差曲线图

磁罗经自差表或自差曲线给出了不同罗航向上的磁罗经自差值,因此,求取磁罗经自差时,应以罗航向为引数查取。如仅知道游艇的真航向而不知道其罗航向时,应用磁航向近似代替罗航向为引数来查取自差,不能够直接用真航向为引数查取自差。否则,在磁差值较大时,所求得的自差将有较大的误差。

利用磁罗经自差表查取自差时,如实际罗航向不刚好是表列罗航向,应分别查取相邻罗航向所对应的自差值,再使用线性内插的方法求取相应的自差,所求自差的精度要求为 $0°.1$。

4. 罗经差

罗经差即磁罗经误差,代号为 ΔC,是游艇上磁罗经的磁针在受到地磁和船磁的合力的影响下罗北(N_C)偏开真北(N_T)的夹角。从真北起算,向东或向西,由 $0°$ 到 $180°$ 计算到罗北。当罗北偏在真北之东时是东罗经差,用 E 或 + 标示;当罗北偏在真北之西时是西罗经差,用 W 或 – 标示(图1-16)。

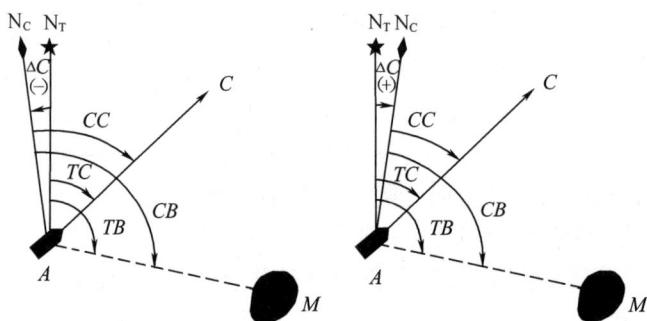

图1-16 罗经差示意图

罗经差是磁差与自差的代数和,即

$$\Delta C = Var + Dev$$

1.3.2 向位换算

前面我们了解了航向与方位的不同表达方式,航海中需要在不同表达方式中互相转换,我们称为向位换算。要正确进行向位换算,首先要了解有关向位的几个概念。

罗航向 CC:罗北线与航向线之间的夹角。它是从罗北线开始,顺时针计量到航向线的夹角,用圆周法 $0°\sim360°$ 表示。航海中,驾引人员直接从磁罗经上读取的船首线方向就是罗航向。在使用罗航向进行航迹推算及在海图上量取物标方位时,应对所读取的罗航向修正罗经差后方能使用。

罗方位 CB:罗北线与物标方位线之间的夹角。它是从罗北线开始,顺时针计量到物标方位线,用圆周法 $0°\sim360°$ 表示。

我们根据真北、磁北、罗经北之间的位置关系,进行向位换算,航海上常用以下两种方法。

1. 图解法

首先根据已知条件画出各种不同的基准子午线,以及航向线和方位线,然后从各种不同的基准子午线起算,即可求出各自算到航向线或方位线之间的数值。

例:已知真航向 $080°$、罗方位 $300°$ 和磁差 $10°E$、自差 $8°E$,求罗航向和真方位。

根据基线关系和已知的 TC,Var,Dev 画出航向线和方位线,确定磁北、罗北,从而作图求

取 CC 和 TB，如图 1 - 17 所示。

2. 公式计算法

根据各基线关系，向位换算基本运算公式如下：

$$TC = CC + \Delta C = (CC + Dev) + Var = MC + Var$$
$$TB = CB + \Delta C = (CB + Dev) + Var = MB + Var$$
$$MC = CC + Dev = TC - Var$$
$$MB = CB + Dev = TB - Var$$
$$\Delta C = Var + Dev$$

在进行公式运算的过程中，磁差 Var、自差 Dev、罗经差 ΔC 均应缀以符号，误差偏东（E）为正（ + ）；误差偏西（W）为负（ - ）。

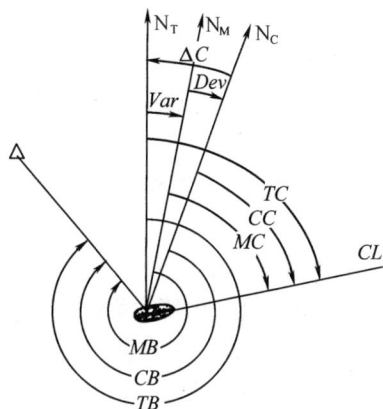

图 1 - 17　图解法示意图

3. 向位换算的具体步骤

（1）先从海图上查出游艇航行海区的磁差资料，并将它改正到航行年份，精度只要求到 $0°.1$；

（2）按罗航向，或在没有罗航向的情况下用磁航向代替罗航向，从游艇自差表或自差曲线图中查出当时航向上的自差值，精度也只要求到 $0°.1$；

（3）按公式 $\Delta C = Var + Dev$ 求得罗经差，一般精度要求仅 $0°.5$；

（4）按向位换算公式进行计算。

1.4　罗经差的测定

航海上用磁罗经或陀螺罗经测定航向或方位，是以罗经北或陀螺北为基准读数的。如果罗经北或陀螺北所指的方向不能和真北完全一致，我们称存在罗经差或陀螺差。按定义，罗经北偏在真北之东时，叫做东罗经差，此时罗经差 ΔC 为正，或在它的度数后面用符号"E"来标注；当罗经北偏在真北之西时，称为西罗经差，用符号"W"来标注，此时罗经差 ΔC 为负。陀螺罗经差 ΔG 按同样的道理可确定其正、负和方向。这样，由于罗经北或陀螺北偏离真北的缘故，我们用罗经来测量某个物标的方位时，将会产生偏差。如果在观测中，我们能够知道某物标在海图上的真正方位 TB，则真方位 TB 与罗经观测方位 CB 的差，即是罗经差 ΔC，即

$$\Delta C = TB - CB \quad 或 \quad \Delta G = TB - GB$$

由于罗经差在航海安全上的重要性，我们应利用一切的机会来测定罗经差。如有条件，应选择有准确位置的，在岸上专设的人工校差叠标或导航叠标来测定罗经差，也可在已知游艇船方位情况下测定远方的单一物标方位来求取罗经差；也可利用天文观测的方法，测定太阳低高度方位、太阳真出没方位或测北极星方位求罗经差。测罗经差时，关键是求取物标的真方位，然后利用罗经准确测定其罗方位，经比较就可求出罗经差来了。

1.4.1　测叠标方位求罗经差

在沿岸，常有专设的罗经校正标或专设叠标，此类叠标位置较准确，叠标的真方位 TB 可在海图上直接量取。但在视界范围内选取叠标时，为保证罗经差的测定精度，必须选择合适的叠标或物标来测定。

1. 叠标的选取

测罗经差选取叠标应遵循以下原则：

（1）所选物标应是位置准确,在海图上经过精测的物标。位置准确,才能准确地在海图上求出其真方位。

（2）为使叠标灵敏度较高,所选叠标的前标应距游艇较近的显著物标,而且此距离是前后标的 3 到 5 倍,即 $d:D \geqslant 1:3$ 时,可符合要求。

（3）所选叠标应便于观察,叠标标志应选择细长的物标为宜,如旗杆、灯塔、烟囱、教堂尖顶或精测过的山峰。后标应比前标高。

（4）所选叠标从颜色、形状上应易于从背景分开。观测时天气要良好,视野清楚,游艇与叠标间无遮挡物。

（5）如果视野范围内无合适的叠标,也可选取位置准确的单物标,单物标离船（测者）的距离不能太近或太远。

2. 叠标罗方位的测量

磁罗经是船上必备的测向仪器,由于它结构简单,不依赖于电源、价格低廉等优势,使它成为必备的仪器。我们用磁罗经测定物标的罗方位,必须要注意磁罗经的结构特点,正确掌握其操作方法。罗经的测定方位,我们是通过一套在罗经面上的方位圈来实现的,观测罗方位程序如下：

（1）首先要将方位圈轻轻地套在罗经面上,将方位圈上的照准丝调节好,轻轻转动几次使照准架停留在物标方向上。

（2）观测时注意保持罗经的水平,使方位圈上的水准气泡位于中间位置。同时身体应适当降低,使眼睛处于方位圈水平面上（图 1 – 18）。

（3）在保持罗经面水平的情况下,慢慢转动方位圈,使目视照准架中央的细线、物标照准架中央的直线、叠标线或物标在一条直线上。如物标较大,则应使物标照准架中央的直线将物标左右平分。

（4）读取物标照准架中央直线所对的罗盘刻度即为物标的罗经方位 CB。读数时精度到 $0°.5$。

3. 罗经差求取

根据公式 $\Delta C = TB - CB$ 求取磁罗经的罗经差,测算后,将该值记入本船罗经差记录本中备查。

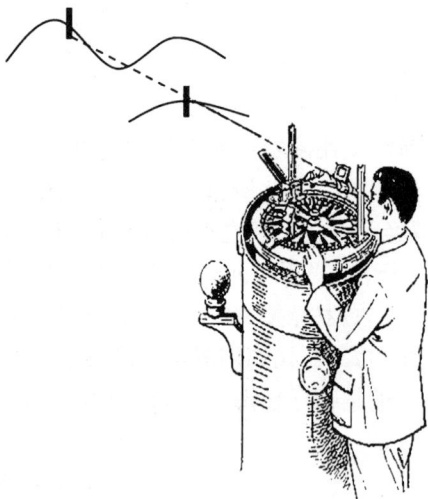

图 1 – 18 观测叠标罗方位示意图

1.4.2 利用天体方位测定罗经差

在一定的条件下,测得低高度天体的 GB 或 CB,并查算出观测时刻的天体真方位 TB,利用公式即可求出 ΔG 和 ΔC。

1. 测太阳低高度方位求罗经差

当天气晴好,太阳高度低于 30° 时,可以观测太阳低高度方位求罗经差。观测时注意调整好磁罗经上的方位圈,使其活动灵活,使罗经保持水平,方位圈上的气泡应位于中间位置;然后转动方位圈,使方位圈上的反射镜对准太阳,慢慢地转动方位圈并适当地调整反射镜的角度,使太阳光线正好反射到棱镜的隙缝上,再经棱镜折射到罗经刻度盘上(可见一条反射的太阳光线),如图 1 – 19 所示。光线所照的度数就是太阳的罗方位 CB,读出光线所在的罗经读数,(精确 $0°.5$)并记取时间。

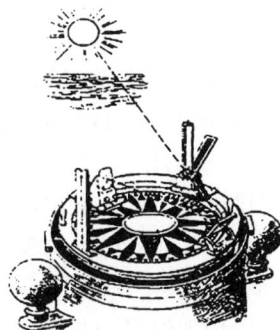

图 1 – 19　观测太阳
低高度示意图

观测时刻太阳真方位可以利用《太阳方位表》或《天体高度方位表》查取,也可根据公式 $\cot A_{\mathrm{C}} = \tan\delta\cos\varphi\csc t - \sin\varphi\cot t$ 算出。

利用《太阳方位表》求罗经差的方法如下:

(1)观测太阳罗方位 CB,并记下时间(ZT)。

(2)根据观测时的年、月、日查《太阳赤纬表》和《时差表》,得到观测时的太阳赤纬(δ)和时差(η)。

(3)求观测时的视时 $T^{\odot} = ZT + D_{\lambda W}^{E} + \eta$

(4)以纬度(φ)、视时($T^{\odot}$)、太阳赤纬(δ)为引数,查得太阳方位 A_{C}。必要时换算为圆周方位。

(5)计算求罗经差 $\Delta C = A_{\mathrm{C}} - CB$。

2.测太阳真出(没)方位求罗经差

每天早晚,能见度良好,我们可以通过测定太阳真高度为零时的罗经方位,用于测定罗经差。然而,太阳真高度为零,也即在太阳周日视运动中,当太阳中心恰好通过测者真地平面时,称之为太阳的真出或真没。此时太阳高度 $h_{\mathrm{t}} = 0°$,然而由于受地球表面蒙气差的影响,和测者通常具有一定眼高的缘故,我们观看到太阳真出没时实际上已有了一定的视高度 $h^{\odot}$,可以证明,当测者观测太阳视高度大约在其下边缘离开水平面 2/3 倍太阳直径时,此时太阳真出或真没,如图 1 – 20 所示。

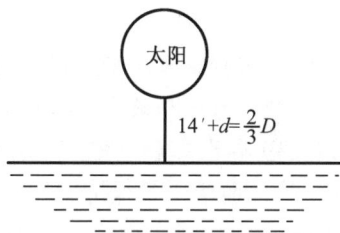

图 1 – 20　太阳真出(没)示意图

所以,我们观测时,只需要连续观察太阳的视运动,当其下边缘离水面高度为 2/3D 时,观测太阳罗经方位。同时根据船位纬度 φ,及太阳当天赤纬 σ 即可在《太阳方位表》中查得当日太阳真出(没)时的真方位 TB。也可以根据下面公式算出

$$\cos A_{\mathrm{C}} = \frac{\sin\delta}{\cos\varphi}$$

式中　δ——太阳赤纬;

φ——测者纬度。

使用该式时应注意:

φ 不论南纬、北纬,都恒为正;赤纬 δ 与纬度 φ 同名时为正;异名时为负;所求得的 A_{C} 为半圆方位,第一名称与纬度 φ 同名,第二名称真出为 E,真没为 W。从而可求罗经差 $\Delta C = TB - CB$。

3. 测北极星方位求罗经差

对于北半球低纬海区的测者而言,条件允许的话,可以测北极星方位求罗经差。由于天北极的高度等于测者纬度,北极星是很靠近天北极的一颗天体,所以利用测北极星方位求罗经差利于北半球低纬度地区(一般认为纬度低于 35°)的测者所采用,在高纬海区将不适用。

观测时,注意选取晴朗天气下,用罗经对着北极星观测,读取其方位读数,记下观测时间。然后在《北极星方位表》中查取当时北极星的真方位,从而求取罗经差。

步骤如下:

(1)用罗经观测北极星的罗方位 CB,并记下观测时间(精确到分钟即可)和推算船位。

(2)根据观测时间从《航海天文历》中查得春分点格林时角(t_G^γ),计算得出春分点地方时角(t^γ)。春分点地方时角(t^γ)= 春分点格林时角(t_G^γ)± 推算船位经度(λ_W^E)。

(3)以推算船位纬度(φ_C)和春分点地方时角(t^γ)为引数查《航海天文历》中的《北极星方位角表》得北极星计算方位 A_C,近似作为真方位。查得的方位需要命名,用左侧的地方时角时,方位命名为 NW,用右侧的地方时角时,方位命名为 NE。不需要内插。

(4)计算罗经差 $\Delta C = A_C - CB$。

4. 低高度天体测罗经差注意事项

为求得较准确的罗经差 ΔC,应尽量减小 A_C 和 CB 的误差。

(1)应观测低高度天体的罗方位,减小方位误差。

①方位误差:用天体计算方位代替天体真方位产生的误差,它的大小主要取决于天体高度。

②实际观测中要尽量选择低高度的天体,其高度应低于 30°,最好低于 15°。

③方位误差还与被测天体的方位和赤纬有关,被测天体的方位趋近 0°,赤纬趋近 90°时,引起的方位误差趋近零。

(2)观测时应尽量保持罗经面的水平,减小倾斜误差。

①倾斜误差:由于罗经面的倾斜而引起观测天体罗方位的误差,与被测天体的高度和倾斜角有关。

②为减小倾斜误差,应观测低高度天体的罗方位来测定罗经差,并且在观测时应尽量保持罗经面的水平。

(3)为避免粗差和减小随机误差的影响,一般应连续观测 3 次,取平均值作为对应于平均时间的罗方位。罗经读数读至 0°.5,观测时间准确到 1 min。

1.5 航海上的距离

1.5.1 海里

航海上度量距离的单位是海里,它等于地球椭圆子午线上纬度 1′ 所对应的弧长,简写为 1 n mile 或 1′。

由于地球子午圈是一个椭圆,它在不同纬度处的曲率是不相同的,因此,纬度 1′ 所对应的弧长也是不相等的。其计算公式为 1 n mile = 1 852.25 - 9.31cos2φ(m)。

由此可知,1 n mile 里的长度不是固定不变的,而是随纬度的不同而不同,它在赤道最短,为 1 842.9 m,两极最长,为 1 861.6 m,两地最大差值是 18.7 m;约在纬度 44°14′处 1 n mile 的长度才等于 1 852 m。

但是,航海上为了实际应用的需要,必须用一个固定值作为 1 n mile 的统一长度。目前,我国和世界上大多数国家采用 1929 年国际水文地理学会议通过的海里标准,取 1 n mile = 1 852 m。航海上的航程和航速计算仪器就是以 1 852 m 作为 1 n mile 进行累计计算的。

除海里外,航海上还可能用到下列一些长度单位:链(cable,cab)是航海上表示距离的另一单位,1 cab = 0.1 n mile。

1.5.2　能见地平距离与物标能见距离

1. 测者能见地平距离 D_e

在海上,具有一定眼高 e 的测者 A,向周围大海眺望,所能看到的最远处,水天似相交成一个圆圈 BB',这个圆圈所在的地平平面,或者自测者至 BB' 这一小块球面,叫做测者能见地平平面或视地平平面。而圆圈 BB' 就是测者能见地平或视地平,俗称水天线。自测者 A 至测者能见地平的距离 AB,称为测者能见地平距离,用 D_e 表示。

将地球看成圆球体,可以得到

$$D_e = 2.09\sqrt{e}$$

式中　D_e——测者能见地平距离,单位:n mile;

　　　e——测者眼高,单位:m。

2. 物标能见地平距离 D_H

假如测者眼睛位于物标顶端,此时测者的能见地平距离叫做物标能见地平距离,用 D_H 表示。与测者能见地平距离一样,物标能见地平距离可由下式求得

$$D_H = 2.09\sqrt{H}$$

式中　D_H——物标能见地平距离,单位:n mile;

　　　H——物标顶端距海平面的高度,单位:m。

3. 物标地理能见距离 D_o(图 1-21)

能见度良好时,仅由于地面曲率和地面蒙气差的影响,测者理论上所能看到物标的最大距离叫做物标的地理能见距离,用 D_o 表示。由图 1-21 可见,物标地理能见距离可由下面公式求得

$$D_o = D_e + D_H = 2.09\sqrt{e} + 2.09\sqrt{H}$$

式中　e——测者眼高,单位:m;

　　　H——物标高度,单位:m;

　　　D_o——物标地理能见距离,单位:n mile。

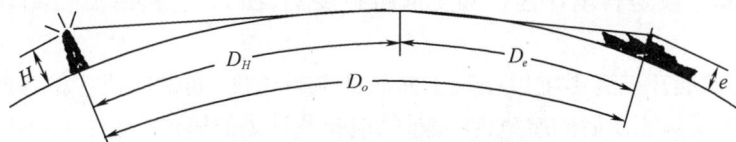

图 1-21　物标的地理能见距离示意图

实际上,测者所能看见物标的最远距离还与当时的能见度,即大气透明度和人们眼睛能发现物标的分辨率等有关。因此,白天发现物标的最远距离往往要小于物标的地理能见距离。

1.5.3　灯标射程

1.灯光的初显(隐)

灯塔灯光初显:在灯塔灯芯初露测者水天线那一瞬间,才是测者最初能够直接看到灯塔灯光的时刻,这时叫灯光初显。灯塔灯光初显时,测者与灯塔之间的距离等于灯塔的地理能见距离 D_o。

灯塔灯光初隐:当游艇驶离灯塔时,测者看到灯塔灯芯刚刚没于水天线的那一瞬间。

并不是所有的灯塔都有初显(隐)现象,要根据灯塔的光力强度和射程来判断是否有初显(隐)现象。

2.中版航海资料中的灯标射程

(1)定义

指晴天黑夜,当测者眼高为 5 m 时,能够看到灯塔灯光的最大距离。它等于光力能见距离(或称光力射程)与 5 m 眼高的灯塔地理能见距离(或称地理射程)中较小者。

光力能见距离(光力射程)指晴天黑夜灯塔灯光所能照射的最大距离。

(2)强光灯塔

指灯塔射程等于或大于(一般不超过 1 n mile)测者 5 m 眼高时的灯塔地理能见距离(地理射程)。即灯塔射程 $\geqslant 2.09\sqrt{H} + 2.09\sqrt{5}$。

强光灯塔有初显(隐)现象,初显(隐)距离等于灯塔的地理能见距离,即

$$初显(隐)距离 = 2.09\sqrt{e} + 2.09\sqrt{H}$$

或
$$初显(隐)距离 = 射程 + 2.09\sqrt{e} - 2.09\sqrt{5}$$

(3)弱光灯塔

指灯塔的射程小于测者眼高 5 m 时的灯塔地理能见距离(地理射程)。

弱光灯塔标的是光力射程,无初显(隐)现象,灯光只能在标记的射程内才有可能看到。即灯塔射程 $< 2.09\sqrt{H} + 2.09\sqrt{5}$。

1.6　航速与航程

1.6.1　几个概念

船速是指游艇在无风流情况下单位时间内航行的距离,它的方向与真航向一致。

航行的游艇一般是利用计程仪测定航行速度的,因此,它是游艇受到环境影响后的航速。

航海上,将游艇在风流影响后相对于海底的航行速度,叫做航速。将在航迹推算中考虑风流影响或预配风流压后的航速,叫做推算航速或计划航速。

早在 16 世纪,海上航行已相当发达,但当时一无时钟,二无航程记录仪,所以难以判断船舶的航行速度。然而,有一位聪明的水手想出一个方法,他在船舶航行时,向海面抛出拖

有绳索的浮体,再根据一定时间里拉出的绳索的长度来计算船速。那时候,计时使用的还是流沙计时器。为了较准确地计算船速,有时放出的绳索很长,便在绳索的等距离打了许多结,如此整根计速绳上分成若干节,只要测出相同的单位时间里绳索被拉曳的节数,自然也就测得了相应的航速。于是,"节"成了海船速度的计量单位。相应地,海水流速、海上风速、鱼雷等水中兵器的速度计量单位,国际上航行速度的单位均是节(knot, kn),1 kn = 1 n mile/h。

航程是游艇航行经过的距离。航程的计量单位是海里。航程也分为对水航程和对地航程(或推算航程或计划航程)。例如,某游艇船速35 kn,水流流速3 kn,当游艇顺流航行1 h,则游艇对地的实际航程应为38 n mile;而在顶流中航行1 h,游艇对地的实际航程应为32 n mile。但不论是顺流航行还是顶流航行,游艇航行1 h相对于水的航程都是35 n mile。因此,游艇对地的实际航程矢量应该是游艇对水航程矢量和水流流程矢量之和,即

$$\overrightarrow{实际航程} = \overrightarrow{对水航程} + \overrightarrow{流程}$$

航海上可用推进器转速和计程仪测定船速和航程。

1.6.2　船速及其测定

1. 用主机转速测定船速

游艇是由主机带动推进器螺旋桨推水的反作用力使游艇前进的。因此,推进器转速,即每分钟转数(RPM)与船速有密切关系。理论上螺旋桨在固体中每旋转一周所推进的距离叫螺距。而游艇的螺旋桨是在水中推进的,在水中,螺旋桨每旋转一周所推进的距离显然小于螺距,两者的差值,叫做主机的滑失。

主机航速(speed by RPM):根据吃水等条件和以主机转速游艇航行1 h所前进的距离,代号为V_E,它是游艇相对于水的速度。

滑失速度:螺旋桨的理论速度与主机船速的差值。

滑失比:滑失速度与理论速度之比。

滑失比与主机船速、船型、吃水、吃水差、风浪、水深及污底等因素有关。

当然,用主机转速和滑失比来推算船速也只是一个大致的经验数值,实际船速常常通过在船速校验线上进行实际测定求得。

我国沿海布设了一些专用的测速场,具体位置及资料可查阅中版《航标表》的第二部分。

2. 测速场

测速场是在沿岸水域,利用岸上的自然物标或人工设立的叠标构成的,良好的船速校验线通常由三对横向叠标,一对导航叠标构成,应满足以下条件:

(1)船速校验线的长度要适当,如果过短或过长都会影响测定的精度。一般用于18 kn以下的船舶,其长度应为1~2 n mile;而用于18 kn以上的船舶,其长度应为2~3 n mile。

(2)船速校验线上的水深不应小于船舶满载吃水的两倍。

(3)在船速校验线的两端,应该有宽广的旋回余地。

(4)船速校验线应该设立在能避风浪和没有水流影响的地方,如果有水流存在时,应使船速校验线尽可能与流向平行。

(5)船速校验线附近应该完全没有航海危险。船速校验线上的所有标志都应该是容易识别的。

3. 在船速校验线上测定主机航速

（1）在无水流影响时，只要在船速校验线上航行一次，便可求得主机航速 V_E。

$$V_E = \frac{3\,600 \times S}{t}$$

（2）在恒流影响下，应以同样的主机转数往返重复测定两次，分别求出每次测定的主机航速 V_1 和 V_2，然后按求算术平均值的计算方法求得主机航速，即

$$V_E = \frac{1}{2}(V_1 + V_2)$$

（3）在等加速水流影响下，流速变化均匀。以同样的主机转数则必须在短时间内往复测定航速 3 次，分别计算出每次测定的主机航速 V_1，V_2 和 V_3，然后按下面公式计算求得主机航速，即

$$V_E = \frac{1}{4}(V_1 + 2V_2 + V_3)$$

（4）在变加速水流影响下，应该以同样的主机转数，尽可能在短时间内在船速校验线上往返重复测定航速 4 次，然后分别计算出每次测定的主机航速 V_1，V_2，V_3 和 V_4，最后按下面公式计算求得主机航速，即

$$V_E = \frac{1}{8}(V_1 + 3V_2 + 3V_3 + V_4)$$

游艇在试航中，应在船速校验线上以不同的主机转速分别以满载和空载的情况下测定航速，并列出主机转速与航速对照表（表 1－1），以供日常比照使用。

表 1－1　某游轮（满载）推进器转速与航速对照表

全速		中速		慢速	
航速/kn	RPM	航速/kn	RPM	航速/kn	RPM
40	115	28	87	16	59
36	108	26	80	14	52
34	102	24	73	12	45
32	95	20	65	10	37

1.6.3　航程及其测定

1. 船用计程仪

船用计程仪是游艇用以测定航程的主要仪器，目前根据计程仪能够提供的速度和航程的性质，可以分为相对计程仪和绝对计程仪两大类。只要游艇对水有移动，相对计程仪就能显示其移动速度和距离，即相对计程仪只记录受风影响后的游艇速度和航程，因此，人们叫它"计风不计流"计程仪，即是：风的作用使游艇产生对水移动能在相对计程仪中显示出来，流使游艇产生的对地移动不能在相对计程仪中显示出来。相对计程仪主要有回转式计程仪、水压式计程仪、电磁式计程仪等。

绝对计程仪是在理论上（航行海区水深小于 200 m 时）记录游艇相对于海底的航速与航程，即是测量游艇受风流影响后对地的速度和航程。但当水深较深时，所测的航程和航

速也只能是相对于某层海水的"相对速度"。目前游艇常用绝对计程仪主要有多普勒计程仪、声相关计程仪等。

2.计程仪改正率

计程仪作为一种测量仪器,不可避免会有测量误差,计程仪改正率是表征其测量误差的一个参量。其值可用公式计算

$$\Delta L = \frac{S_L - (L_2 - L_1)}{L_2 - L_1} \times 100\%$$

式中　ΔL——计程仪改正率,用百分率表示;

　　　S_L——计程仪航程(distance by log),准确的游艇相对于水的航程,在没有水流影响的地区,它应是游艇相对于海底的实际航程 S;

　　　L_1,L_2——航行于计程仪航程 S_L 的前后两次计程仪的读数。

ΔL 为 + 时,表示计程仪慢了或航程少记了;当 ΔL 为 – 时,表示计程仪快了或航程多记了。

相应地,已知本船的计程仪改正率数据,根据计程仪前后读数差,可求计程仪航程为

$$S_L = (L_2 - L_1) \times (1 + \Delta L)$$

航行一段航程后,计程仪的读数应为

$$L_2 = L_1 + \frac{S_L}{1 + \Delta L}$$

1.7　海图的分类与识读

海图是以海洋及毗邻的陆地为描述对象的地图,是为航行需要而专门绘制的一种地图。海图上详细地绘画了航海所需的资料,如岸形、岛屿、礁石、浅滩、沉船、水深、底质和水流资料。海图是航海的重要工具之一,在航行前拟定计划航线、制订航行计划、航行中进行航迹推算和定位,以及航行后总结经验、发生海事后判断事故责任等,都离不开海图。所以正确地了解海图的特点,熟悉海图上表示各种航海资料的方法,以及正确地使用和管理海图就成为游艇驾驶员的重要任务之一。

1.7.1　概述

1.航用海图的特点

航用海图是利用墨卡托投影,即等角正圆柱投影原理绘制的,其具有以下特点:

(1)图上经线为南北向相互平行的直线,其上有量取纬度或距离用的纬度图尺;纬线为东西向相互平行的直线,其上有量取经度的经度图尺,且经线与纬线相互垂直。

(2)图上经度1′(赤道里)的长度相等,但纬度1′(1 n mile)的长度随纬度升高而逐渐变长,存在纬度渐长现象。

(3)恒向线在图上为直线。

(4)具有等角特性,在图上所量取的物标方位角与地面对应角相等。

(5)图上同纬度纬线的局部比例尺相等,不同纬度的局部比例尺随纬度的升高而增大。

2.海图比例尺

一般地图上所注明的比例尺,称为普通比例尺或基准比例尺。

比例尺的表示方式通常有两种:数字比例尺和直线比例尺。数字比例尺是用 1 比若干的数字来表示,例如 1:300 000 或 1/300 000,它表示图上基准点处,一个单位长度等于地面上 30 万个相同单位的长度。直线比例尺一般用比例图尺绘画在海图标题栏内,或图边适当的地方,如图 1 − 22 所示。

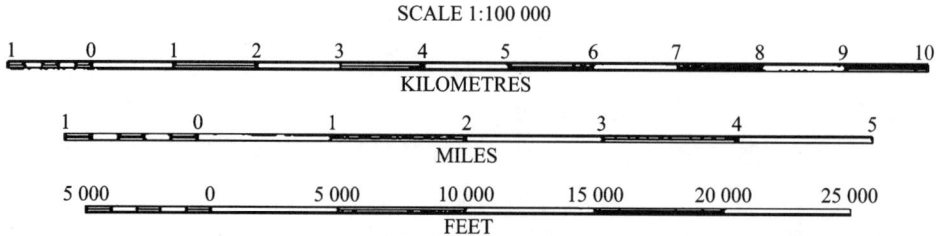

图 1 − 22　海图比例尺示意图

1.7.2　海图的种类

根据作用不同,海图可分为航用海图、航海专用参考图两大类。

1. 航用海图

航用海图是指游艇航行时通常使用的海图,大部分是墨卡托海图。航用海图用于拟定航线、进行航迹推算和定位等海图作业。根据比例尺的大小,航用海图又可分为以下五类。

(1)总图

一类总图的比例尺为 1:1 000 000 到 1:5 000 000 或更小,图上包括的区域很广,仅印有大洋航行所需的一般地理概况,沿岸航海危险物仅作概略描述,只用于制订航行计划和选择航线时使用。还有一类总图为 1:3 500 000 或相近的比例尺,基本是用于航线拟定和使用空白海图定位时的参考图。

(2)海洋图

比例尺小于 1:1 000 000,因为图上仅印有远程导航灯塔、远距离能见的物标、海面上的浮标及大海中的水深,所以它适合于远离海岸的航线使用。

(3)航行图

比例尺一般为 1:100 000 到 1:750 000,大部分小于 1:250 000,凡外海航行所需的航海资料,均有详细的记载,故可供游艇近海航行、拟定航线和测定船位时使用,是游艇最常用的海图。

(4)沿岸图

比例尺为 1:25 000 到 1:75 000,图上一般都详细标有除供港口内使用的助航标志以外的其他各种助航标志,还详细标有港口附近的主要航道及其疏浚深度或扫海深度、港口锚地和较大港湾内的码头、防波堤、海上平台的近海设施和沿海陆地地貌、烟囱、灯塔、教堂、无线电杆等具有航行方面意义的各种建筑物等。沿岸海区的水深及碍航物、陆上灯标及物标等资料均全部详细显示,可供游艇在靠近沿岸和狭水道航行时使用。

(5)港区图或港湾图

比例尺约为 1:1 000 到 1:25 000,图上主要显示了港口的进出口航道、锚地、码头泊位及各种港口设施的详细情况(防波堤、船坞、系船浮筒和系船灯桩等),特别是港区的水深、碍航物等资料更为详细。各种助航标志如灯塔、灯标、浮标、雷达站、无线电导航设备、雾号等也比较详细,是游艇进出港及锚泊时必备的海图。当图幅范围内有更大比例尺的港湾图时,港内助航标志会作较多的取舍。有些较小港口的港区图,常常会附在有关的沿岸图或近海图上,或是将几个小港的港区图集中印在一张海图上。

2. 航海专用参考图

航海专用参考图一般不可以用作航迹推算和定位,它是为了某种航海的特殊需要而专门绘制的海图。主要有航路图、航路指导图、大圆航行图、磁差曲线图、潮流图、军事演习区图、时区图、星图、位置线图网(供无线电定位系统用)、气候图、世界载重线区域图等。游艇可根据各自的需要,有目的地选用。

1.7.3　海图的识读

在航用海图上除绘有经、纬线图网外,还须将重要的航行物标和主要地貌、地物以及海区内航行障碍物、助航设备、港口设施和潮流海流要素等航海资料按其各自的地理坐标,用一定的符号和缩写将它们绘画到图网上去,再经过制版和印刷而成为海图。这种绘制海图的符号和缩写,叫做海图图式。我国出版的海图是根据国家技术监督局 1998 年发布的 GB 12319—1998《中国海图图式》绘制的。为了正确和熟练地利用海图上的航海资料,必须了解和熟悉各种海图图式的含义以及图上的各种图注和说明,这样才能最大限度地发挥海图的作用。

1. 海图标题栏与图廓注记

(1)海图标题栏

海图标题栏一般刊印在海图上的内陆处或一般游艇航行不到的海面上,特殊情况也可能印在图廓外适当的地方,是该图的说明栏。一般制图和用图的重要说明均印在此栏内。

标题的内容主要有:出版单位的徽志、该图所属的地区、国家、海区和图名;绘图资料来源、投影性质、比例尺及其基准纬度、深度和高程的单位与起算面、有关图式的说明、地磁资料、国界和地理坐标的可信赖程度等。另外,标题栏内还可能有图区范围内的重要注意事项或警告,如禁区、雷区、禁止抛锚区或有关航标的重要说明等。有时在海图标题栏附近还附有图区内的潮信表、潮流表、对景图、换算表和重要物标的地理坐标等。

在使用航用海图时,应首先阅读海图标题栏内的有关重要说明,特别是其中用洋红色印刷的重要图注。

(2)图廓注记

在海图图廓四周注记有许多与出版和使用海图有关的资料,如:

①海图图号　印在海图图廓的四个角上,不论该图怎样放置,均可保持从该图的右下角读出。中版海图图号是按海图所属地区编号的。英版海图图号与地区无关,是按出版海图的时间先后编号的。

②发行和出版情况　印在图廓外下边中间,给出新图的出版和发行单位、日期,其右边还印有该图新版或改版日期。

③小改正　印在图廓外左下角,用以登记自该图出版(新版或改版)以来改正过的所有小改正通告年份和通告号码,以备查考该图是否已及时改正至最新。

④图幅　印在图廓外右下角,在括号内给出海图内廓界限图幅尺寸,用以检查海图图纸是否有伸缩变形。中版海图以毫米为单位,英版米制海图以毫米为单位。

⑤阅图号 印在图廓外或图廓内适当地方,表示相同或相近比例尺的邻接图图号。

⑥对数图尺 印在外廓图框上的左上方和右下方,用来速算航程(S)、航速(V)和航行时间(t)之间的关系。

2. 海图基准面

(1)高程基准面

海图上所标山头,岛屿和明礁等高程的起算面称为高程基准面。

我国海图高程基准面一般采用"1985 国家高程基准面"或当地平均海面。英版海图采用平均大潮高潮面(以半日潮为主的海区)、平均高高潮面(以日潮为主的海区)或当地平均海面(在无潮海区)为高程基准面。

(2)深度基准面

海图上标注水深的起算面称为海图深度基准面,也是干出高度的起算面。

海图基准面定得过高,可能产生负潮高现象,实际水深小于海图水深,对航海安全十分不利;海图基准面定得过低,自然可提高航海安全性,但也会给人以水深过浅的印象。我国沿海系统测量区域采用理论最低潮面(旧称理论深度基准面)为深度基准。英版海图水深通常采用天文最低低潮面作为起算面。

3. 重要海图图式

(1)高程、水深和底质

①高程 海图陆上所标数字以及部分水上带括号的数字,都表示该数字附近物标的高程。物标高程为自高程基准面至物标顶端的海拔高度,它们的起算面和单位一般在海图标题栏内有说明,中版海图高程单位为米。高程不足 10 m 的,注记精确到 0.1 m;大于 10 m 的,舍去小数,注记整米数。

灯高一般系自平均大潮高潮面至光源中心的高度。干出高度系自深度基准面以上的高度。比高系自地物、地貌基部地面至顶端的高度,即物标建筑物本身的高度。

桥梁净空高度是自平均大潮高潮面或江河高水位(设计最高通航水位)到桥下净空宽度中下梁最低点的垂直距离。架空管道、电线等净空高度是自平均大潮高潮面或江河高水位到管线下垂最低点的垂直距离。英版海图净空高度一般自平均大潮高潮面、平均高高潮面或平均海面起算。

建筑物(如塔形建筑物)符号旁注有高程者,除特殊标志或说明外,一般为地物基部的地面高程;建筑物旁所注带括号的数字表示建筑物的顶高,即自高程基准面至建筑物顶端的高度,建筑物旁括号内所注上有"—"的数字表示建筑物的比高,上有"。"的高程表示树梢概略高度,从高程基准面起算。

山高,除高程点一般用黑色圆点表示并在附近标有高程外,其他各点高程用等高线描绘。等高线是地面上高程相等的各点的连线,等高线上数字表示该等高线的高程。用虚线描绘的等高线是草绘等高线(草绘曲线),表示地貌测绘或编绘的精度不符合规范要求。无高程的等高线是山形线,它是仅仅表示山体形态的曲线,在同一条曲线上高程不一定相等,描绘时可不闭合。

常见的高程海图图式如图 1-23 所示。

②水深 水深是海图深度基准面至海底的深度,凡海图水面上的数字均表示水深。中版海图水深单位为米。水深浅于 21 m 的注至 0.1 m;21~31 m 的注至 0.5 m;小数 0.9,

0.1,0.2,0.3 化至相近的整米数;小数 0.4~0.8 化至 0.5 m;深于 31 m 的注至整水。英版米制海图水深单位为米,拓制海图,如水深小于 11 拓,用拓和英尺表示,否则用拓表示。如水深资料足够准确,则 11~15 拓之间的水深也可能用拓和英尺表示。

图 1-23　常见的高程海图图式

实测水深一般以斜体数字表示,直体数字注记的水深表示深度不准或采自旧水深资料或小比例尺图。但在 1:500 000 或更小比例尺图上,水深注记一律用斜体表示。水深注记(整数)的中心即为水深的实测点位。

"疑存"表示对礁石、浅滩等的存在有疑问。"疑深"表示实际深度可能小于已标明的水深注记。"据报"表示未经测量,据报的航行障碍物。"1 9̇ 8"表示未测到底的水深注记。

等深线是图上海图水深相等的各点的连线,用细实线描绘。不精确等深线是根据稀少水深勾绘的等深线,位置不准确,采用虚线描绘。

常见的水深海图图式如图 1-24 所示。

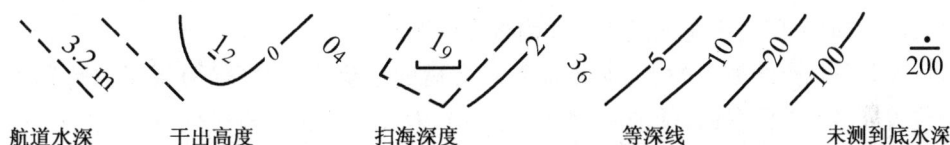

图 1-24　常见的水深海图图式

③底质　各种比例尺海图上,通常还以一定的间距标明海底底质。如沙(s)、泥(M)、黏土(cy)、淤泥(si)、石(st)、岩石(R)、珊瑚和珊瑚藻(co)以及贝(sh)等。底质注记顺序为先形容词后底质种类。形容沙的形容词有细(f)、中(m)、粗(c)和软(so)、硬(sf)、坚硬(h)等,如"软泥(soM)""粗沙(cs)"。已知下层的底质不同于上层底质的地方,先注上层后注下层,如"沙/泥(s/M)",即上层为沙,下层为泥。两种混合的底质,先注成分多的,后注成分少的,如"细沙泥贝"。

(2)航行障碍物

①礁石　礁石是海中突出、孤立的岩石。它又可区分为明礁、干出礁、适淹礁和暗礁。明礁是指平均大潮高潮面上露出的孤立岩石,与小岛同样表示。同一礁石,由于中、英版海图所采用的高程基准面不一定相同,其所注记的高程也不一定相同。干出礁是指位于平均大潮高潮面以下,深度基准面以上的孤立岩石。它们在高潮时淹没,低潮时露出,数字注记系干出高度(深度基准面以上的高度)。适淹礁是在深度基准面上适淹的礁石。深度基准面以下的孤立岩石称为暗礁(图 1-25)。

图 1-25　礁石表示方式

②沉船　沉船分为部分露出的沉船、桅杆露出的沉船、危险沉船、非危险沉船经扫海的沉船、测得深度的沉船和深度束精测的沉船。沉船图式又可区分为船体形状依比例尺表示和不依比例尺表示两种。危险沉船是指其上水深20 m及20 m以内（英版海图28 m及28 m以内）的沉船，或深度不明但有碍水面航行的沉船。非危险沉船是指其上水深大于20 m（英版海图大于28 m）的沉船，或深度不明但不影响水面航行的沉船（图1-26）。

图 1-26　沉船表示方式

③其他障碍物　除瞧石与沉船外，其他障碍物，如捕鱼设备、水下桩（柱）、渔礁等一般以符号表示，有时也用文字注记说明，如"附近多渔棚"。

凡危险物外加点线圈者，均为对水面航行有碍的危险物，提醒航海者予以特别注意。危险物位置未经精确测量的，须加注"概位"（PA）；对危险物位置有疑问时，则加注"疑位"（PD）；对危险物的存在有疑问时加注"疑存"（ED）（图1-27）。

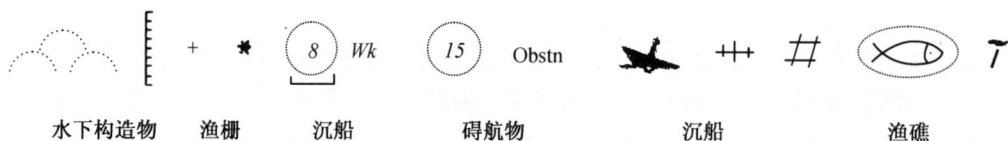

图 1-27　其他障碍物表达方式

④助航标志　助航标志简称航标。它包括灯塔、灯标、浮标、立标、雷达站、无线电导航设备及雾号等。航标以特定的标志、灯光、音响或无线电信号等，供游艇确定船位和安全航行、避离危险以及供其他特殊需要。

导标的灯质是指灯光的性质。它是以灯光亮灭的规律（即节奏）和灯光颜色来相互区别的。灯质的种类很多，基本灯质有定光、闪光、明暗光和互光4种，其中闪光又可区分为闪光、长闪光、快闪、甚快闪和特别快闪5种。颜色不变、明暗交替且时间相等的灯光为等明暗光。以上各种灯光联合或组合起来，可以形成各种不同类型的灯质，如联闪光、混合联闪光和定闪光等。灯标的注记，除注有灯质（节奏和颜色）外，还注有周期、顶高、射程和雾号及光弧等的说明。

灯高:中版海图是指平均大潮高潮面至灯光中心的高度(m)。英版海图是指平均大潮高潮面或平均高高潮面,无潮汐海区是指平均海面至灯光中心的高度,米制海图单位为米(m)。

灯光射程:中版海图上所标的射程是在晴天黑夜条件下,航海者的眼高在海面上5 m处所能看见到航标灯光的距离(n mile)。英版海图上射程为光力射程或额定光力射程。

雾号:即雾警设备,是附设在航标上雾天发出音响的设备,如爆响雾号、低音雾号、雾笛、雾角、雾钟、雾哨和雾锣。

光弧:用于表示扇形灯光的扇形区域,不同光色扇形应分别注明。所注方位为观测者由海上观测灯标的真方位,顺时针方向计量。

灯标如白天和夜间的灯光性质不同时,应将白天的灯光性质括注在夜间灯光性质的下方并在其后加注"昼"(by day)。有雾时灯光性质发生改变,或仅在雾天显示的雾灯,应括注"雾(fog)"。无人看守的灯可在其灯光性质之后括注"无(u)"。注记"临(temp)"表示临时的灯,"熄(exting)"表示灯光已熄灭的灯。在灯光性质后括注"航空(aero)"的灯标表示为航空导航而设置的航空灯(图1−28)。

立标　　　　灯塔　　　航空灯桩　　灯桩　　　　光弧灯　　　　　大型航标　　　灯船

图1−28　助航标志

⑤其他重要图式　除前面介绍的各种图式外,航海者还应了解和掌握其他的重要海图图式(图1−29)。

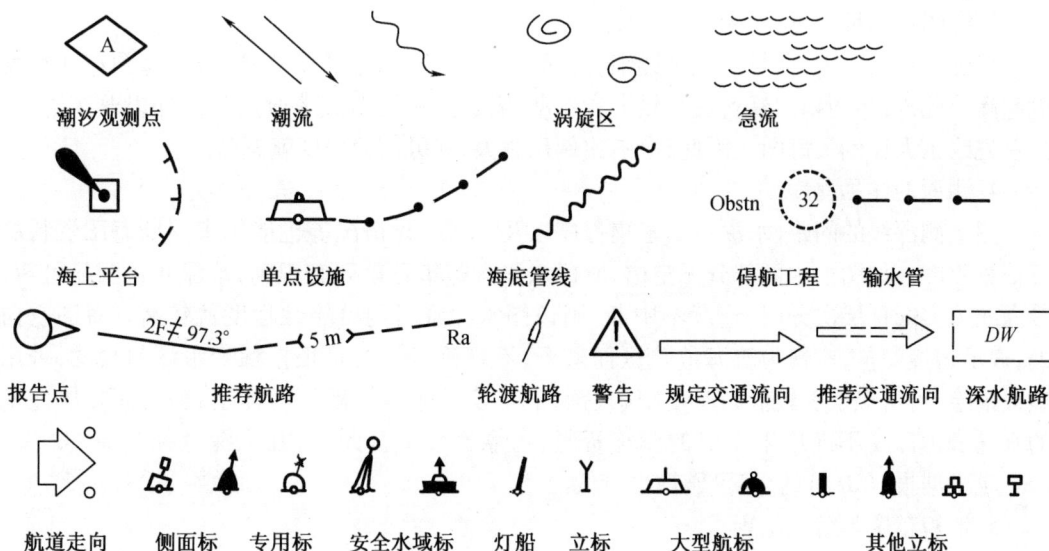

潮汐观测点　　　　潮流　　　　　　　涡旋区　　　　　急流

海上平台　　　单点设施　　　海底管线　　　碍航工程　　输水管

报告点　　　推荐航路　　　轮渡航路　警告　规定交通流向　推荐交通流向　深水航路

航道走向　侧面标　专用标　安全水域标　灯船　立标　大型航标　　其他立标

图1−29　其他重要图式

1.8　海图的使用与保管

1.8.1　海图使用前应明确所用海图的可信赖程度

尽管人们为了确保海图资料的准确性做出了不懈的努力，然而，由于测量不充分或其后地貌、海底的变迁等，任何海图所提供的资料都可能是不完善的或不是最新的。有关的航海警告和航海通告也可能因情况紧急而未在发布前加以核实，因此，海图可信赖程度的最后评价者将是海图的使用者本身。通常，可以从以下几个方面来判定海图的可信赖程度。

1. 海图的测量时间和资料的来源

海图的测量时间和资料来源一般在海图标题栏内都有说明。早期航海测量，由于测量仪器和技术都比较落后，测量精度和完整性较差，可靠性较低。有些海区海底不稳定，如珊瑚礁能以每年 5 cm 的速度增长，经过 100 年后，其上水深变化将会达到 5 m；经常变迁的浅滩和沙滩等，水深也可能出现较大的变化。游艇航行在这些海区，应特别注意海图资料的测量时间，以便对当时实际水深做出准确的评价。

测量当时游艇的最大吃水也影响着对水下碍航危险物上水深的测量与标注。在根据旧的测深资料所绘制的海图上，由于一些航海危险物或浅滩等，在当时被认为对游艇航行无影响，因而其上水深的标注精度可能不能满足现代游艇的要求。游艇在这些区域使用这种海图航行时，须谨慎小心。

2. 海图出版、新版或改版日期

所使用海图的出版、新版或改版日期应是最新的。所标注的日期应与最新的《航海图书总目录》中载明的现行版日期一致。每张海图使用前必须按航海通告改正至最新。

3. 海图比例尺

海图比例尺越大，资料记载越详细，物标、水深点、航标等的位置越准确，海图作业精度也越高。此外，当图幅内资料发生较大的变动，需通过海图新版或改版才能加以改正时，往往首先改正大比例尺海图。因此，海图比例尺越大，其可信赖程度就越高。

4. 测深的详尽程度

图上测深线的间距、水深点的密集程度以及水深变化情况等也能用来判断海图资料的可信赖程度。如图上水面部分无空白，所标水深点密集且排列有规则，水深变化明显可辨，等深线为实线且层次分明、连续不中断，则该图水深资料的可靠性程度就较高。海图空白处，表示未经测量，应视为航海危险区而避开；不精确等深线是根据稀少水深勾绘的，采用虚线描绘，可信赖程度较低；在大比例尺海图上，实测水深一般用斜体字表示，而直体注记的水深表示深度不准或采用旧的测深资料，可靠性较低。此外，凡水深旁标注有"疑深"（SD）或"据报"（Rep）的，其可靠性也较低。

5. 地貌精度与航标位置

海图资料的可信赖程度，还可根据岸形、陆地地貌的标注方式加以判断。在大比例尺海图上，虚线描绘岸线和等高线，是草绘岸线和草绘等高线，表示地貌测绘的精度不符合规范的要求；山形线仅仅是表示山体形状的曲线，同一条曲线上高程不相等，描绘时可能不闭合，它们的可信赖程度较低。显著山峰、灯塔、孤立的岛屿和烟囱等显著建筑物的位置一般比较准确。但无人看守的灯船、灯浮、浮标等的位置,可能由于风浪、强流、被碰撞等原因移位,灯光熄灭甚至漂失,而又不能按时发布航海通告,对它们的位置不能过分信赖,使用前应首先加以核实。

1.8.2　使用海图注意事项

(1)开航前应按航次需要抽取航线上所需要海图,并逐张检查是否都已及时改正和擦干净。然后按航线使用先后顺序存放在海图桌的最上一只抽屉里。海图作业应保留到航次结束后方可擦去,并整理归还原处。如发生海事时,应及时封存海图,并保留到海事处理结束。

(2)海图使用前,应根据航海通告和有关的无线电警告及时加以改正。海图改正应按规定的图式和缩写进行,改正内容位置准确,不要覆盖图上原有重要资料。每则通告改正完后要按规定做好小改正登记,并查核是否有遗漏。各地海图代销店一般只对永久性通告加以改正,对临时的、预告性的通告和航海警告不作改正。因此,一张新购置的海图,图上资料也不一定是最新的。

(3)在拟定航线和进行海图作业时,应尽量选用现行版较大比例尺的海图。用图时,应对图上航线附近的物标、地形、底质、危险物、航标以及海图标题栏中的重要说明和注意事项等,都必须仔细地进行研究。

(4)要善于鉴别一张海图的可信赖程度。凡经过详细测量过的海图,图上的水深点应该是较密集的,而且是有规律排列的,不应该在水面上存在有很多的空白处。凡根据精测资料绘制的海图,其等深线、等高线和岸线都应该是用实线来描绘的,而不应该是用虚线画出。凡新出版的海图,其测量日期、出版日期以及再版日期都应该是最近期的,而不应该是过时的。

(5)海图空白处,表示未经测量,应视为航行危险区避开。未经扫海区域,相邻等深线之间可能存在测深时未被发现的孤立陡峭的危险物。即使现代化的测量,也往往难以发现海区内的每一危险物。游艇使用资料陈旧、水深点稀少的海图,在游艇活动较频繁的海区航行,应尽可能将航线设计在水深点上。

(6)海图也可能存在误差和不准确之处,特别是资料陈旧的旧版海图,不应盲目相信它。

(7)海图作业时应按《海图作业规则》的要求用软质铅笔轻画轻写,不用的线条和字迹应用软质橡皮轻轻擦净,擦后图上不留痕迹。

1.8.3　海图管理

1.海图存放的要求

(1)海图存放处应保持干燥。海图一旦受潮后,应平压在玻璃板下阴干,以免变形。每张海图右下角均印有图幅尺寸,伸缩变形过大者不宜使用。

(2)海图在柜内平放时,图号应保持在右下角,便于抽选。

(3)船用海图存放方式较多,有的采用按图号顺序存放,有的则分区域或图夹存放。按图号顺序存放时,常用航线可抽出来单独存放,分区域存放时,每一区域中的海图要另编序号和目录,便于抽选和查找。

2.建立海图卡片

3.编制《本船航用海图图号表》

4.建立《本船海图新版及作废登记簿》

5.海图的配备与添置

(1)配备与添置海图时,即要满足航行安全的需要,又要本着厉行节约的精神。

(2)将本船预定航行区域的总图、航用海图及参考图配齐;配备港泊图时不仅要考虑到游艇营运可能到达的港口,也要考虑到避风锚地等因素。

(3)海图送船后,应检查该图是否是最新版,海图中的小改正是否改正到最近的有关通告,不合格的应予退回。

(4)新图及新版图添置或更新后,应设立或更换海图卡片。

(5)海图更新后,原《本船海图新版及作废登记簿》中的登记应予擦去,新图添置后,其图号应插入《本船海图图号表》及《本船海图新版及作废登记簿》中。

1.8.4　海图作业基本训练

1.海图作业工具

(1)分规

(2)航用三角板

(3)平行尺

(4)铅笔、橡皮

2.基本操作训练

(1)量取某点的经纬度。

(2)将已知坐标点标绘到海图上。

(3)量取已知点到某物标的方位、距离。

(4)从已知点绘画物标方位线,在其上截取距离求取经纬度。

1.9　电子海图(ECDIS)

电子海图是科技发展到一定阶段的必然产物,随着最新科学技术在航海上的不断应用,给航海界带来了一次次的技术革命。GPS在游艇上成熟应用后,游艇的高精度定位手段得到了保证,而航海人员所面临的情况越来越复杂了,传统的纸质海图及其作业方法显得相对落后,客观上要求有更方便的海图来取代。同时电子技术和计算机在软、硬件技术上迅速发展,为电子海图的产生奠定了基础。对电子海图的研究可以追溯到20世纪70年代,人们设想能将纸海图电子化,与各种导航传感信息和雷达信息等集中在一个系统内,以方便航海人员的使用与保管。不久,美国、挪威、日本和加拿大等国都开始研制这种集成系统。而电子海图最终投入实际应用,却是最近十多年的事情,目前电子海图技术已较成熟,电子海图已在航运界获得较广泛的使用。主要装备在一些军舰、新造油轮、集装箱船、豪华邮轮和高速客船上。在其他的一些商船上,也正在完成电子海图的配置工作。

1.9.1　概述

1.电子海图的发展

电子海图的发展经历了由"纸质海图的电子复制品"到"电子海图显示与信息系统"(Electronic chart display and information system,简称ECDIS)的质的演变。开始阶段,虽然各厂家生产出很多不同种类的海图电子产品,但这一时期的海图电子产品未获得广泛的推广和使用,主要的原因在于海图电子产品的法律地位及其设备使用的可靠性未得到公约的确认。直到1995年和1996年有关国际组织制定了电子海图的标准和规范,电子海图才获得了法律上的认可。SOLAS公约第五章规定:符合规定的ECDIS可以等效于公约所要求的海图。STCW 95公约中"对500总吨或以上游艇的负责航行值班的高级船员发证的强制性最低要求"明确规定:"海图"一词包括ECDIS,是驾驶员必须掌握的导航设备之一。

电子海图的发展是与当时的科技水平密切相关的,大致经历了三个阶段。

(1)纸质海图的复制阶段

20世纪70年代末至1984年,人们把已有的信息完整的纸海图经数字化处理后,存储在储存介质中,借助显示装置和标绘仪器,像在纸海图上一样进行海图作业,这样可以降低海图体积和海图作业的劳动强度。

(2)功能拓展阶段

1984年至20世纪90年代初,人们在数字化的海图上开发出新的使用功能,可以在数字化海图上显示船位,进行航线、航次计划设计,显示诸如航速、航向等航行参数,开发出更多便于使用的、可保证航行安全、提高营运效率的各种功能。

(3)航行信息系统阶段

这个阶段的主要特征是将电子海图作为航行信息的核心,进行组合式、集成式的开发研究,使游艇航行自动化迈上了新的台阶。集中于电子海图的系统化、一体化研究,将各种电子海图数据库进行完善,与各种航海传感器、导航设备进行系统接口与组合。

然而,由于缺乏统一的标准,由各国海道测量部门生产的电子海图,只能在各个对口生产厂家的ECDIS上显示。各国海道测量部门生产的数据格式不同,各个生产厂家的ECDIS显示海图的方式也有差异,因此,各个厂商生产的ECDIS除了能"阅读"与其协作的海道测量机构生产的电子海图外,不能"阅读"其他海道测量机构生产的电子海图,这种情况极大地阻碍了电子海图和ECDIS在全球范围的推广应用。

1995年8月,国际海道测量组织发布电子海图显示及信息系统标准(S-52(第五版)),1995年11月,第19届国际海事组织大会通过并确认了《电子海图等效于纸海图的决议》,这就是(IMO)第A·817(19)号决议。该决议确认了电子海图(ENC)和电子海图显示与信息系统(ECDIS)配合使用,可以合法取代传统的纸质海图,电子海图的法律地位得到了确认。1996年第十五次国际海道测量大会通过了更为详细、完善的数字海图交换标准,并以IHO特别出版物《S-57(第三版)》的形式正式发布。在制定《数据传输标准S-57》的同时,IHO还制定了《ECDIS海图内容与显示规范》,这就是所说的S-52。此外,国际海事组织(IMO)、国际电工委员会(IEC)等多个国际组织也为ECDIS制定了一系列相应的标准。

随后,加拿大、挪威、日本、澳大利亚、新加坡等国制作出了符合该标准的电子海图,经过测试,比不同海道测量机构制成的电子海图相容性好,表明标准已经基本成熟。由于基于《S-57(第三版)》的电子海图制作较为耗时,因此在1998年底,国际海事组织航行安全分委会同意在缺乏《S-57(第三版)》电子海图的水域,可以采用光栅海图作为过渡时期的电子海图替代物。IHO也同时发布了光栅海图标准。目前,美国、英国、法国、德国、日本、韩国、印度、新加坡、智利等世界大多数海洋国家均制作了基于《S-57(第三版)》的电子海图,有些国家已经完成了本国管辖水域的电子海图全覆盖。英国水道测量局利用其现有纸质海图完善的海图资料及其全世界范围内完善的水道资料网络,已基本将各大航行水域内的光栅海图制作完成,目前已发布共 11 张光盘,其中 1 张为总图光盘。如果计算美国 VPF 格式的电子海图和英国的光栅海图,则全世界的海洋均已实现了无缝覆盖。在电子海图显示系统方面,市场上已经有商品化的既能接受电子海图,又能同时接受光栅海图的 ECDIS 销售。有些厂商既生产电子海图,又生产电子海图显示及信息系统。电子海图覆盖区域如图 1 – 30 所示。

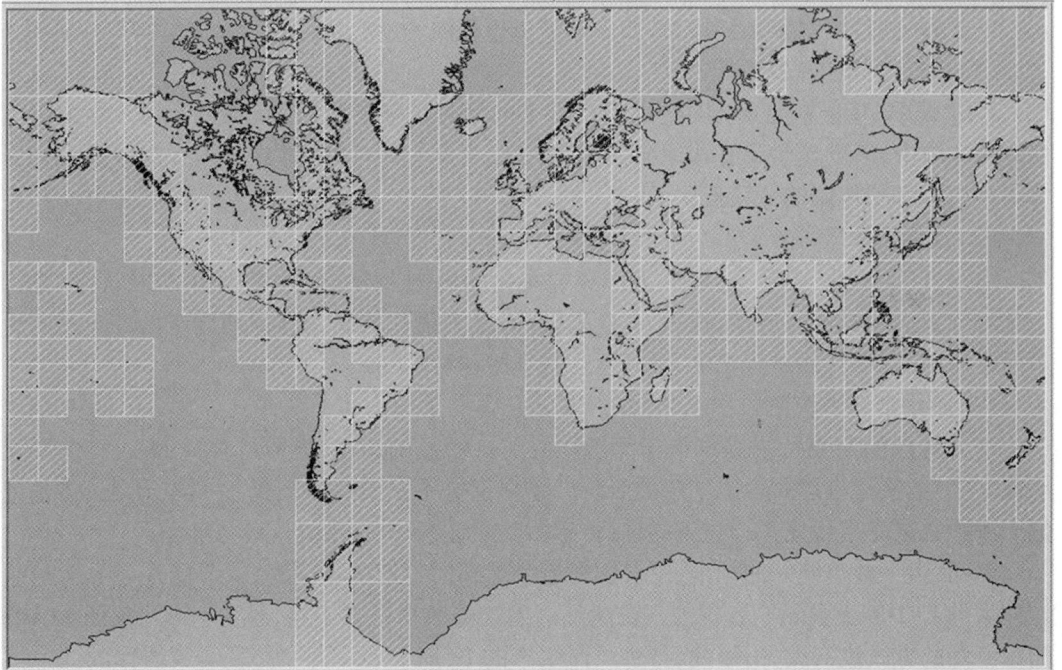

图 1 – 30　电子海图覆盖区域示意图(北纬 9°以北东经 130°以西的海域)

2. 电子海图发展现状

(1)世界各地区及主要海道国家电子海图生产制作情况

根据国际海道测量组织最近提供的资料,各国电子海图覆盖情况大致如下:北美洲、南美洲、欧洲、北非、南非、印度洋北部、亚洲大部、澳大利亚等沿海国家领海水域已经被各种比例尺的电子海图覆盖。但在中美洲、东非和西非的国家领海及附近水域、亚洲的印度尼西亚领海及附近水域还没有电子海图覆盖。国际水域小比例尺电子海图,各地区海道测量委员会正在加紧制作。

(2)电子海图显示及信息系统和电子海图显示系统(ECS)研发、推广应用情况

一些发达国家在电子海图显示及信息系统开发方面,已经取得了令人瞩目的成绩。英国、挪威、德国、日本、意大利等国的多家公司的电子海图显示及导航系统不仅通过了有关船级社的检验,而且已经商品化,价格稳定在 5 万美元左右。市场上推广比较好的产品,主要是德国 ATLAS 和英国 TRANSAS 两家公司生产的。据有关资料介绍,在 1 500 条 SOLAS 公约船中,有约 1 000 条船装有电子海图系统,不过世界上新造的 SOLAS 公约游艇,基本上都安装了电子海图显示及信息显示系统。

由于电子海图显示及应用系统比较昂贵,一时难以全面推广,许多国家研发了一种比较简单的电子海图显示系统,这种电子海图显示系统一般只有与卫星全球定位系统(GPS)

的接口,不要求与多种航海仪器连接,不完全满足国际海事组织的要求,但由于价格较低,故推广较快。图 1-31 所示为小船用电子海图系统。目前,在市场上推广应用较好的主要是英国海道测量局和挪威 C-MAP 公司生产的系统,英国在生产电子海图的同时,还生产光栅海图,由英国牵头,新加坡和中国香港参加的 SHARED 计划,采用所谓的"双燃料"系统(dual fuel —— 一种能兼容电子海图和光栅海图的电子海图显示系统),在从新加坡到香港的航路上使用获得巨大成功,澳大利亚、日本、韩国也陆续加入了这一计划。

图 1-31　小船用电子海图系统示意图

(3)我国电子海图发展的现状

我国电子海图的发展,紧跟世界电子海国的发展步伐,在立足自主开发的同时,还不断借鉴、吸收发达国家的先进技术和经验,交通部、海军、航海院校及有关科研院所先后开发了多种版式的数字海图。我国目前已经完成了沿海主要港口航道 100 多幅电子海图的制作,完成了沿海比例尺为 1:10 万、1:30 万和 1:50 万三套电子海图的制作工作,大比例的港口航道图电子海图也在制作中,计划 2007 年完成;外海水域电子海图一直在制作之中;通海江河的电子海图制作,处于起步阶段。

我国现有航运船舶 20 多万艘,其中远洋和沿海航行船舶(包括游艇)有 1 万多艘,由于电子海图是船舶操纵智能化的基础,它能极大地提高游艇航行的安全,加上电子海图显示软件的潜在市场,保守测算估计为 100 亿元以上。因此,国内政府有关部门、军队、大专院校和科研院所,竞相投入大量的人力物力,进行研发攻关,取得了一批成果。如海军开发了与其数字海图配套的数字海图显示系统,除提供军内使用外,还在市场上推广。大连海事大学在其开发的中国船位报告系统基础上,做进一步的深开发,不断拓展新的功能。上海海事大学开发的航海模拟器,也已经投入使用,并为航海院校、部队训练和科研机构所使用。

交通运输部海事局也开发了电子海图制作和显示系统。其制作的电子海图和开发的显示系统已经用于海上航标巡检、海上巡逻、航运、水上工程、海事管理、船舶交通管理等诸多领域。如用于上海、宁渡、福州、厦门、琼州海峡船舶交通管制系统,为国家节约了不少外汇;如用于上海港 70 多千米的深水航道引航,已经成为引航员不可或缺的助手;再如用于上海港、黄浦江的分道通航制,在阔度不够的黄浦江上,不能实地抛设浮标将大船航道和小船航道分隔开来,但在电子海图上设置虚拟航标,将大船航道和小船航道分隔开来,再利用电子海图显示系统导航,使分道通航制顺利实行。另外,该系统还推广到中海和中远公司使用,取得了很好的社会效益和经济效益。

3. 存在的问题

世界电子海图发展势头迅猛,但在发展的过程中,存在三个比较大的问题:

(1)世界范围内电子海图全覆盖工作仍没有完成。除了各大洋公共水域外,一些发展中国家由于经济及技术能力的限制,无力完成本国所辖水域的电子海图制作工作,为此,国际海道测量组织备受责难。

(2)各国生产的电子海图质量不一,在衔接处的数据甚至互相矛盾,让使用者无所适从。

(3)电子海图的使用方式,尤其是电子海图的改正方式不同于纸海图,因此用户要求提供一站式服务。但实际上,以从美国西海岸到远东航线为例,需要从7家电子海图销售机构得到7张光盘,接收7家电子海图生产机构的改正数据,而且还不能将航路连接起来,空档处还需要使用光栅海图填充,使用起来非常不便。

1.9.2 电子海图简介

1. 电子海图组成

简单地说电子海图可分为两部分,一部分是电子海图数据(electronic navigation chart,简称 ENC),另一部分是各种基于电子海图数据的应用系统,其中最为主要的就是电子海图显示及信息系统(electronic chart display and information system,简称 ECDIS)。

电子海图数据具有两种形式,即基础数据和更新数据。基础数据和更新数据一起为电子海图显示及信息系统所接收,以形成反映海域内最新信息的系统电子海图(SENC),供 ECDIS 显示和作相应的处理。无论是基础数据还是更新数据,均以标准的格式进行数据的组织和封装,从而达到不同国家的海道测量机构制作的电子海图可以在不同的 ECDIS 上准确地使用。

ECDIS 显示从系统电子海图(SENC)中选择的海图信息,和从导航传感器得来的导航信息(如雷达/ARPA、GPS、罗经、计程仪、测深仪等),帮助航海人员做航线设计和航行监视。如需要,还可显示气象水文等其他与航海有关的信息。电子海图和电子海图显示及信息系统一起为航海人员提供一个海图信息平台,使使用者能够非常直观、方便地了解到所处海域的状况。

2. 电子海图的相关概念

(1)光栅海图和矢量海图

光栅海图(raster chart)是电子海图数据库的一种形式,通过对纸质海图的一次性扫描,形成单一的数字信息文件,光栅海图可以看作纸质海图的电子复制品,包含的信息(岸线、水深等)与纸质海图一一对应。其信息以像素形式显示,不能附加其他航行信息,是"非智能"的信息。海图可以定期改正,可以与定位传感器相连,但使用者不能对光栅海图作询问式操作(如按需要查询分级显示等),不能实现完全意义的无级缩放,受原图限制,不能做到无缝连接。目前主要有英国水道测量局制作的应用于全球水域的光栅海图 ARCS(admiralty raster chart service)和应用于美国水域的 NOAA 光栅海图。

矢量海图(vector chart)是电子海图数据库的另一种形式,是数字化的海图信息分类存储,因此可以查询任意图标的细节(如灯标的位置、颜色、周期等)。海图要素分层显示,使用者可以根据需要选择不同层次的信息量。并能设置警戒区、危险区的自动报警,还可查询其他航海信息(如港口设施、潮汐变化、海流矢量等),可以看作"智能化的电子海图"。生产并提供矢量海图数据库是 IMO 成员国航道测量局的责任。

矢量海图所表达的海图数据以矢量元素的形式表示,与点阵式像素表达方式不同,每个矢量表达一个元素属性,无论海图放大倍数是多少,不影响海图数据量的大小。同时附属于该海图元素的其他要素,同样以矢量元素的方式表征,故可通过查询数据库的形式根据查询性质将所要求的海图信息分层查询输出,如图 1-32 和图 1-33 所示。

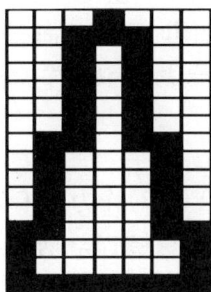

像素方式显示"△"
需要16×7个单位表
示,占用空间大,易
变形

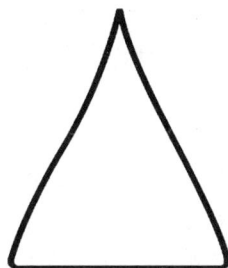

矢量方式显示"△"
仅需定义一个元素
即可,占用空间小,
不易变形

图 1-32　光栅海图与矢量海图的构建示意图

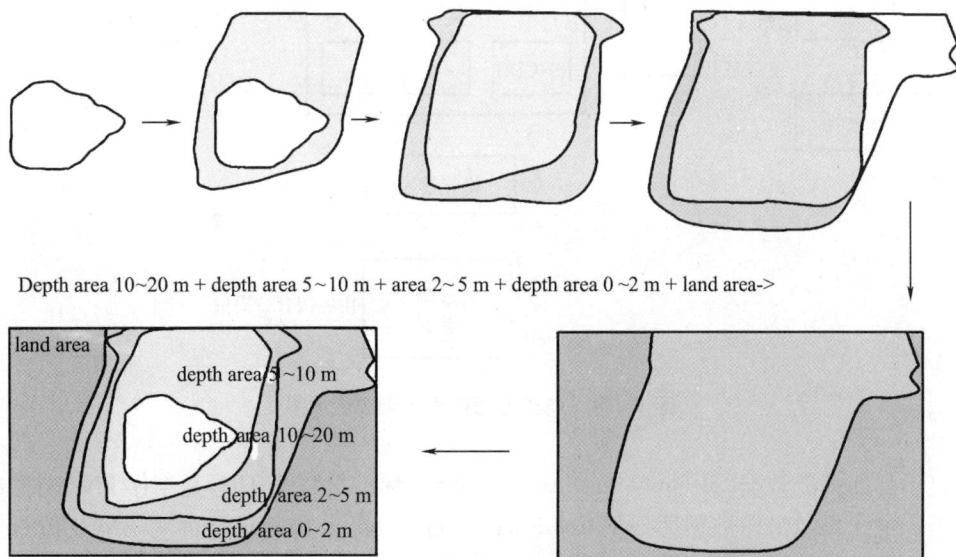

Depth area 10~20 m + depth area 5~10 m + area 2~5 m + depth area 0~2 m + land area->

land area
depth area 5~10 m
depth area 10~20 m
depth area 2~5 m
depth area 0~2 m

图 1-33　矢量海图的构建过程示意图

注:矢量海图可将各种表达不同意义的数据矢量组合或单独查询输出,如海图的等深。

(2)电子导航图

电子导航图(electronic navigational chart,简写 ENC)属于电子海图数据库。其内容、结构和格式是标准化的。由官方授权的水道测量部门发行并与 ECDIS 一起使用。ENC 包含安全航行需要的所有海图信息,也包含纸质海图上没有的但被视为安全航行所需要的补充信息(如航路指南等)。

(3)光栅海图显示系统、电子海图系统和 ECDIS 显示界面

光栅海图显示系统(raster chart display system,简写 RCDS)只能显示光栅电子海图数据库。

电子海图系统(electronic chart system,简写 ECS)可用来显示非官方的矢量电子海图或光栅电子海图数据库。ECS 不要求符合国际相关标准,不能代替 SOLAS 公约要求的纸海图,只能在不受公约约束的船上使用,或者作为补充,同时配套纸海图使用。ECDIS 用来显示官方的 ENC。ENC 是 ECDIS 应用的唯一合法的电子海图数据库。ENC 未能覆盖的海域应用光栅海图进行补充。

(4)电子海图数据库

电子海图数据库(electronic chart date base,简写 ECDB)作为 ENCD 最主要的数据库,是由国家水道测量局以数字化形式保存的海图信息以及其他航海和水道信息。ECDB 对电子海图应用系统性能的影响至关重要。ECDB 的数据来源要求精度高,且具有权威性。其数据主要来自两部分:一部分是水道测量数据经格式转换后产生的数据,另一部分是根据原先的纸质海图、航海通告及各种资料等经数字化后产生的数据,或由国家水道测绘数据库提供的数据,如图 1 – 34 所示。

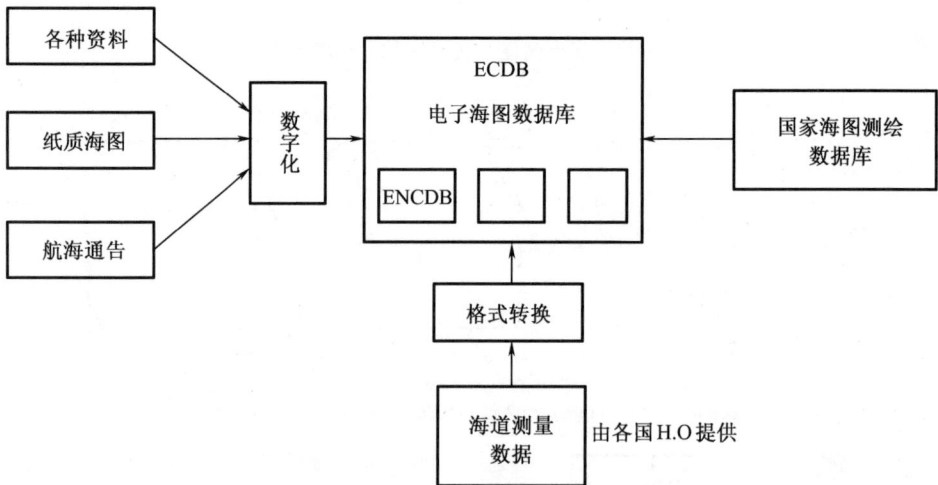

图 1 – 34 电子海图数据库组成示意图

电子导航海图数据(electronic navigational chart data,简写 ENCD)是制作 ENC 所需的官方数据。电子导航海图数据库(electronic navigational chart data base,简写 ENCDB)是生成和维护 ENC 的主要数据库。其关系如图 1 – 35 所示。

3. ECDIS 的主要优点

(1)电子海图信息可以实现分层显示

ECDIS 可以隐去本船在特定航行条件下不需要的海图信息,而只显示保证航行安全所必需的海图信息,从而删减了纸质海图上多余的信息,使航海人员识图变得更加容易。

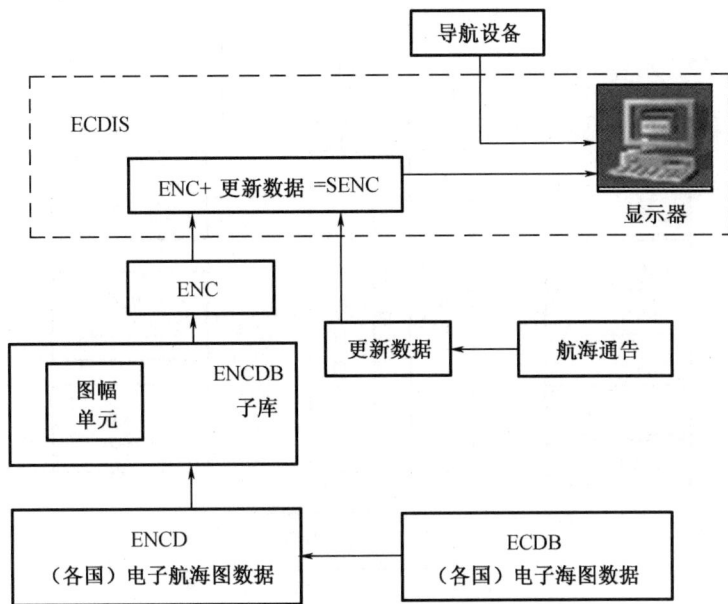

图 1 – 35 电子海图的数据来源示意图

(2)可实现海图的无缝连接与比例的无级缩放

ECDIS 海图资料是以矢量数据的形式存储,借助于信息系统显示出来。所有海图数据都从海图数据库里查询输出。海图已不像传统的纸质海图一样有明显的界限及比例,而是可以任意选择要显示的海区,采用活动窗口显示,窗口可以漫游,图上比例可以无级缩放。

(3)提供海图的附加资料

ECDIS 不仅能够显示纸质海图上的所有信息,而且还能以灵活的方式提供各种和航行安全有关的航行信息,如航路指南、航海员手册、航标信息等。

(4)航海自动化水平提高,保障了航行安全

使用 ECDIS 能够方便地进行航线设计、自动完成海图作业、进行航路监视与记录等。同时可以与各种导航设备如雷达、ARPA、AIS、GPS 等连接,将有关导航信息直接在电子海图上显示,为航海人员迅速提供有关航行安全信息,便于航海人员对游艇周围环境的准确判断,从而科学决策,保证航行安全。

1.9.3 电子海图显示与信息系统 ECDIS

1. ECDIS 的基本组成

ECDIS 是由主计算机系统、电子海图数据库及改正数据、输入传感器、输出终端设备等四个基本部分组成。其结构如图 1 – 36 所示。

2. ECDIS 的功能

(1)航线设计(route planning)

可以直接在电子海图上进行航线设计(图 1 – 37),包括恒向线航线和大圆航线;可以调整计划好的航线,添加、删除、改变航路点等;设计备用航线;事先设定本船安全等深线;事先设定特殊航行区域;设定偏航极限等。

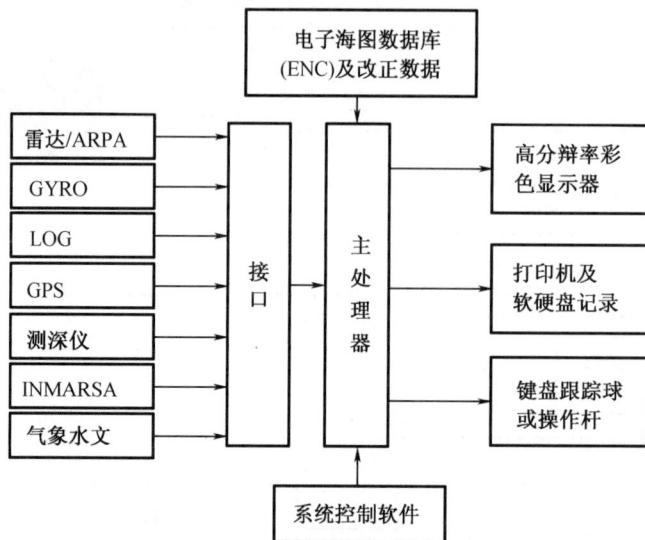

图 1-36　ECDIS 硬件结构示意图

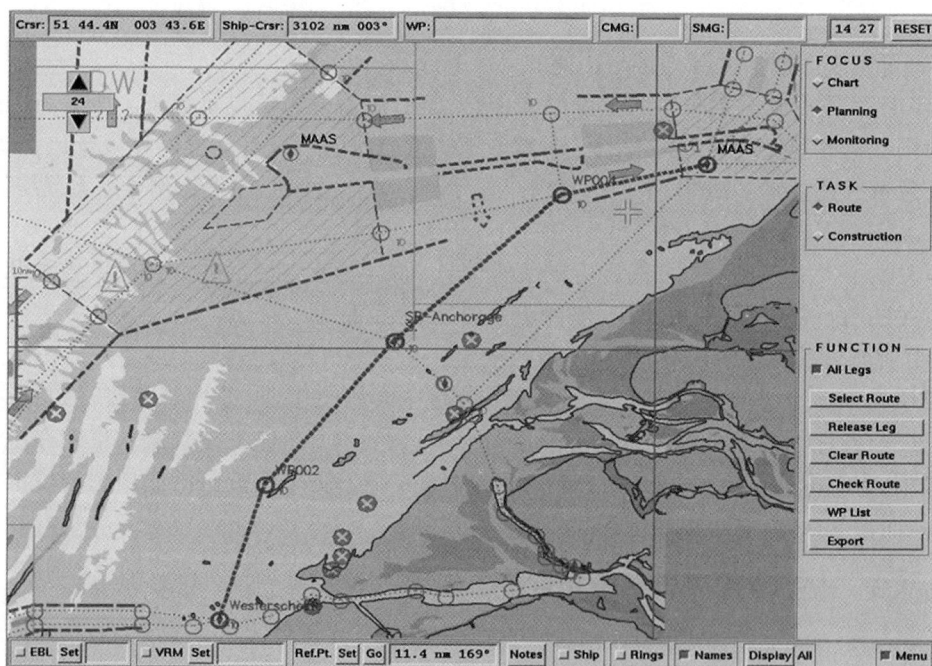

图 1-37　电子海图的航路设计功能示意图

（2）航路监视（route monitoring）

显示本船所在海域信息及任意其他海域信息，但可随时通过单一操作方便切换回本船所在海域的海图内，自动航路监视功能仍在继续；手动设置或在 1~120 n mile 范围内自动显示沿游艇航迹向的时间标记；能够显示足够数量的航行安全标记；自动记录海图作业操作过程。

（3）异常情况的指示和报警

若游艇在航海人员设定的时间内穿越安全等深线或其他禁航区域、特殊地理区域，则

ECDIS予以报警;超过偏航极限时,予以报警;定位信息丢失时,予以报警;到达设定的重要航路点时,予以报警,等等。

(4)航行记录功能(voyage recording)

ECDIS能够按照国际标准和使用者的要求显示并记录各种航行信息(图1-38),如存储并再现前12 h的航行要素;以小于4 h的间隔记录整个航行中的航迹向和时间标注;记录整个航次的航迹,记录的信息不可改变,等等。

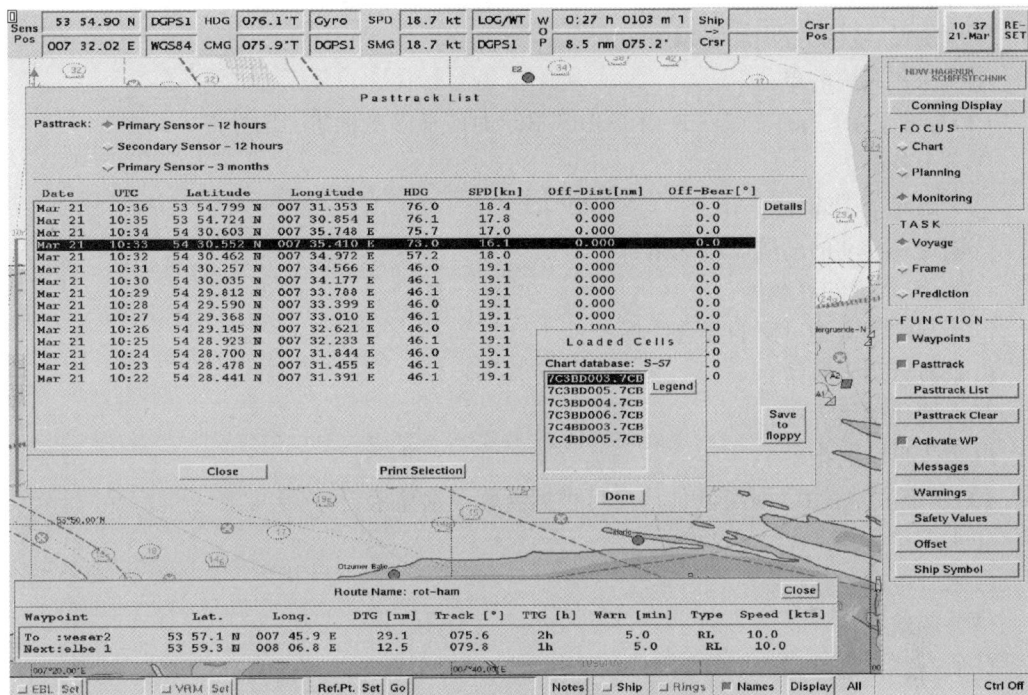

图1-38 电子海图的航行记录界面

3. ECDIS资料的显示

航线设计和航路监视期间可用于显示SENC信息(图1-39)。

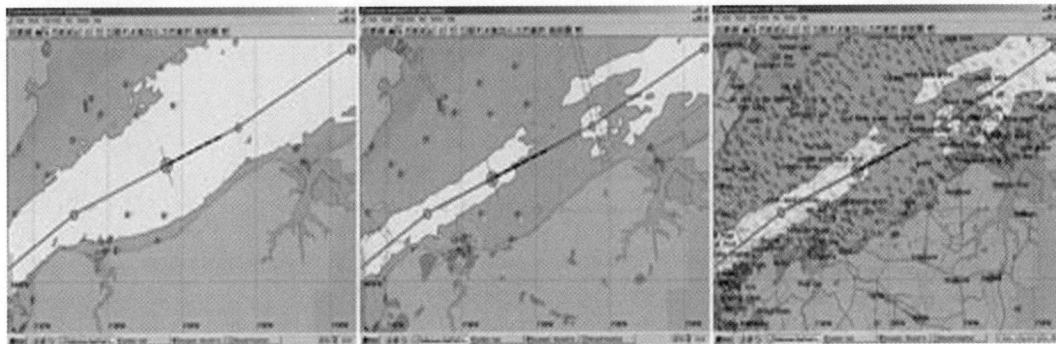

图1-39 电子海图的分层显示图

计划航线和航路监视中显示的SENC信息分为三类:基础底层信息、标准显示信息、所有显示信息。

（1）显示基础（永久保持在 ECDIS 显示上的内容）组成

①海岸线（高潮水准线）；

②本船安全等深线，由航海人员选择；

③位于安全等深线确定的安全水域内，深度小于安全等深线的孤立水下危险物的指示；

④位于安全等深线确定的安全水域内的孤立危险物，例如桥、架空电缆等，以及不论其是否用于助航的浮标和立标等；

⑤分道通航系统；

⑥比例尺、范围、方向和显示方式；

⑦水深和高程的单位。

（2）标准显示（当海图第一次由 ECDIS 显示时所显示的内容）组成

①显示基础；

②干出滩范围线；

③固定和浮动的助航设备的指示；

④航路、水道的界线等；

⑤可视的和雷达可测的显著物标；

⑥禁航区和限航区；

⑦海图比例尺界线；

⑧警告事项的指示。

（3）所有其他信息（所有其他信息可根据需要个别显示）

①水深点；

②水下电缆各管线；

③渡船航线；

④所有孤立危险物的细节；

⑤助航设备的细节；

⑥警告事项的内容；

⑦ENC 编辑日期；

⑧测地基准面；

⑨地磁偏差；

⑩网格线；

⑪地名等。

4. 电子海图的国际标准

（1）IMO 的 A 817(19)决议

《ECDIS 性能标准》从使用的角度对 ECDIS 的显示界面的使用要求、性能标准作出了统一规定。

（2）国际水道测量组织 IHO 发布的《ECDIS 国际规范和标准》

《S－52(第 5 版)》规定了 ECDIS 在海图内容、显示、符号及海图修改上应遵从的法则。

《S－52(第 3 版)》规定了数字化水道测量数据的传输标准、电子海图的生成模型及传输和交换规则。

（3）《国际电工委员会 IEC 测试标准(IEC61174)》

《ECDIS 的操作和性能要求、测试方法及要求》对 ECDIS 硬件设备检测提出统一规则。

5. 海图的改正

(1)海图改正的要求

①不能改动 ENC 的内容；

②改正信息应和 ENC 分开存储；

③能够接受官方按 IHO 标准提供的对 ENC 的改正,这些改正可以被自动地应用于 SENC,无论采用何种方式改正,都不应干扰使用中的显示；

④能够接受对 ENC 的手动改正,并在最后接受数据之前,用简单方法校对,显示中,手动改正区别于 ENC 信息和官方改正,且不影响清晰度；

⑤保存改正的记录和作用于 SENC 的时间；

⑥允许航海人员显示改正,以便审核改正内容,并确认 SENC 中包含了这些改正。

(2)海图改正的途径

①由航海人员根据航海通告,利用 ECDIS 提供的绘图工具进行手工改正；

②将"电子航海通告"的磁盘或光盘提供给航海人员,由航海人员装入系统进行"半自动"的改正,类似于一般软件升级的方式；

③电子海图修改数据经无线电通信系统接入 ECDIS 进行自动的改正,无需操作人员的干预,如图 1-40 所示。

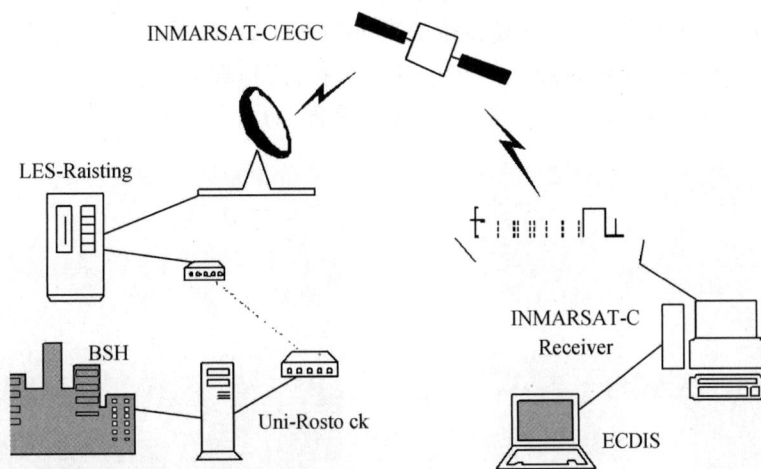

图 1-40　电子海图远程改正示意图

1.10　航　　标

为引导游艇在正确的航道上航行,航道部门或海上安全监督部门在海上、海岸或江河设置了各种不同类型和不同作用的航行标志或助航标志,它以特定的标志、灯光、音响或无线电信号来指示或辅助航行,这些助航标志简称航标,其位置在海图上加以标绘,并在航标表中加以记载和说明。航标的主要作用有：

(1)指示航道　在岛岸易见处,设置引导标志,或在水上设立浮标、灯浮及灯船等,引导游艇沿航标所指示的航道航行。

(2)供游艇定位　利用设置在陆上的航标测定船位。

（3）标示危险区　标示航道附近的沉船、暗礁、浅滩及其他危险物,指引游艇避开这些危险物。

（4）供特殊需要　标示锚地、检疫锚地、测量作业区、禁区、渔区及供游艇测定运动性能和罗经差使用的水域等。

1.10.1　航标的分类

1. 沿海航标(coastal aids)

沿海航标设在沿海和河口地段,引导游艇在沿海航行及进出海港、港湾和河口的航标,分为固定航标和水上浮动航标两种。

（1）固定航标

固定航标是设置在岛屿、礁石、海岸等上面的航标。

①灯塔(lighthouse):一般设置在显著的海岸、岬角、重要航道附近的陆地或岛屿上,以及港湾入口处。它是由基础、塔身和发光器三部分组成的塔状物,一般比较高大而坚固并会发光,如图1-41所示。

灯塔塔身具有显著的形状和颜色特征,其上部装有强烈的发光装置,以便航船能在较远的距离上及时发现它。灯塔通常有专人看守,工作可靠,海图上位置准确,是陆标定位的良好标志,因而是一种主要的航标。有的灯塔还附设音响信号、雾号和无线电信号等。

②灯桩(light beacon):一般设置在航道附近的岛岸边,以及孤立的礁石上或港口附近的防波堤上。灯桩是一种柱状或铁架结构的建筑物,其顶部也装有发光器,作用与灯塔相同,但结构较为简单,灯光强度也较弱,一般无人看管,如图1-42所示。

图1-41　灯塔图片

图1-42　灯桩图片

③立标(beacon):一般设置在浅水区及水中礁石上,是一种顶部带有球形或三角形等形状的杆状标,用以标示沙嘴尽头、浅滩及险礁的两端、水中礁石及航道中较小的障碍物;也有的设在岸上作为叠标或导标,用以引导游艇进出港口或测定游艇运动性能和罗经差,如图1-43所示。

图 1 - 43 立标图片

（2）水上航标

水上航标是用锚或沉锤加锚链系留在预定海床上的浮标。水上航标除灯船及大型浮标外,其外部涂色、顶标、灯质等均按其用处不同有统一的规定。

①灯船(light vessel):一般设置在周围无显著陆标又不便建造灯塔的重要航道附近,以引导游艇进出港口、避险等。灯船是一种在甲板高处设有发光设备的特殊游艇。灯船具有能经受风浪袭击和顶住强流的牢固结构和锚设备,灯光射程较远,可靠性较好,有的还有人看管。灯船的船身一般涂红色,船体两侧有醒目的船名或编号,桅上悬挂黑球,供白天识别用,如图 1 - 44 所示。

图 1 - 44 灯船图片

②浮标(buoy):一般设置在海港和沿海航道以及水下危险物附近,用以标示航道,指示沉船、暗礁、浅滩等危险物的位置。浮标是具有规定的形状、尺寸、颜色等的浮动标志,锚舶在指定位置,它可能装有发光器、音响设备、雷达反射器和规定的顶标等。其水线以上部分

的基本形状主要有罐形、锥形、球形、柱形和杆形五种。浮标受海流和潮汐的影响,其实际位置以锚碇为中心在一定范围内移动,遇大风浪时可能会移位或漂失,因此一般不能用浮标来定位。装有发光器的浮标称为灯浮标(light-buoy),如图1-45所示。

图1-45　灯浮标图片

2. 内河航标(inland river aids)

内河航标是设置在江河、湖泊、水库航道上的助航标志,用以标示内河航道的方向、界限与碍航物等,为游艇航行指示安全的航道。内河航标由航行标志、信号标志和专用标志三大类组成。

3. 船闸航标(lockage aids)

船闸航标是设置在船闸河段上的航标,用以标示船闸内外的停船位置,指出进出船闸的引领航道和节制闸前的危险水域,指引游艇安全迅速地通过船闸。

1.10.2　《中国海区水上助航标志》

《中国海区水上助航标志》(GB4696—1999)是我国在国际海上浮标制度(A区域)的基础上结合我国情况在1999年制定并公布实施的。该标准适用于中国海区及其海港、通海河口的所有浮标和水中固定标志(不包括灯塔、扇形光灯标、导标、灯船和大型助航浮标)。水中固定标志是指水中的立标和灯桩,其设标点的高程在平均大潮高潮面以下,标志的基础或标身的一部分被平均大潮高潮淹没,如果作用与浮标相同,则其颜色、顶标和灯质也都与相应的浮标或灯浮标一致。

国家标准(GB4696—1999)包括侧面标志、方位标志、孤立危险物标志、安全水域标志和专用标志五类,它们可以结合使用。表示标志特征的方法为:白天以标志的颜色和形状或顶标来表示;夜间以标志的灯质即光色、灯光节奏和周期来表示。该标准规定的基本浮标形状有罐形、锥形、球形、柱形和杆形五种。而顶标形状只有罐形、锥形、球形和"X"形四种,现简介如下。

1. 侧面标志

侧面标志根据航道走向配布,用以标示航道两侧界限或标示推荐航道、特定航道。确定航道走向的原则是:游艇由海向里,既从海上使近或进入港口、河口、港湾或其他水道的方向;在外海、海峡或岛屿之间的水道,原则上按环绕大陆顺时针航行的方向;在复杂的环境里,航道走向由航标主管部门确定,并在海图上用洋红色的 => 表示;当游艇顺航道走向航行时,其左舷一侧为航道的左侧,右舷一侧为航道的右侧。

侧面标志包括左侧标、右侧标、推荐航道左侧标和推荐航道右侧标。航道左侧标和右侧标分别设在航道的左侧和右侧,标示航道左侧和右侧界线。顺航道走向行驶的游艇应将航道左侧标和右侧标置于该船的左舷和右舷通过,如图1-46所示。

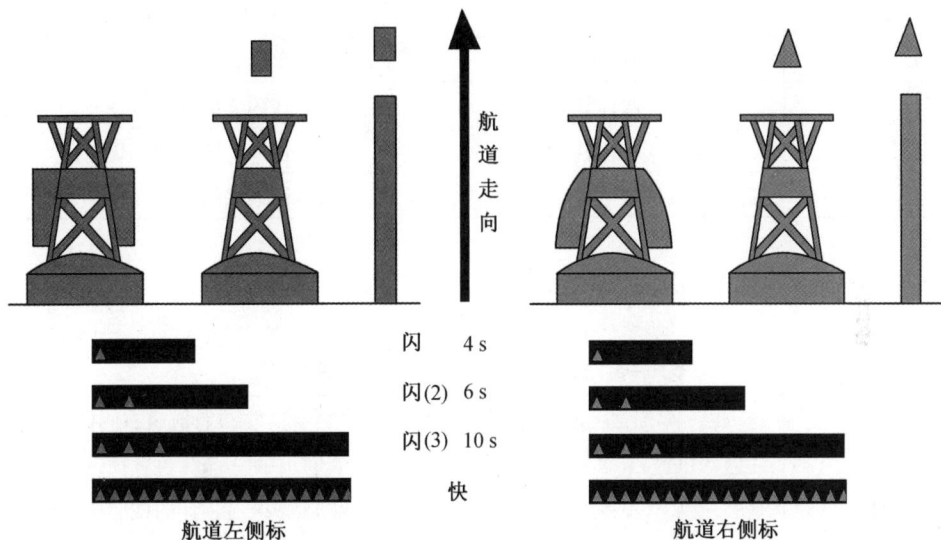

图1-46 侧面标志示意图

推荐航道左侧标和右侧标设立在航道分岔处,也可设置在特定航道,游艇沿航道航行时,推荐航道左侧标标示推荐航道或特定航道在其右侧;推荐航道右侧标标示推荐航道或特定航道在其左侧,如图1-47所示。

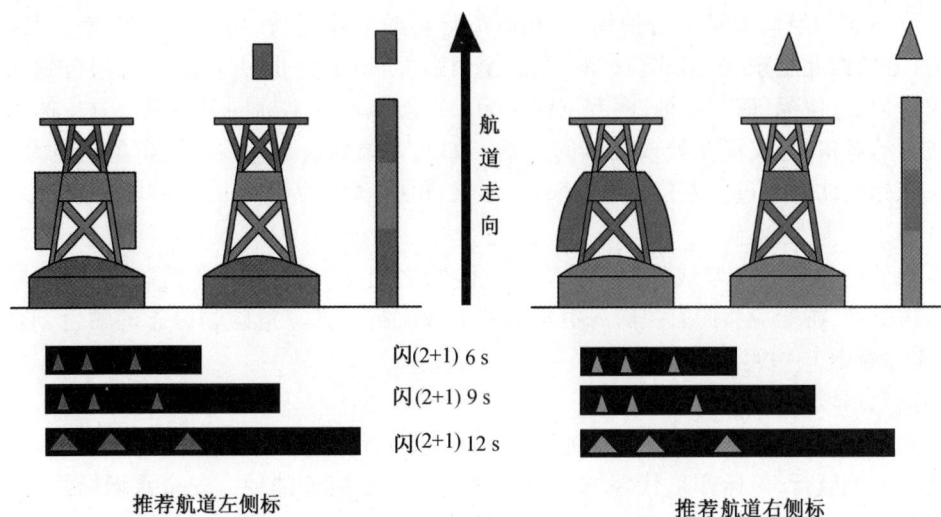

图1-47 推荐航道侧面标志示意图

航道左侧标和右侧标的特征应符合表1-2的规定。

表1-2 航道左侧标和右侧标特征表

特征	航道左侧标	航道右侧标
颜色	红色	绿色
形状	罐形,或装有顶标的柱形或杆形	锥形,或装有顶标的柱形或杆形
顶标	单个红色罐形	单个绿色锥形,锥顶向上
灯质	红光,单闪,周期4 s	绿光,单闪,周期4 s
	红光,连闪2次,周期6 s	绿光,连闪2次,周期6 s
	红光,连闪3次,周期10 s	绿光,连闪3次,周期10 s
	红光,连续快闪	绿光,连续快闪

推荐航道左侧标和右侧标的特征应符合表1-3的规定。

表1-3 推荐航道左侧标和右侧标特征表

特征	推荐航道左侧标	推荐航道右侧标
颜色	红色,中间一条绿色宽横带	绿色,中间一条绿色宽横带
形状	罐形,或装有顶标的柱形或杆形	锥形,或装有顶标的柱形或杆形
顶标	单个红色罐形	单个绿色锥形,锥顶
灯质	红光,混合连闪2次加1次,周期6 s	绿光,混合连闪2次加1次,周期6 s
	红光,混合连闪2次加1次,周期9 s	绿光,混合连闪2次加1次,周期9 s
	红光,混合连闪2次加1次,周期12 s	绿光,混合连闪2次加1次,周期12 s

2.方位标志

方位标志与航海罗经结合使用,设在以危险物或危险区为中心的北、东、南、西四个象限,即真方位西北至东北、东北至东南、东南至西南、西南至西北,并以所在象限分别命名为北方位标、东方位标、南方位标、西方位标。标示可航水域在本标同名一侧。方位标志也可设在航道的弯道、分支汇合处或浅滩的终端。如北方位标设在危险物或危险区的北方,游艇应在该标的北方通过。方位标志的颜色、形状、顶标、灯质等参看图1-48。

3.孤立危险物标志

孤立危险物标志设置或系泊在孤立的危险物之上,或尽量靠近危险物的地方,标示孤立危险物所在,游艇应参照有关航海资料避开本标航行。孤立危险物标志的颜色、形状、顶标、灯质参看图1-49。

4.安全水域标志

安全水域标志设在航道中央或航道的中线上,标示该标志周围均为可航水域,游艇可在其任何一侧航行,该标亦可代替方位标或侧面标指示接近陆地。安全水域标志的颜色、形状、顶标、灯质等参看图1-50。

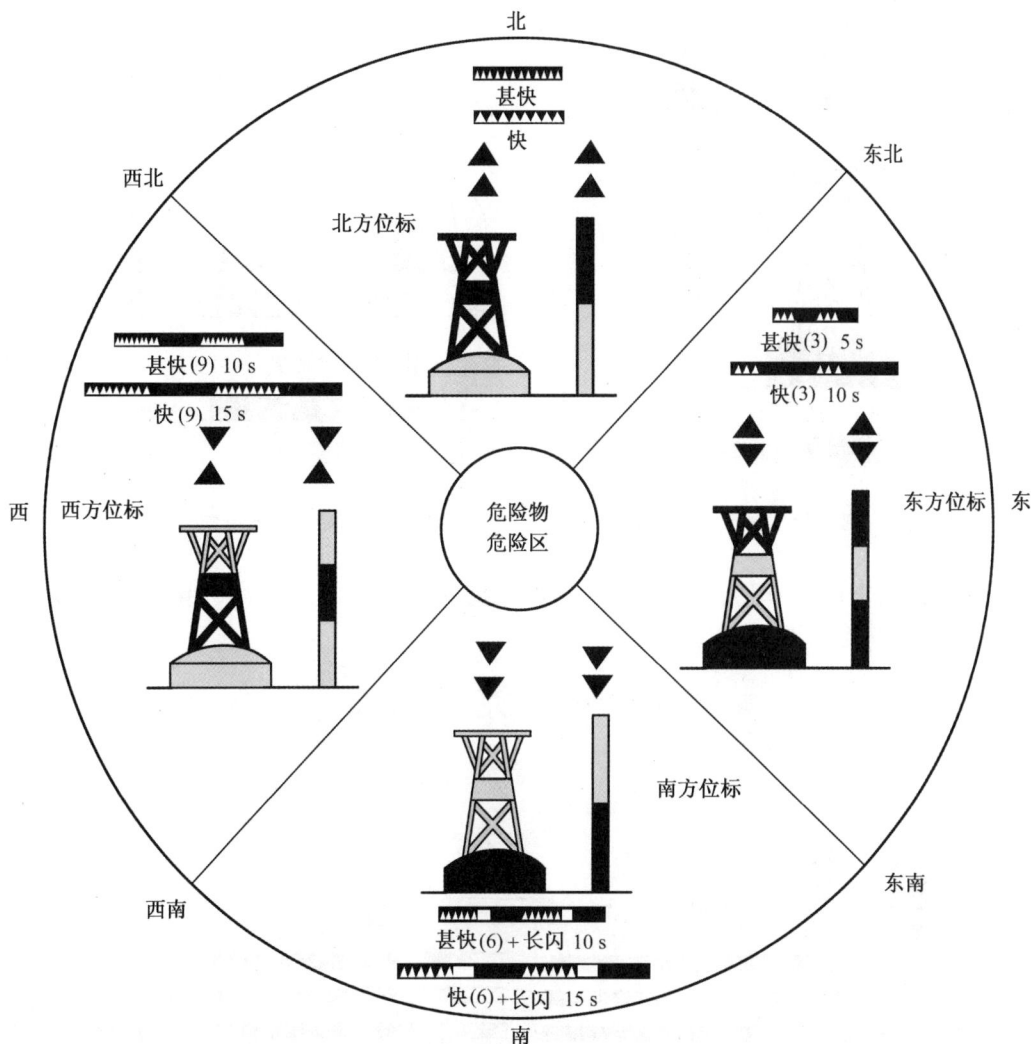

图 1-48　方位标志示意图

5. 专用标志

专用标志主要不是为助航目的而设置的,它用于指示某一特定水域或特征。

(1)锚地:检疫锚地等。

(2)禁航区:军事演习区等。

(3)海上作业区:海洋资料探测、海道测量、水文测验、潜水、打捞、海洋开发、抛泥区、测速场、罗经校正场等。

(4)分道通航:分道通航区、分隔带等(当使用常规航道标志标示分道通航可能造成混淆时,可使用专用标)。

(5)水中建筑物:电缆、管道、进水口、出水口等。

(6)娱乐区:体育训练区等。

(7)水产作业区:渔场、养殖场等。

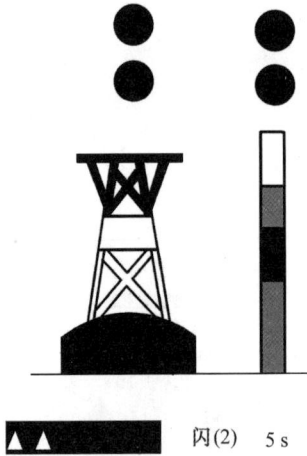

图 1-49　孤立危险物标志示意图

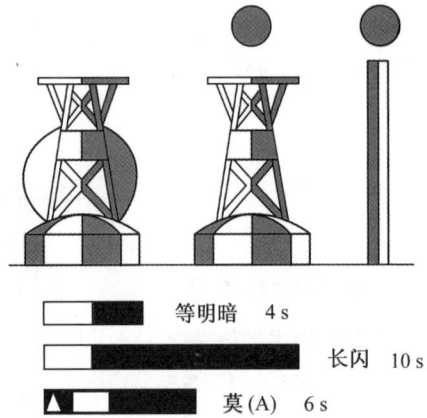

图 1-50　安全水域标志示意图

各种不同用途的专用标志必要时在有关航海资料中予以说明。专用标志的颜色、形状、顶标、灯质等参看图 1-51。

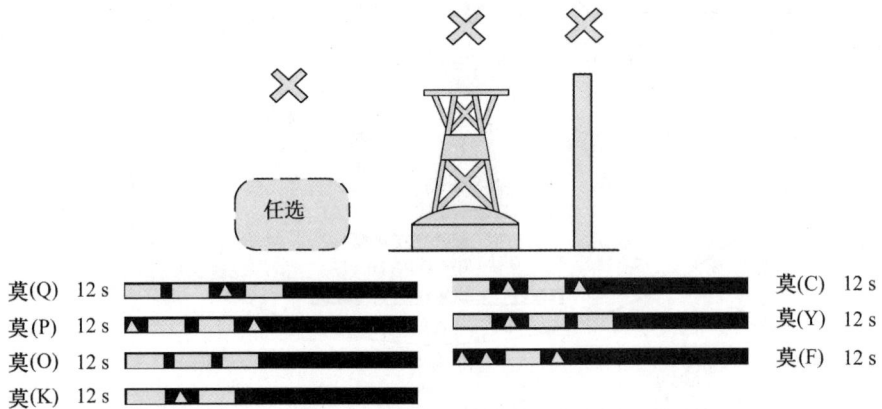

图 1-51　专用标志示意图

为了便于识别和使用,各种专用标志应在标体明显处漆以特殊标记,其灯光节奏采用莫尔斯信号。具体规定参看图 1-52。

在某种特殊情况下,超出本标准所列举的 7 种用途时,可以增加其他用途的专用标,其灯光节奏、标记可另行规定,经航标主管部门批准后使用。

6. 新危险物的标示方法

(1)"新危险物"系指新发现而尚未在航海资料中予以说明的障碍物,例如浅滩、礁石、沉船等。

(2)航标管理部门如认为该"新危险物"严重威胁航行安全,则应尽快设置标示该"新危险物"的标志,它们可以是侧面标或方位标,所有的灯光节奏要用甚快闪或快闪。同时在这些标志中必须至少有一个重复标志,其全部特征要和与它配对的标志相同。

(3)"新危险物"可以用雷达应答器来标示,要求在雷达荧光屏上显示出一个相当于 1 n mile 长度的图像,其编码为莫尔斯信号"D"(———)。

用途种类	标　记		灯　质		
	颜色	图形标志	光色	闪光节奏	周期/s*
锚地	黑	 ⚓	黄	莫尔斯信号 "Q"　— — · —	12
禁航区	黑	 ✕		莫尔斯信号 "P"　· — — ·	
海上作业区	红/白	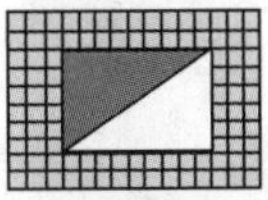 ◪		莫尔斯信号 "O"　— — —	
分道通航	黑	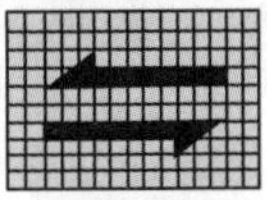 ⇐		莫尔斯信号 "K"　— · —	
水中构筑物	黑	 △		莫尔斯信号 "C"　— · — ·	
娱乐区	红、白	 ⛱		莫尔斯信号 "Y"　— · — —	
水产作业区	黑	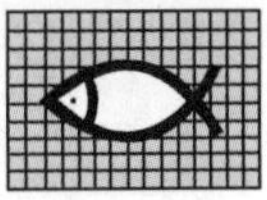 🐟		莫尔斯信号 "F"　· · — ·	

注：*可以15 s为备用周期

图 1 – 52　莫尔斯信号示意图

航标管理部门在确信该"新危险物"的消息已被充分通告后,其重复标志方可撤除。

7. 关于标志编号

(1)当一个区域内设置较多的水上标志时,为便于识别和管理,应进行编号。

(2)标志编号应遵循航道走向顺序编排。

(3)不同的航道可以分别编号。同一航道的标志号码可按顺序连续编排,也可按左双右单编排。

(4)编号一律用阿拉伯数字,写在浮体的顶板上和灯架横板上,字迹要求清晰明显。编号的颜色,在红、绿、黑的底色上,用白色;在黄、白的底色上用黑色。

(5)航道内标志有增减时,减少标志后其他标志的编号可暂不改动;增加标志的号码,可暂用前一座标志号码的后面另加一个数字,例如在 13 和 14 号标志之间增加一个标志时,新增标志的编号即为"13 – 1",依此类推。当标志变动过多,使用不便时,应对全线标志的编号进行全面调整。

(6)杆形标志因为标身小,可不写编号。

(7)水中固定标志,一般不写编号;连续设置时,也可以写编号。

有关详细说明,参阅国家标准局 1999 年发布的《中国海区水上助航标志》,航海人员必须熟记有关航标的规定,正确识别每一具体的航标,确保航行安全。

8. 正确辨认助航标志

一个区域内设置水上标志,为便于识别和管理,应对浮标进行编号,编号一般应遵循航道走向按顺序连续编排,或按左双右单编排,编号一律用阿拉伯数字。正确辨认航标是正确利用航标引导游艇安全航行的前提。夜间主要依据游艇位置与航标的相对位置和灯光的光色、节奏及周期来区别不同的航标(图 1 – 53 ~ 图 1 – 55)。

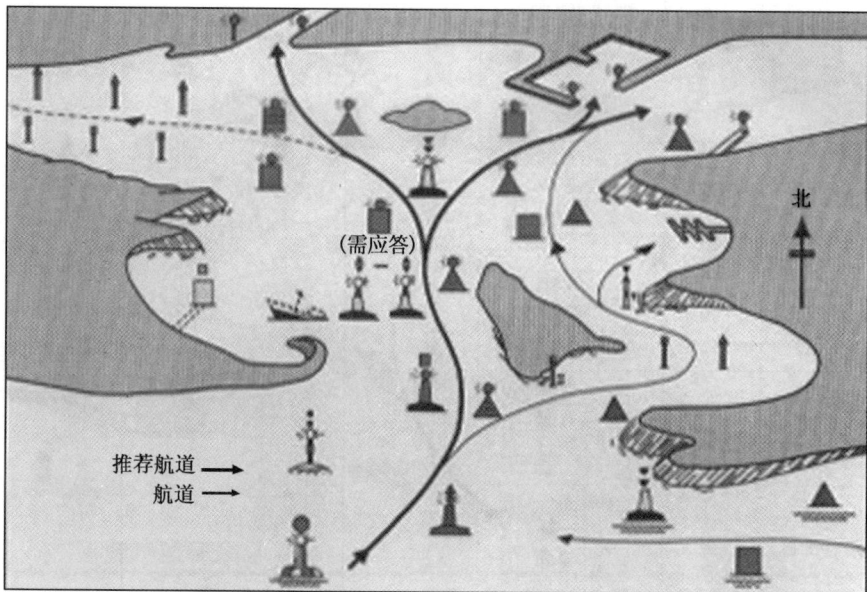

图 1 – 53   航标配备示意图(白天)

(1)航标的灯光以及航标的设置可能改变,航行前应认真核对。无人看守或临时性浮标,容易漂离原位或灯光熄灭,可靠性较差。

(2)为了切实分清灯光节奏和周期相近而位置又比较接近的两航标,可用秒表准确测定其周期。

(3)夜间航行,往往根据航标与游艇的相对位置来发现和识别航标。但应注意,在差不多相同舷角上的两个航标,有时距离较远而光度强的航标可能先发现,距离较近但光度弱的航标反而后发现。

(4)互闪光或互光航标,通常白光射程远,有色光射程近,在距离较远时,往往只能观察到白光,易误认为是其他仅发白光的航标。

(5)由于大气状况的影响,有时会发生灯色混淆的现象。

有的航标,为了指明在它附近暗礁、沉船之类的危险区域,在某一定范围内,常用红色或绿色光弧表示,而在其他范围内为白色光弧。当游艇航行在有危险物的光弧内时,应更加谨慎驾驶,尤其是游艇需向有危险物一侧转向时,一般应越过该光弧的范围之后才开始转向,在不同光色光弧的分界线处,光色往往模糊不清。

(6)在游艇周围的能见度良好但航标附近有云雾时,尤其是高度较高的灯塔等航标有时被云雾遮住,其灯光射程就会明显减小。

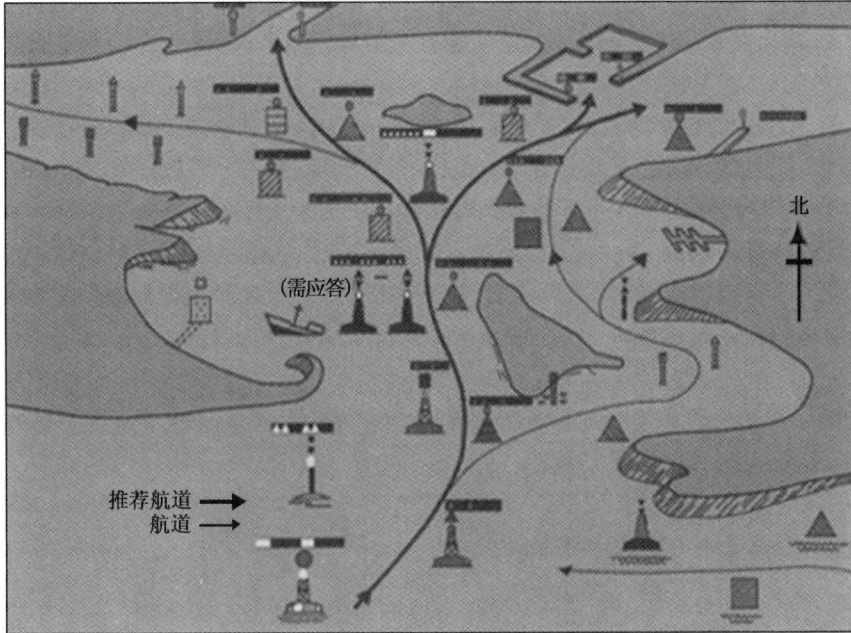

图 1-54　航标配备示意图(夜晚)

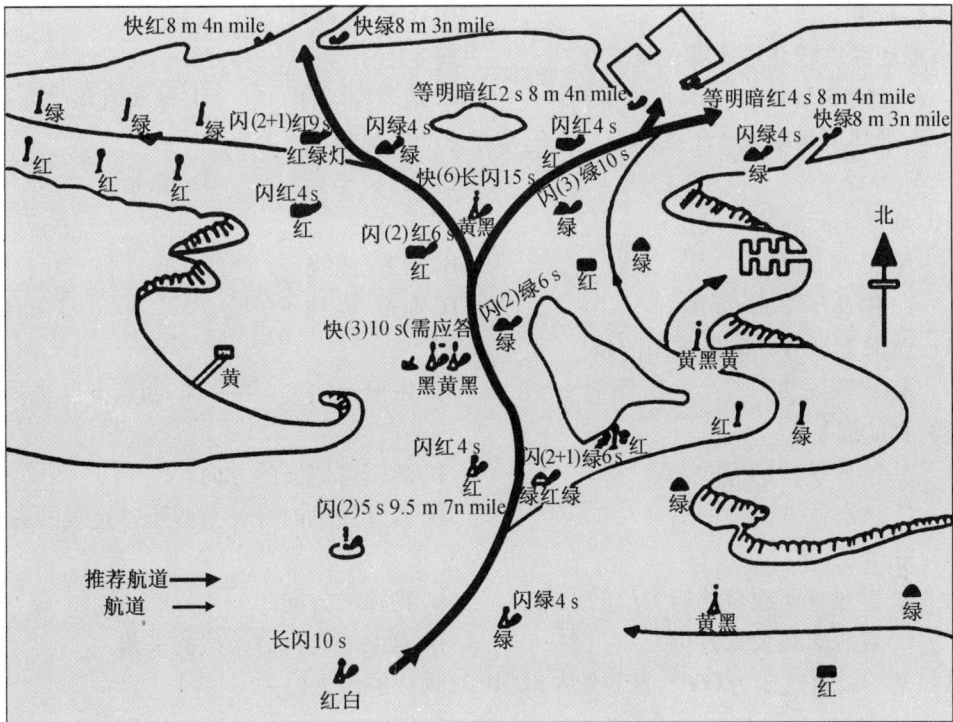

图 1-55　航标配备示意图(海图式样)

习　题

1. 地理经度是以_____作为基准线的。
　　A. 赤道　　　　　　B. 格林经线　　　　　　C. 测者经线　　　　　D. 测者子午圈

2. 纬度是以_____作为基线计量的。
　　A. 赤道　　　　　　B. 等纬圈　　　　　　　C. 格林经线　　　　　D. 测者经线

3. 航海上为了简化计算,通常将地球当作_____。
　　A. 圆球体　　　　　B. 椭圆体　　　　　　　C. 椭球体　　　　　　D. 不规则几何体

4. 经差、纬差的方向是根据_____确定的。
　　A. 起航点相对于到达点的方向　　　　　B. 到达点相对于起航点的方向
　　C. 起航点的地理坐标的名称　　　　　　D. 起航点的地理坐标的名称

5. 下列关于经差、纬差的说法正确的是_____。
　　A. 纬差不能大于 90°　　　　　　　　　B. 经差不能大于 180°
　　C. 到达点在南半球,纬差的方向为南　　D. B 和 C 都对

6. 航海上进行精度较高的计算时,通常将地球当作_____。
　　A. 圆球体　　　　　B. 椭圆体　　　　　　　C. 椭球体　　　　　　D. 不规则几何体

7. 某地地理经度是格林子午线到该地子午线之间的_____。
　　A. 赤道短弧　　　　　　　　　　　　　B. 赤道短弧所对应的球心角
　　C. 极角　　　　　　　　　　　　　　　D. A,B,C 都对

8. 地理经度和地理纬度是建立在_____基础上的。
　　A. 地球圆球体　　　B. 地球椭圆体　　　　　C. 地球椭球体　　　　D. 球面直角坐标系

9. 地理纬度是某地子午线的_____与赤道面的交角。
　　A. 半径　　　　　　B. 切线　　　　　　　　C. 法线　　　　　　　D. 铅垂线

10. 地理坐标的基准线是_____。
　　A. 经线、纬线　　　　　　　　　　　　　B. 赤道、经线
　　C. 格林子午圈、纬圈　　　　　　　　　　D. 赤道、格林子午线

11. 航海上划分方向最常用的是_____。
　　A. 半圆周法　　　　B. 圆周法　　　　　　　C. 罗经点法　　　　　D. 四点方位法

12. 真航向是_____。
　　A. 游艇航行的方向　　　　　　　　　　　B. 游艇首尾线的方向
　　C. 游艇首方向　　　　　　　　　　　　　D. 真北线顺时针计至游艇首尾线的夹角

13. 舷角是_____。
　　A. 游艇首尾线至物标方位的夹角　　　　　B. 物标的方向
　　C. 真航向减去真方位　　　　　　　　　　D. 真北至物标方位线的夹角

14. 某游艇真航向为 060°,该游艇左舷 30°某物标的真方位为_____。
　　A. 30°　　　　　　　B. 90°　　　　　　　　C. 030°　　　　　　　D. 090°

15. 某游艇真航向 060°,该游艇右正横某物标真方位为_____。
　　A. 150 °　　　　　　B. 330°　　　　　　　　C. 090°　　　　　　　D. 060°

16. 已知某游艇罗航向 010°,磁差 2°W,罗经差 1°W,则该游艇真航向为_____。

　　　A. 007°　　　　　　　B. 13°　　　　　　　C. 009°　　　　　　　D. 011°

17. 已知某游艇真航向 320°,磁差 5°E,自差 7°W,则罗航向为_____。

　　　A. 322°　　　　　　　B. 318°　　　　　　　C. 332°　　　　　　　D. 308°

18. 某地磁差资料为磁差偏西 0°30′(1989),年差 –2′.0,则该地区 1999 年的磁差为_____。

　　　A. 0°10′E　　　　　　B. 0°10′W　　　　　　C. 0°50′E　　　　　　D. 0°50′W

19. 某游艇船速 12 kn,顺风顺流航行,流速 2 kn,风使船增速 1 kn,则 1 h 后游艇对水航程为_____ n mile。

　　　A. 12　　　　　　　　B. 13　　　　　　　　C. 14　　　　　　　　D. 15

20. _____情况下,某游艇船速与实际航速(对地航速)相同。

　　　A. 无风流　　　　　　B. 有风无流　　　　　　C. 有流无风　　　　　　D. 有风流

21. 港泊图的比例尺_____。

　　　A. 较小　　　　　　　　　　　　　　　B. 较大

　　　C. 小于沿岸航行图　　　　　　　　　D. 在沿海航行图和沿岸航行图之间

22. 下列海图比例尺最小的是_____。

　　　A. 总图　　　　　　　B. 远洋航行图　　　C. 近海航行图　　　D. 近岸航行图

23. 海图比例尺越大,作图误差_____。

　　　A. 越大　　　　　　　B. 越小　　　　　　C. 与比例尺无关　　　D. 不一定

24. 下列海图中,正常情况下可信赖程度最高的是_____。

　　　A. 大洋总图　　　　　B. 近海航行图　　　C. 沿岸航行图　　　D. 港湾图

25. 拟定航线时,应尽可能选择_____航用海图。

　　　A. 新版大比例尺　　　　　　　　　　B. 新版小比例尺

　　　C. 现行版大比例尺　　　　　　　　　D. 现行版小比例尺

26. 干出高度是以_____作为起算面。

　　　A. 黄海平均海面　　B. 平均海面　　　C. 深度基准面　　　D. 地面

27. 墨卡托海图基准比例尺是_____。

　　　A. 图上各点局部比例尺的平均值　　　B. 图上某经线的局部比例尺

　　　C. 图上某纬度的局部比例尺　　　　　D. A + B + C

28. 中版海图所标净空高度是指自_____到桥下梁最低点的垂直距离。

　　　A. 平均大潮高潮面或江河高水位　　　B. 平均高高潮面或当地平均海面

　　　C. 平均大潮高潮面或当地平均海面　　　D. 海图深度基准面

29. 中版海图所标架空管道、电线等高度是自_____到管线下垂最低的垂直高度。

　　　A. 平均大潮高潮面　　　　　　　　　B. 江河高水位

　　　C. 设计最高通航水位　　　　　　　　D. 以上都可能

30. 中版海图图式中,缩写"疑深"是指_____。

　　　A. 礁石、浅滩的存在有疑问　　　　　B. 深度可能小于已注明的水深注记

　　　C. 对危险物的位置有怀疑　　　　　　D. 危险物的位置未经精确测量

31. 海图水深用直体数字注记的水深数字表示_____。

　　　A. 干出高度

　　　B. 深度不准或采用旧水深资料或小比例尺的水深

C. 测到一定深度尚未着底的深度

D. 实测水深或小比例尺海图上所标水深

32. 海图水深用斜体数字注记的水深数字表示_____。

A. 干出高度

B. 深度不准或采用旧水深资料或小比例尺的水深

C. 测到一定深度尚未着底的深度

D. 实测水深或小比例尺海图上所标水深

33. 凡危险物外加点线圈者表示_____。

A. 对水面航行有碍的　　　　　　　　B. 位置未经精确测量的危险物

C. 危险物的位置有疑位　　　　　　　D. 危险物的存在有疑位

34. 海图底质注记中,缩写"沙泥"表示_____。

A. 分层底质,上层为沙,下层为泥　　B. 分层底层,上层为泥,下层为沙子

C. 沙的成分多于泥的成分的混合底质　D. 泥的成分多于沙的成分的混合底质

35. 海图底质注记中,缩写"泥/沙"表示_____。

A. 分层底质,上层为沙,下层为泥　　B. 分层底层,上层为泥,下层为沙子

C. 沙的成分多于泥的成分的混合底质　D. 泥的成分多于沙的成分的混合底质

36. 明礁是指_____。

A. 平均大潮高潮时露出的岩石

B. 平均大潮高潮面下,深度基准面以上的孤立岩石

C. 深度基准面适淹的礁石

D. 深度基准面下的孤岩石

37. 干出礁是指_____。

A. 平均大潮高潮时露出的岩石

B. 平均大潮高潮面下,深度基准面以上的孤立岩石

C. 深度基准面适淹的礁石

D. 深度基准面下的孤岩石

38. 暗礁是指_____。

A. 平均大潮高潮时露出的岩石

B. 平均大潮高潮面下,深度基准面以上的孤立岩石

C. 深度基准面适淹的礁石

D. 深度基准面下的孤岩石

39. 海图水面处带下划线的数字表示_____。

A. 干出高度

B. 深度不准或采自旧水深资料或小比例尺图的水深

C. 测到一定深度尚未着底的深度

D. 实测水深或小比例尺海图上所标水深

40. 海图比例尺越大,它的精确度_____。

A. 越高　　　　　　B. 越低　　　　　　C. 与比例尺无关　　D. 不能确定

41. 光度最亮的航标是_____。

A. 灯桩　　　　　　B. 灯浮　　　　　　C. 灯塔　　　　　　D. 灯船

42. 灯塔、灯桩、立标属于_____。
　　A. 水上标志　　　　　B. 固定航标　　　　　C. 内河航标　　　　　D. 无线电航标

43. 航标的主要作用_____。
①指示航道　　②供游艇定位　　③标示危险区　　④供特殊需要
　　A. ①②　　　　　　　B. ②③　　　　　　　C. ③④　　　　　　　D. ①②③④

44. 我国沿海左侧标顶标的特征为_____。
　　A. 红色锥形　　　　　B. 绿色锥形　　　　　C. 红色罐形　　　　　D. 绿色罐形

45. 我国沿海右侧标顶标的特征为_____。
　　A. 红色锥形　　　　　B. 绿色锥形　　　　　C. 红色罐形　　　　　D. 绿色罐形

46. 孤立危险物标志的顶标为_____。
　　A. 两个黑色圆锥　　　　　　　　　B. 上黑球下黑色圆锥
　　C. 两个红色球　　　　　　　　　　D. 两个黑色球

47. 孤立危险物标志的灯质为_____。
　　A. 白光甚光闪　　B. 白光连闪 2 次　　C. 白光连闪 3 次　　D. 白光连闪 4 次

48. 专用标志的光色为_____。
　　A. 白光　　　　　　　B. 红光　　　　　　　C. 绿光　　　　　　　D. 黄光

49. 方位标志顶标为_____。
　　A. 两个绿色圆锥形组合　　　　　　B. 两个黑色圆锥形组合
　　C. 两个红色球　　　　　　　　　　D. 两个黑色球

50. 下列关于方位标志的说法中_____正确。
　　A. 危险物位于其同名侧　　　　　　B. 异名侧为可航水域
　　C. 同名侧为可航水域　　　　　　　D. 以上都错

51. 推荐航道左侧标设在航道分叉处,标示推荐航道在该标的_____。
　　A. 左侧　　　　　　　B. 右侧　　　　　　　C. 两侧　　　　　　　D. 前方

52. 推荐航道右侧标设在航道分叉处,标示推荐航道在该标的_____。
　　A. 左侧　　　　　　　B. 右侧　　　　　　　C. 两侧　　　　　　　D. 前方

53. 安全水域标的作用有_____。
　　A. 指明该标四周均为可航水域
　　B. 用作中线标志或航道中央标志
　　C. 代替方位标志四周或侧面标志指示接近陆地
　　D. 以上都是

54. 安全水域标的顶标为_____。
　　A. 单个黑球　　B. 垂直两个黑球　　C. 单个红球　　D. 垂直两个红球

55. 通常,中版海图和航标表中灯塔的最大可见距离可能是该灯塔射程_____。
　　A. 和实际地理能见距离中较大者
　　B. 和实际地理能见距离中较小者
　　C. 和 5 m 眼高地理能见距离中较小者
　　D. 或该灯塔实际地理能见距离

56. 按设置地点不同,航标可分为_____。
　　A. 沿海航标、内河航标、船闸航标

    B.灯塔、灯桩、立标

    C.灯船、灯浮、浮标

    D.发光航标、不发光航标、音响航标、无线电航标

57.夜间由海上驶近我国沿海某港口,发现前方有一绿色混合连闪光灯浮,表明该标为_____。

    A.左侧标,应将其置于本船左侧通过

    B.左侧标,应将其置于本船右侧通过

    C.右侧标,应将其置于本船左侧通过

    D.右侧标,应将其置于本船右侧通过

58.与灯桩和立标相比,灯塔所具有的特点是_____。

①高大坚固 ②形状显著 ③射程较远 ④工作可靠 ⑤位置准确

    A.①②③   B.②③④   C.③④⑤   D.①②③④⑤

59.我国沿海右侧标顶标的特征为_____。

    A.红色锥形   B.绿色锥形   C.红色罐形   D.绿色罐形

第 2 章　航海图书资料

在每个航次开始之前,驾驶员应根据船长的指示,结合本船实际情况,仔细阅读和分析航海图书资料,制订航行计划和设计航线,设计出一条安全而经济的航线,确保游艇安全航行。

2.1　沿海和近岸航区游艇必备的图书资料

对于沿海和近岸航区的中国籍游艇,根据游艇计划航线所经过的航区,开航前必须按照交通运输部航海安全标准专业委员会制定的《游艇航海图书资料配备要求》(JT/T95—1994),备妥基本的航海图书资料。

船上一般应配备的航海图书资料包括以下内容。

1. 海图

(1)航用海图

应备有航行海区的各种不同比例尺的海图,如总图、沿岸航行图和港湾图,用以进行绘画航线,航迹推算和定位等海图作业以及进出港等。并应备有航线附近可能要挂靠的港口图及进入该港所需的海图。

(2)专业用图

应有航行定位需要的专业参考图,如双曲线导航图、中国海区专业图以及中版海图图式等。

2. 书表

主要应备有:

(1)《航海图书总目录》;

(2)《航路指南》;

(3)《航标表》;

(4)《潮汐表》;

(5)《无线电导航表》;

(6)《港口资料》;

(7)《航海通告》;

(8)《航海图书通告改正登记表》;

(9)《中国沿海航行里程表》;

(10)其他,如《航海天文历》、天体高度方位表册与天文计算用表,船上仪器的说明书有有关港口的相关规定。

目前,我国航海图书除由中华人民共和国海军航海保证部出版外,国家海事局海道测量局也对辖区内水域进行详细勘测,由国家海事局出版中国沿海系列海图。另外,国家海事局结合沿海各港具体情况,组织航海专家编写了相关港口的引航指南,也可供游艇使用。

2.2 中版《航海图书目录》

2.2.1 概述

中版《航海图书目录》为海军航保部出版的不定期出版物,书号 K102。其中汇集了航保部出版的中国海区海图、国外海区航用海图、形势图、专用图以及各类航海图书、表,较全面准确地介绍了航保部出版的各种航海图书资料。该目录的修改根据航保部发布的周版《航海通告》进行。

中版《航海图书目录》对外由中国航海图书出版社出版发行。

2.2.2 内容

中版《航海图书目录》(图2-1)主要有以下内容:

第一部分和第二部分分别为中国海区和世界海区的海图,该两部分的编排结构基本一致。首先是普通航用海图序号目录;其次是海区海图编号分区示意图;再次是海区总索引图和各海区海图分区索引图。

第三部分为专业用图,包括专用航海图顺序号目录、双曲线导航图目录、井架和平台位置图目录、渔业图目录、远航作业图目录和形势图等。

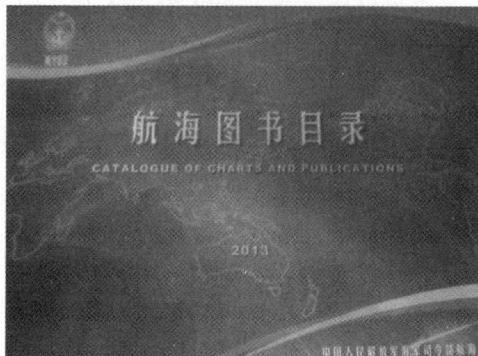

图2-1 中版《航海图书目录》图片

第四部分为航海书、表,包括航海书、表(簿)目录,航路指南示意图,航标表示意图和港口资料示意图等。

第五部分为海军司令部航海保证部图书供应站分布图,包括站名、地址、电话/传真等联系方式。用户可以根据该分布图自行与有关供应站联系购买相关海图及图书。

第六部分是航海图书价格表。

第七部分为航海通告改正登记表。在根据中版《航海通告》进行改正登记时,应在小改正登记表中记录。

2.2.3 说明

(1)图号有前缀"LA""DA"的图表示该图有相应的双曲线导航图;有前缀"DP"的图表示井架、平台位置图;有"YU"的图表示渔业用图;有"Y"的图表示远航作业图。

(2)普通航用海图图下有"_"的为暂时保留的旧版海图。

(3)难以表示出图幅范围的用"0"表示。

(4)图号前有" * "表示该图的分图或附图。

2.2.4 应用

(1)抽选航用海图:首先根据本船所航行海区(中国海区或国外海区)在目录中找出该

海区索引图所在页数,然后翻至索引图所在页数查得航线经过的各分区索引图编号,最后在各分区索引图中便可查得本航线所需要的海图图号,同时在其邻页表中,可以找到这些海图的详细说明。

(2)抽选专业用图:在目录的第三部分可查出各专业用图目录所在页数,翻至各相关页便可查出所需的专业用图。

(3)抽选航海书、表(簿):在目录的第四部分可查得中版《航路指南》《航标表》《港口资料》等各卷(册)的海区范围,根据航线所经海区,便可找出本航线所需的《航路指南》和《航标表》的卷号以及《港口资料》的册名号。

(4)查取中版航海图书供应站地点:根据附录"航海图书供应站一览表",便可查知能够获取中版航海图书资料的地点。

(5)校验本船航海图书是否适用,作为添置航海图书资料的依据。根据《航海通告》改正到最近之日,即可利用本船航海图书和《航海图书目录》中所列的图书对照的方法检验本船航海图书是否适用,并据其查出本船需添置的航海图书资料。

2.3 中版《航标表》

2.3.1 概况

(1)中版《航标表》(图2-2)由海军航保部出版,按海区分为三卷:

第一卷 黄渤海区(自鸭绿江口至连云港以北),书号为G101;

第二卷 东海西部海区(自连云港至绍安湾),书号为G102;

第三卷 南海北部海区(自绍安湾至东兴港),书号为G103。

除此之外,海军航保部还出版了《太平洋海区航标表》第一卷,中国航海图书出版社也出版了《中国航标表》。本书仅对海军航保部出版的三卷《中国沿海航标表》进行介绍,其他各《航标表》可参看其说明。

(2)每卷《航标表》由航标表、罗经校正标、测速标表

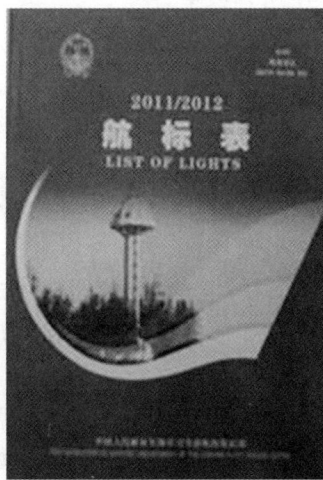

图2-2 中版《航标志》图片

三部分组成,卷首部分列有前言、说明、航标灯质图解、《中国海区水上助航标志》国家标准简图、本卷航标索引图和改正记录表。改正记录表位于封里,由"航海通告"期号和日期两栏组成,当责任驾驶员根据某期"航海通告"对《航标表》进行改正后,应将改正日期填入该"航海通告"期号后面的日期一栏的横线上。

(3)《航标表》中航标编号下注有"渔"字者,表示该系渔用航标;无注字者系公用航标;附记栏中注有"海军管理"者,系军用航标。

(4)凡使用《航标表》的单位,需及时根据"航海通告"有关内容对其进行改正。

2.3.2 《航标表》的主要内容

1.第一部分

《航标表》以编号、名称、位置、灯质、灯高、射程、构造、附记八栏列出各航标之详细情况。其中：

(1)编号 一般按地理位置有北向南、有东向西、有海进港的顺序，将军用、民用航标统一连续编排。航标与其编号固定对应。若在两个相邻航标编号之间插入新的航标，则用带小数的航标编号表示。

(2)名称 均以新版海图为准。凡射程在15 n mile以上的灯标，其名称用黑体字排印。名称下注"有"字样，系表明该标有人看守；无注明的，为无人看守。无人看守的航标可靠性较差。

(3)位置(经纬度) 系采用1954年北京坐标系。

(4)灯质 以光质、光色、周期(明+灭)列出，光质有定、闪、快闪、甚快闪、明暗、等明暗、莫尔斯、互光等共13种。

(5)灯高 如无特别说明，均系指平均大潮高潮面至灯光中心的高度，以米表示。灯高数据依照四舍五入原则，均取一位小数。

(6)射程 通常指在晴天黑夜条件下，按照观察者眼高在海面上5 m所能看到灯塔(桩)灯光最大的距离，以海里表示。由于受能见度影响，实际灯光射程可能会超过或达不到表上所列数字。

(7)构造 指示标建筑物结构、颜色，便于日间辨认，所列数字为以米为单位的灯塔(桩)自地面至塔(桩)顶的高度。

(8)附记 记有航标种类、灯光光弧界限、雷达反射器、雾警设备、无线电信标及其他说明。

2.第二部分

罗经校正标、测速标以名称、位置、构造、附记四项内容编表。罗经校正标、测速标以场为单位，用前面相应注有"L"和"C"的偶数编排，奇数用作新插入的罗经校正场、测速场的编号。每个罗经校正场、测速场首页均有布标示意图。

3.第三部分

无线电信标表给出无线电信标的编号、名称、位置、射程、频率、音周、工作种类、信号发射、工作时间等资料，表前有该海区无线电信标分布示意图。

2.3.3 其他说明

(1)中国海区的灯船船身及灯架，均涂红色，甲板上的建筑物涂白色，船身两舷写白色船名，灯质视需要而定。

有人看守的灯船漂离原位时，分别悬挂下列信号。

日间：在船首尾各悬挂黑球一个，或红旗一面，并悬挂国际信号旗"PC"，表明"本船不在原位"。

夜间：在船首尾各悬挂红灯一盏。

当有人看守的灯船离开原位时，原发放的灯光及雾号即停止工作。

(2)我国沿海各灯塔附设的雾警设备有雾笛、雾角、雾钟、雾锣、雾哨等，航海人员使用

时应注意:

①雾警设备发声所达距离,常随天气情况(主要是风向)而变化,游艇不能以其声音大小作为定位依据。

②有时灯塔附近已发生大雾,而在灯塔处尚未发觉,故雾警设备尚未工作,这种情况夜间较多。

③浮标上装的雾哨、雾钟在有风浪时才能发声,其声音大小随风浪大小而变化。

(3)我国沿海的无线电信标为环射式(全向),利用环射式无线电信标测位的准确度与航海人员技术水平、测向仪的质量、游艇金属结构的变动情况、夜间效应和海岸效应等因素有关。

无线电信标的射程系指无线电信标发射的无线电信标衰减到测向仪要求的最小场强所达到的距离,即作用距离。

无线电测向仪自差校准台在游艇请求消除无线电自差时开放。

浮标和无人看守的灯船容易漂离原位或灯光熄灭,尤其在暴风雨后,更容易发生上述现象。各通海河口因航道变化较大,所设标志位置也多有变化,航海人员除根据航海通告及时修改外,航行时应加以注意。

2.4　中版《中国航路指南》

2.4.1　概况

《中国航路指南》(图2-3)由海军航海保证部不定期出版,共分三卷,书号为A101至A103。各卷所涉及的范围如下:

第一卷(A101)　从鸭绿江口至长江口北角,包括渤海、黄海及沿海岛屿。

第二卷(A102)　从长江口北角至闽粤交界处的绍安湾的我国东海海区,包括舟山群岛、台湾岛、钓鱼岛及赤尾屿等沿岸群岛和岛屿。

第三卷(A103)　从闽粤交界处的绍安湾至北仑河口的我国南海海区,包括海南岛、南海诸岛、黄岩岛和沿岸岛屿。

除《中国航路指南》外,海军航海保证部还出版了亚洲及太平洋水域的《航路指南》计十八卷。本

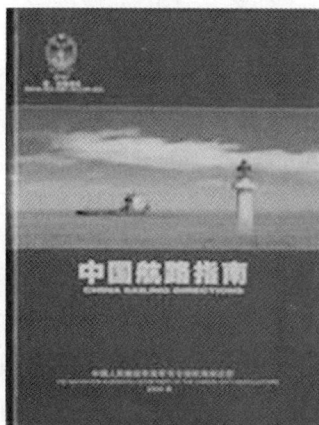

图2-3　中版《中国航路指南》图片

书仅对《中国航路指南》的内容和使用加以介绍,其他各卷《航路指南》的使用方法基本相同。

2.4.2　《中国航路指南》的主要内容

1. 卷首说明

《中国航路指南》的卷首部分包括前言、说明、索引图、目录和插图目录等几项内容。前言介绍了资料来源和编者的情况;说明部分叙述了有关航向、方位、水深、长度单位、温度、

高度、风、浪和涌的方向和港口、航道左右侧划分等的规定及使用指南时注意的问题;索引图为该卷所包括海区的海图索引;目录和插图目录分别给出了具体内容和插图所在页码。

2. 正文内容

《中国航路指南》每卷内容的编排基本相同。第一章为总论,介绍本卷包括海区的自然地貌、助航设施、渔港渔场、海难救助、水文气象、助航标志、碍航物、水道航法和港湾锚地等,其中包括一些可贵航行经验;在介绍详细资料前均先给出所应参考的海图图号;正文中还附有大量的有关水深、底质、水文气象和航线等的插图和对景图。

2.4.3 使用

必须熟悉《中国航路指南》的编排的目录,可根据目录查取所需要的有关内容。阅读具体内容时应与有关海图对照,便于理解和领会。

2.5 中版《航海通告》

《航海通告》是报告海区变化情况及航海图书出版消息的刊物,每 7 天发布 1 期,是航海图书通告改正的依据,也是供游艇在航行时使用的最具现实性的资料。

《航海通告》由索引、永久性通告、预告、航行警告、航标改正、贴图改正、航路指南和其他航海信息、海区情况报告表及其使用说明等内容组成。主要通报了助航设备的设置与更改,水中危险物和障碍物的发现和清除,水下建筑物的变化,港区、航道和锚地水深的更正,特殊海区的变化,航海图书的出版信息和其他与航行有关的内容。

航海人员可依据《航海通告》及时、准确地改正航海图书,避免由于不了解海区情况变化而发生事故。

《航海通告》由海军航保部天津图书供应站负责对外供应,用户可直接与该站联系。

《通告》的内容按其生效情况可分为永久性通告、临时通告和预告通知 3 种。《航海通告》的发行有传统的纸面印刷和数字化发行两大类。数字化《航海通告》现已在不少船上使用,随着计算机和无线电技术的不断发展和在船上的日益广泛应用,这种《航海通告》的应用将会更加普及。

海军司令部航海保证部发布的数字《航海通告》下载网址:

http://www.ngd.gov.cn/htm/index.html

国家海事局《航行通告》发布网址:

http://www.msa.gov.cn/Thgl/

广东海事局海测大队海图《改正通告》发布网址:

http://www.gdmsa.gov.cn/hydro/mend.asp

2.5.1 中版《航海通告》内容

中版《航海通告》每周出版 1 期,每年 52 期,中版《航海通告》(图 2 - 4)的内容如下:

Ⅰ 索引 由"地理区域索引"和"关系海图索引"两部分组成,用以指明本期通告的内容所涉及的有关海区和需要改正的有关航海图书。

Ⅱ 航海通告 主要刊载了与航行安全有关的海区资料变化情况和新的航海图书资料出版的消息等内容。其编排顺序是先国内海区后国外海区,国内又以渤海、黄海、东海、南海为序。该部分一般先刊印永久性通告,后刊印临时性通告和预告。

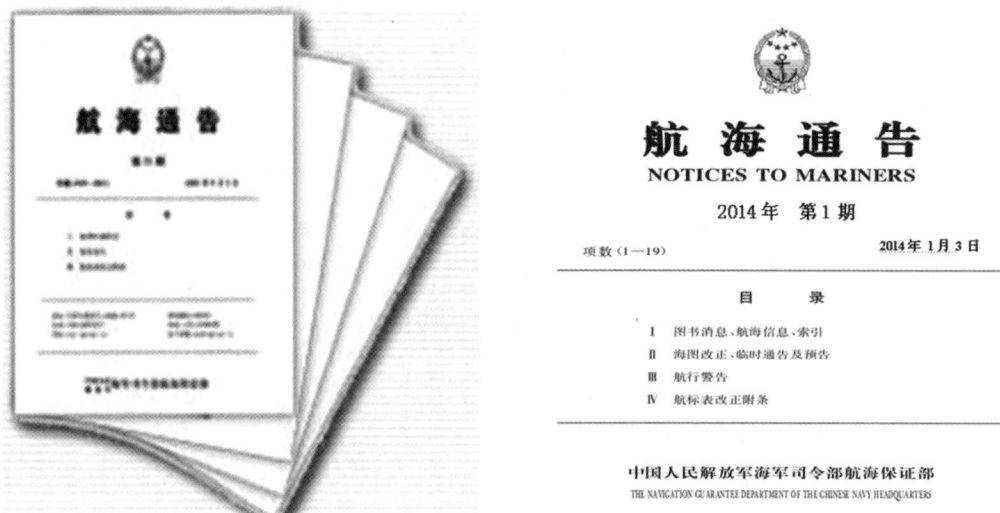

图2-4 中版《航海通告》图片

Ⅲ无线电航行警告 内容覆盖国际划分的 NAVAREA Ⅺ区的范围,由两部分组成,前一部分重申以前分布至今仍有效的航行警告的年份与号码,后一部分刊印当前一段时期内新的航海警告内容。

Ⅳ航标表改正 按照我国《航标表》的卷名、编号顺序编排,每个编号的改正资料按八栏单面印出,便于贴改。

Ⅴ航路指南及港口资料改正 刊印对我国《航路指南》及有关港口资料的改正。

Ⅵ其他 凡不能包括在上述Ⅰ,Ⅱ,Ⅲ,Ⅳ,Ⅴ各项而又与航行安全有关的内容均在此栏刊出。但此栏并不一定每期都有。

2.5.2 使用中版《航海通告》的注意事宜

(1)《航海通告》中有的标题栏后用括号(临)(预)(参)等字样,分别表示该项目内容为临时性、预告性或参考性的,对这类通告仅需用铅笔到有关海图和航海图书上即可,而凡后面未加注上述字样者,为永久性内容,应用红色墨水笔在有关海图和航海图书上进行改正。

(2)《航海通告》中给出的位置以最大比例尺的最新版海图为准,用经纬度或方位、距离表示,如在位置数据后面附加以"概位"或"疑存"等字样,表示为概略位置或怀疑存在(危险物)。当用某物标作为方位、距离的起算点时,为便于寻找,其后亦注有经纬度,但均为概位。

(3)方位均系真方位,但所记灯光光弧或导标方位线等,系自海上视灯塔、灯桩的方位。

(4)每一号航海通告一般由通告号码与标题、通告本文、应改正的海图图号(该图号之后用小括号的数码表示该号海图应该改正本通告中的第几款内容,而中括号内的数码表示该号海图应该改正上次的通告号码)和资料来源四部分组成,如图2-5、图2-6所示。

280. 东海　长江口 —— 设置灯浮标(临)

在下列位置处临时设置灯浮标:

位　　置　　　　　　　　　内　　容

(1)　30°59′49″.8N、122°42′27″.9E　　(W19)临 互闪黄蓝 3 s　蓝黄

(2)　31°00′03″.0N、122°42′27″.8E　　(W20)临 互闪黄蓝 3 s　蓝黄

图　号　40401

资料来源　沪2008年航标字28号

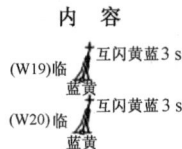

图 2 - 5　航海通告示意图(一)

262. 南海　南沙港——灯浮标调整

WGS-84坐标:

(1)删去22°38′17″.4N、113°41′40″.5E处的 "(1) 闪(2+1)绿9 s" 绿

(2)在22°38′26″.7N、113°41′28″.0E处加绘 "(1) 快(9)15 s" 黄黑黄

图　　号　80801[2008-261]　80804[2008-261]　80822[2008-223]　80833[2008-261]

资料来源　2008年粤海事标字15号

图 2 - 6　航海通告示意图(二)

2.6　海图与航海图书资料的改正与管理

海图是航海必备的工具,海图和航海图书资料是游艇安全航行的重要依据。海图和航海图书资料出版发行后,其描述的海区的事物总在不断变化,为了能表明变化了的情况,必须及时对它们进行改正。此外,为了有效地利用海图和航海图书资料,采用一定的方法对其进行有效的管理也是完全必要的。

2.6.1　海图改正

海图的改正是根据《航海通告》和无线电航海警告进行的。海图改正时应注意到使用航保部的海图应用航保部发布的《航海通告》改正。使用国家海事局出版的海图,应根据海事局发布的《改正通告》进行改正。

1.《航海通告》的处理

《航海通告》是改正海图及其他航海资料的依据。因此,必须尽可能及时地取得《航海通告》,以便及时进行海图等资料的改正工作。各期《航海通告》到船后,应立即进行处理,以便及早了解最近发生的变迁或变更,同时为着手对海图及其他航海图书资料的改正做好准备。其要点如下:

(1)游艇在到达某一港口前,应提前发报给代理,代为索取未收到的各期《航海通告》。或者通过互联网络,访问相关通告发布的网站,及时下载当期的通告。

（2）各期纸质《航海通告》送船后，或将电子版《航海通告》打印出来后，应检查是否缺期，并在每期通告上注明送船日期及停留港名；以上工作做完后请船长过目。应当认为，从此开始船长及负责驾驶员（二副）应将这些《航海通告》中的资料应用到以后的航线拟订及航行中去。

（3）可将各期《航海通告》的第Ⅳ部分拆下来，并将各有关页分别插入相关的各卷《航标表》中，以便抽空及时贴改。对于电子版《航海通告》可采取随时检索、打印通告内容并改正的方法进行。

（4）第Ⅴ部分如有要改正的内容，将通告期号登记在相应的《航路指南》上。

（5）可将各期《航海通告》第Ⅲ部分拆下来，按地区逐期加以汇订。同时根据最近一期《航海通告》中有效的航海警告号码表勾销已失效的警告。这种"航海警告汇编簿"在航海中应置于驾驶台备查。在将《航海通告》Ⅲ，Ⅴ，Ⅳ三部分拆下来的过程中，应注意不要将改正海图用的贴图和改正字条失散。

（6）船长及负责驾驶员应阅读各期《航海通告》第Ⅱ部分中前几个与改正海图无关的通告内容，这些通告可能涉及有关规章、通信方法、定位系统及其他重大的事项的改变。阅读后，应对与本船航行有关的内容摘录备查。

2. 海图改正及注意事项

（1）海图改正方法

①海图代销店一般负责将海图改正到供应当时最新的一期周版《航海通告》上，但不负责对供应前的临时性通告和预告的改正。因此，海图供应后的一切小改正以及所有的临时性通告和预告均应由海图使用者负责。

②改正海图应用细尖红墨水钢笔进行，以示醒目。航海通告中符号和凡用斜体字印出的文字或缩写，原则上都要求填入海图。符号、文字或缩写的填入要严格按照海图图式的规定进行，字体端正，符号清晰正确，不致被人误解。填入的内容所占位置要足够小，且不可掩盖海图上的原有资料；符号在规定位置填画不下时，可移至一边，并用箭头指明其准确位置；被删除的符号或缩写仅用一红线划掉原内容，这样既表示删除原内容，而且原内容仍完整可辩。

③在通告中如果有"贴图"或者"改正字条"，应将贴图或改正字条贴在通告指定的地方。同时，进行贴图的改正时应注意贴图的边线仅是为了印刷的方便，粘贴时尽可能将影响航行的重要部位对齐。最好在涂胶水前将贴图先在海图上对好位置并用铅笔在边框周围点几个点线作记号，再涂胶水于贴图上，找正贴齐。

④软盘版数字化《航海通告》含有改正用描图，可将有关改正内容打印在透明纸上，然后再将其覆在海图上进行刺透式改正；有的游艇购买专用的改正用描图，可用与此相同的方法进行改正。这种方法可以提高海图改正效率，如果有条件应加以利用。

⑤每条通告改正后，应在海图卡片上或"海图改正登记簿与图夹索引"中将这些通告号码勾掉，并在海图左下角"小改正"登记栏中按年份将所有已改正过的通告号码注明；临时性通告和预告用铅笔改正并另起一行注明。

⑥必须核对海图左下角"小改正"登记栏中的上次改正记录，是否与通告中上次改正通告号码一致。如果不一致，则必须找出上一次应改通告，追索直致衔接一致，并逐一进行改正。

（2）海图改正注意事项

①对本航次需用的海图改正应在航线拟订前结束，并交船长审阅。对航行有重要影响的改正应报告船长，作拟订航线和制定航行计划时的参考。与本航次航行无关的海图，也要根据工作的轻重缓急，安排时间改正，以免长期积压不改，用时只好购买新图，造成不应有的浪费。

②凡涉及灯光光弧及导标方位等改正时，应注意通告中用方位标明的光弧界限及导标方位都是指从海上看灯标的方向；而其他一切用方向、距离来指明位置者，都是指从参考点出发的方向，两者方向恰好相反，不应混淆。

③凡通告中有下列文字时应予注意："在即将出版（或已经出版）的××号新版（或改版）海图上，已包括此项改正"，因而该海图图号不再列入通告末尾的"有关海图"栏中，该海图卡片上或《海图改正登记簿与图夹索引》中自然对此通告亦未登记。当此新版图尚未买到而又必须沿用旧版图时，应对该海图补充登记，并进行改正。

④改正海图时应严肃认真，对航行安全负责。所有航海通告内容原则上都应按要求改正到有关海图上去。同一通告可先改大比例尺海图，后改小比例尺海图。对同一张海图上所需改正的各个通告，原则上还是自前至后地进行改正为妥；如采用自后向前地进行改正，则要预先将各通告看一遍，以防发生差错。

⑤应注意通告中的文字也会有差错，特别是方位、距离、经纬度等数据，倘若发现此种情况，要根据所给出的有关资料，反复核对，查实清楚后再进行改正。

（3）临时性通告和预告的改正

①临时性通告和预告因其内容是临时和未来的，所以海图代销店不对这类通告进行改正。因此，使用者对此类通告的有效性要追查到该图出版或新版之日，并对至今仍有效的临时性通告和预告进行改正。

②临时性通告和预告一律用铅笔进行改正，在改正处应注明临时通告或预告的号码与年份，然后在海图"小改正"记录处另起一行写上专门用以记录这类通告的号码。

④对于临时性通告，可查核此类通告是否继续有效。因此，在改正海图时，如该通告已失效，应将通告勾销，并将海图上的改正擦去。

2.6.2　海图管理

1. 海图存放的要求

（1）海图存放应保持干燥。海图一旦受潮后，应平压在玻璃板下阴干，以免变形。每张海图右下角均印有图幅尺寸，伸缩变形过大者不宜使用。

（2）海图在柜内平放时，图号应保持在右下角，便于抽选；海图折放时，背面图号应朝上。

（3）目前使用海图的数量较多，有的采用按图号顺序存放，有的则分区域或图夹存放。按图号顺序存放时，常用航线可抽出来单独存放；分区域存放时，每一区中的海图要另编序号和目录，便于抽选和查找。

2. 建立海图卡片

每张航用海图都应建立一张海图卡片，用以反映海图的出版和改正情况，便于登记改正和查阅。全部海图卡片应按图号顺序存放在卡片箱内。海图卡片应妥善保管，卡片上的一切登记及勾销都能正确和及时地反映出海图的新版和小改正情况。也可建立"本船航用海图图号表"与"本船海图新版及作废登记簿"。

3.海图的配备与添置

配备与添置海图时,既要满足航行安全的需要,又要本着厉行节约的精神,反对浪费。

接收新船后,配备海图时,应考虑将本船预定航行区域的总图、航用海图及参考图配齐。配备港泊图时,不仅要考虑到游艇营运可能到达的港口,也要考虑到避风锚地等因素。海图常有新版,久备不用,易造成浪费。

海图送船后,应检查该图是否为最新版,海图中的小改正是否改正到最近的有关通告,不合格的应予退回。

新图及新版图添置或更新后,应设立或更换海图卡片。卡片上的出版、新版或改版年月应按新图填写,同时应将新置图小改正栏中注明的第一个航海通告(即出版单位在新版图中纳入的最后一个通告)的年份及号码填入新卡中,再登记自此通告后与此新置图有关的所有永久的或临时通告和预告号码。同时凡经出版单位及海图代销机构改正的通告号码,应在卡片上划去,表示已经改正。

海图更新后,原"本船海图新版及作废登记簿"中的登记应擦去,表示本船配有的该海图为最新版海图。

新图添置后,其图号应插入"本船海图图号表"及"本船海图新版及作废登记簿"中。

海图的使用、改正与管理,是航线拟订及安全航行的重要保证,因而是船上二副工作的一项重要内容,工作重要而烦琐。因此,应以严肃认真的态度,建立科学而合理的管理制度,务求把这一工作做好。

2.6.3 航海图书的改正与管理

中版航海图书资料主要是指由海军司令部航海保证部属下的中国航海图书出版社出版和发行的中国沿海海区的海图及航海书籍,以及由交通部、海事局等部门出版发行的部分海图、书籍、蓝图和资料。其中包括航用海图、参考图、航路指南、航海通告、航海用表、潮汐潮流资料、航标表、天文历等有关航海用的技术图书,是游艇在中国沿海航行中十分重要的技术依据。

中版《航海图书目录》(以下简称《目录》),书号 K102,是中国人民解放军海军司令部航海保证部出版的,这本书修订再版的年份不定,对该书的改正,应根据其出版之日以后相应的《航海通告》中发布的海图、图书出版消息等进行,此部分的改正内容一般刊登在《航海通告》第Ⅱ部分的图书消息中。《目录》按中国海区、国外海区、专业用图、航海书和表(簿)等四部分内容编排,除国外海区这部分内容外,其余都要改正。

中版《航海通告》的第Ⅰ部分主要是本期通告的地理区域索引和关系海图索引。地理区域索引中按照中国海区(渤海、黄海、东海、南海)和国外海区的地理区域划分刊登了各地区需要改正的通告号码,有关海图出版消息的通告号码也包括在这部分。关系海图索引是按照海图图号的顺序列出与本期通告有关的海图图号及其需要改正的通告号码,注意这里不包括临时通告和预告的通告号码。有时在第Ⅰ部分前会有通知,大多数的通知是关于海司航保部在各地图书供应站的地址和联系方式的改变,要将此通知复印下来粘贴改正到《目录》最后的附录中。每年第1期的航海通告,在第Ⅰ部分中刊登有对如何使用《航海通告》所作的简要说明。

当某期《航海通告》中有海图或图书出版的消息时,也会在第Ⅱ部分中以一则通告的形式出现,要将此类通告改正到《目录》中。

中版《航海通告》第Ⅲ部分是航海警告,首先刊登的是至今有效的航海警告号数,然后是本期新的航海警告,按照渤海—黄海、东海—台湾海峡、南海、日本海—太平洋＆其他这四个海区单页印刷,这部分内容要剪贴在"航海警告(中版)剪贴簿"中。在每年年初,会不固定地在某期《航海通告》中重印全部至今仍有效的航海警告的详细内容,所以二副应仔细阅读每年的前几期《航海通告》,将这些内容及时剪贴在"航海警告(中版)剪贴簿"中。

中版《航海通告》的第Ⅳ和第Ⅴ部分类似于英版《航海通告》的相应部分,分别是对航标表以及航路指南和港口资料的改正。

改正方法根据《航海通告》的说明将各部分内容改正到资料中,注意改正后应及时进行小改正登记。

习　题

1. 中版《航海图书目录》可用于_____。
   A. 查阅某航线所需航用海图 　　　　B. 查阅某航线所需航海图书
   C. 检验船上海图和航海图书是否适用 　D. 以上都是

2. 要抽选某航线所需航用海图,应查阅_____。
   A. 中版《航路指南》 　　　　　　　B. 中版《航海通告》
   C. 中版《航海图书目录》 　　　　　D. 中版《航标表》

3. 要校验本船航海图书是否适用,应查阅_____。
   A. 中版《航路指南》 　　　　　　　B. 中版《航海图书目录》
   C. 中版《航标表》 　　　　　　　　D. 中版《航海通告》

4. 《航海图书总目录》可用于_____。
   A. 抽选某航线所需的有关航海图资料 　B. 查找有关的推荐航线资料
   C. 查询世界主要港口的重要资料 　　D. 以上都是

5. 要查取某航线所需的航海图书资料可查询_____。
   A.《航海图书总目录》 　　　　　　B.《航路指南》
   C. 游艇定线资料 　　　　　　　　D. A＋B

6. 中版《航海通告》中,标题栏内容后用加注"(临)"字样表示该项内容为_____。
   A. 临时性通告　　B. 预告性通告　　C. 参考性通告　　D. 基于原始信息的通告

7. 中版《航海通告》中,属临时性、预告性、参考性的内容,改正仅需用_____。
   A. 任何墨水笔　　B. 红色墨水笔　　C. 铅笔　　　　D. 蓝色墨水笔

8. 中版《航海通告》中,属永久性内容的,改正需用_____。
   A. 任何墨水笔　　B. 红色墨水笔　　C. 铅笔　　　　D. 黄色墨水笔

9. 中版《航标表》中,某灯标名称用黑体字印刷,表示该灯标_____。
   A. 射程大于等于 15 n mile 　　　　B. 射程大于等于 10 n mile
   C. 射程小于 15 n mile 　　　　　　D. 射程等于 10 n mile

10. 要了解我国沿海罗经校正场,测速场的详细资料,应查阅中版_____。
   A.《航路指南》 　　　　　　　　B.《航标表》第二部分
   C.《航海图书总目录》 　　　　　D.《航标表》第三部分

11. 航路指南的改正资料主要来源于_____。

    A. 周版航海通告　　　　　　　　B. 补遗和勘误表

    C. 无线电航海警告　　　　　　　D. A + C

12. 渤海、黄海及沿海岛屿海域属《中国航路指南》第_____卷涉及的范围。

    A. 一　　　　　　B. 二　　　　　　C. 三　　　　　　D. 一、二

13. 《中国航路指南》由海军航海保证部不定期出版,中国海区共分_____卷。

    A. 二　　　　　　B. 三　　　　　　C. 四　　　　　　D. 五

14. 要了解我国沿海无线电信标的详细资料,应查阅中版_____。

    A. 《航路指南》　　　　　　　　B. 《航标表》

    C. 《航海图书总目录》　　　　　D. 游艇定线资料

15. 中版《航海通告》第 V 部分的改正资料可用于改正中版_____。

    A. 海图　　　　　　　　　　　　B. 《航路指南》

    C. 《航海图书目录》　　　　　　D. 《航标表》

16. 要了解中版航海图书供应站地点可查阅_____。

    A. 中版《航路指南》　　　　　　B. 中版《航海通告》

    C. 中版《航海图书目录》　　　　D. 中版《航标表》

17. 中版《航海通告》某通告末尾" 海图 22154 (2) [99 −585]"方括号内数字是指_____。

    A. 该通告的改正项目总数　　　　B. 该海图应改正的项目编号

    C. 该海图上次应改正的通告号码　D. 该海图的新版次数

18. 中版《航海通告》中,标题栏内容后加注"(预)"字样的通告是_____。

    A. 临时性通告　　B. 预告性通告　　C. 参考性通告　　D. 基于原始信息的通告

19. 中版《航海通告》中,标题栏内容后加注"(参)"字样的通告是_____。

    A. 临时性通告　　B. 预告性通告　　C. 参考性通告　　D. 基于原始信息的通告

第3章 潮汐与《潮汐表》的应用

潮汐学是研究海洋、大气和地球潮汐现象的一门科学。本书只从航海实际应用出发，阐明海洋潮汐的现象、成因、介绍利用《潮汐表》推算潮汐的知识和方法，以及潮汐在航海中的应用。

3.1 潮汐的基本成因与潮汐不等

3.1.1 潮汐现象

在沿海生活的人们注意到，海面每天产生周期性的升降现象，海面在周期性外力作用下产生的周期性升降运动称为潮汐(tide)，并将白天的海面上升称为潮，晚上的海面上升称为汐。海面上升的过程称为涨潮(rising tide 或 flood tide)，当海面到达最高点时，称为高潮(high water)；海面下降的过程称为落潮(falling tide 或 ebb tide)，当海面到达最低点时，称为低潮(low water)。伴随海面周期性的升降运动而产生的海水周期性的水平方向流动称为潮流(tidal stream)。

潮汐现象最显著的特点是有明显的规律性，其变化周期即相邻高潮或者相邻低潮的时间间隔大约为半天或一天。在一个周期中，海面的升降即海水的涨落并不是均匀的，而是时快时慢。高潮过后，海面缓慢下降，降到高、低潮的中间时刻附近，下降得最快，然后又减慢，直到发生低潮为止。低潮前后的一段时间，海面处于停止状态，此时称为"停潮(slack tide)"。它的中间时刻为"低潮时(time of low water，简记 T_{LW})"；从低潮到高潮的变化过程与上述过程类似，直到发生高潮为止。高潮前后的一段时间，海面处于停止状态，此时称为"平潮(slack tide)"。它的中间时刻为"高潮时(time of high water，简记 T_{HW})"。

从低潮时到高潮时的时间间隔叫"涨潮时间(duration of rise)"，从高潮时到低潮时的时间间隔叫"落潮时间(duration of fall)"。图 3 - 1 是潮汐现象示意图。

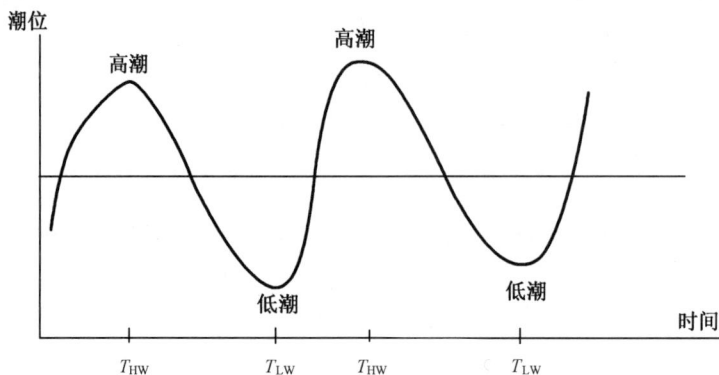

图 3 - 1 潮汐现象示意图

潮汐与航海的关系非常密切,潮汐的变化可能会直接影响到游艇航行计划的实施和航海安全。浅水海湾或者港口,载重量稍大些的游艇,要候潮才能进出港口。此外,顺着潮流航行,就能加快航速,节约时间和燃料;反之则航速变慢,航行时间和燃油消耗都将增加。在沿岸航行中,潮流还能使游艇偏离航线,稍不慎就容易发生事故。

潮汐学有着丰富的内容,这里仅从航海实际应用出发,阐述潮汐的基本成因、潮汐术语和潮汐、潮流的计算方法等内容。

3.1.2   潮汐的基本成因

潮汐是由天体的引潮力产生的。天体的引力与惯性离心力的合力称为引潮力。对潮汐影响大的是月球和太阳的引潮力,其中月球引潮力是产生潮汐的主要力量。即月球对地面海水的引力,以及地球绕地(球)、月(球)公共质心进行平动运动所产生的惯性离心力是形成潮汐的主要原动力。本节只讨论月球引潮力,为方便讨论,提出两点假设:

(1)整个地球被等深的大洋所覆盖,所有自然地理因素对潮汐不起作用;

(2)海水没有摩擦力和惯性力,外力使海水在任何时刻都处于平衡状态。

1. 月球的引力

在地球和月球的引力系统中,按万有引力定律,月球与地球之间的引力与地、月两球的质量成正比,与它们之间距离的平方成反比。对于地球上各点来说,其所受月球引力的大小和方向均不相同,即不同地点的水质点所受到的月球引力的大小,是随着该点与月球中心的距离 r 的不同而不同的,离月球近的水质点受力大,离月球远的则受力小,且引力的方向均指向月球中心。

2. 惯性离心力

(1)地、月系统的公共质心

地球、月球之间具有相同的相互吸引力,但地、月系统能维系平衡,是由于它们绕着其共同质心运动的结果。

(2)地球上各点的惯性离心力

月球和地球都绕着它们的公共质心进行平动运动,周期为一个太阴月,约 27.3 日。对于地球上的各点,它既受到月球引力,同时又受到绕公共质心运动产生的惯性离心力的作用。当只考虑地、月系统时,地球所受到的月球引力与地球绕公共质心的平动运动产生的惯性离心力近似平衡。就地球中心而言,单位质点的惯性离心力 f_E 与该质点的月球引力的大小相等、方向相反,即

$$f_E = k \frac{m_M}{R^2}$$

3. 月球引潮力及月潮椭圆体

地球上各点在任何时刻均同时受到月球引力和地球绕公共质心进行平动运动所产生的惯性离心力的作用,这两个力的矢量和称为月球引潮力。

地球上各点的月球引潮力的大小和方向都不一样,在地球中心,引力与离心力大小相等,方向相反,处于力的平衡状态,引潮力等于零。在其他各点处,引力和离心力不会相互抵消,从而产生了引潮力。

3.1.3 潮汐不等

1. 潮汐的周日不等

当月赤纬等于零时,在一个太阴日中发生的两次高潮(或低潮)的高度差不多相等,相邻的涨落潮的时间间隔也差不多相等。我们把月赤纬等于零时的潮汐称为赤道潮(equatorial tide)或分点潮。

图 3 - 2 是当月赤纬不等于零时的潮汐椭圆体,这时潮汐椭圆体的长轴与赤道平面之间的夹角等于月球赤纬。以地球上纬度不等于零的测者 A 为例,由于地球自转,当 A 点转到 A_1 处时,发生高潮,过一段时间后,转到了 A_2 位置,发生低潮。第二次高潮则发生在 A_3 处,第二次低潮则发生在 A_4 处。显然,同一太阴日中两次高潮(低潮)的高度不等,其中较高的一次高潮叫高高潮(HHW:higher high water),较低的一次高潮叫低高潮(LHW:lower high water),而两次低潮中较高的一次叫高低潮(HLW:higher low water),较低的一次叫低低潮(LLW:lower low water)。而且 $A_1A_2 \neq A_2A_3$,即相邻的高、低潮(或低、高潮)之间的时间间隔(涨、落潮时间)也不等。当月球赤纬增大时,这种潮汐周日不等的现象更为显著,且与测者的地理纬度有关。当测者纬度很高,月球赤纬又较大时,一个太阴日中,某相邻的低高潮和高低潮的高度可能相差无几,从而形成一天只有一次高潮、一次低潮,这一现象称为日潮现象。当月赤纬达到最大时,潮汐周日不等现象最为显著。月赤纬最大时的潮汐称为回归潮(tropical tide)。图 3 - 3 是潮汐周日不等示意图。

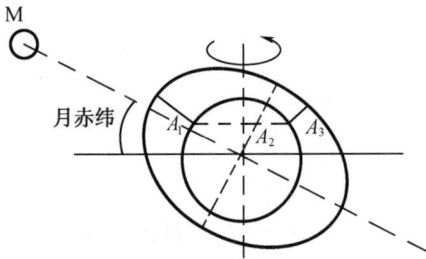

图 3 - 2 潮汐椭圆体示意图

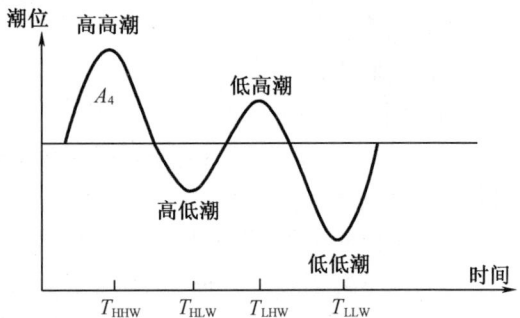

图 3 - 3 潮汐周日不等示意图

2. 潮汐的半月不等

上面仅以月引潮力为例来说明潮汐的成因及潮汐的周日不等。由于月引潮力要比太阳的引潮力大 2.17 倍,所以对于潮汐现象而言,月球的作用是主要的。但太阳的引潮力同样会产生太阳潮汐椭圆体,且太阳两次上(下)中天的时间间隔为一个太阳日,即 24 h。当太阳的赤纬不等于零时,也会发生太阳潮汐的周日不等现象。因而,太阳潮的存在增加了潮汐现象的复杂性。由于月球、太阳和地球在空间周期性地改变着它们的相对位置,因而发生了潮汐半月不等现象。

图 3 - 4 是太阳和月球处于不同位置的示意图(赤纬均等于零的情况)。当月球处在新月(阴历初一,月相●)或满月(阴历十五,月相○)时,太阳和月球潮汐椭圆体的长轴在同一个子午圈平面内,则太阳引潮力与月球引潮力相互叠加,使合成的潮汐椭圆体的长轴更长,短轴更短(图 3 - 4(a)),从而出现高潮相对最高,低潮相对最低,即出现一个月中海水涨落

最大的现象,称为大潮(spring tide)。而当月球处于上弦(阴历初七、初八,月相☽)和下弦(阴历二十二、二十三,月相☾)时,太阳和月球潮汐椭圆体的长、短轴在同一个子午圈平面内,因此两者的引潮力互相抵消一部分,使合成的潮汐椭圆体的长轴变短,短轴变长(图3-4(b)),从而出现了高潮相对最低,低潮相对最高,即出现一个月中海水涨落相对最小的现象,称为小潮(neap tide)。可见,月亮从朔(新月)望(满月)到两弦,又从两弦到朔望的位置改变,引起海水涨落不断变化。具体地说,就是从新月到上弦,海水涨落现象逐渐变小,从上弦到满月则逐渐变大,到满月时与新月时一样,海水涨落又达到最大。从满月到下弦,从下弦到新月又产生同样的变化。显然海水的涨落变化是以半个太阴月(约14.5日)为周期的,这种现象称为潮汐的半月不等(图3-5)。

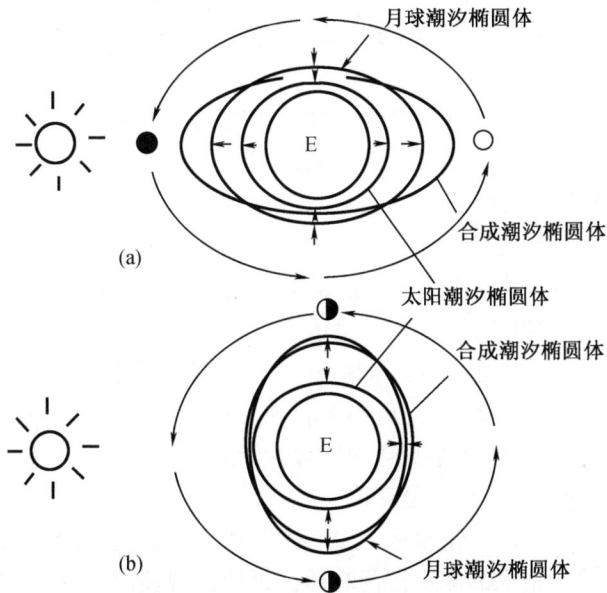

图3-4 太阳和月球处于不同位置的示意图
(a)太阳引潮力和月亮引潮力叠加;(b)太阳引潮力和月亮引潮力抵消一部分

3. 潮汐的视差不等

潮汐的视差不等(parallax inequality of tide)是由于月球和太阳与地球间的距离变化,使月球引潮力和太阳引潮力发生变化,从而产生的潮汐不等现象。月球是沿椭圆轨道绕地球转动的,地球在椭圆轨道的一个焦点上。当月球位于近地点时,其引潮力要比位于远地点时约大40%。这种由于地球和月球距离变化而产生的潮汐不等,称为月潮视差不等,因其周期为27.3日,故又称周月不

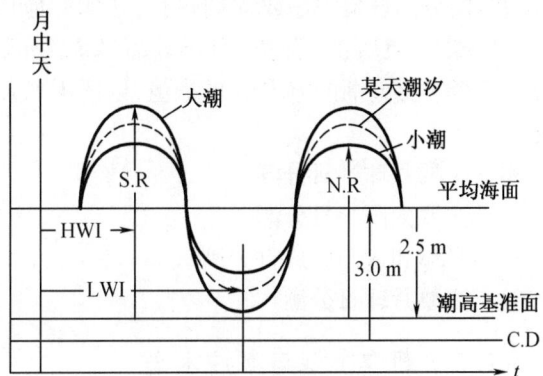

图3-5 潮汐半月不等示意图

等。同样,太阳潮也存在视差不等现象。每年 1 月 3 日前后,地球离太阳最近(近日点),而每年 7 月 4 日前后,地球离太阳最远(远日点),近日点的太阳引潮力比远日点时约大 10%,这种由于日地距离变化而产生的潮汐不等,因其周期为 365.25 日,故又称太阳潮视差不等或周年不等。

3.1.4 理论潮汐与实际潮汐的差异

上述对潮汐成因、潮汐不等问题的讨论,都是根据牛顿的潮汐静力学理论,在理想的假设条件下进行的。事实上,海水有黏滞性,海洋深浅不一,海底崎岖不平,海水与地面有很大的摩擦力,因此,高潮并不发生在月上(下)中天之时,而是滞后一段时间才发生。从月上(下)中天时到当地出现第一次高潮的时间间隔称高潮间隙;大潮也不发生在朔望之日,而往往发生在朔望后的 1~3 天。朔望日到发生大潮的间隔天数称为潮龄(tide age)。在我国沿海,潮龄一般为 2~3 天。

沿岸海区地理条件较大洋更加复杂。其水深变化大,海底地形复杂,岸线曲折,尤其是浅滩和狭窄海湾的存在等地理特点,不仅能改变海水涨落的差距,而且能改变潮汐性质。例如我国的"钱塘怒潮",就是由于漏斗状河口,越往上游水深越浅,涌入的潮波形成相当大的落差,形成所谓怒潮或暴涨潮,潮水像一堵墙一样涌来,甚为壮观;加拿大东南芬地湾的海面落差最大可达 18 m;我国秦皇岛港的潮汐有别于渤海湾内的邻近港口;墨西哥湾中相距很近的两个地区出现性质完全不同的潮汐现象。

另外,潮汐还受大风、气压变化(如台风)、洪水、结冰等影响而增水或减水,尤其在浅水海湾或河口港,其影响可能非常显著,不可忽视。有些河口航道,由于河流下泄水的影响,落潮时间明显长于涨潮时间,落潮流速也明显大于涨潮流速。

总之,实际的潮汐现象是非常复杂的,为了实际应用,数学家们将复杂的潮汐看成许多简谐振荡的总和。把每一简谐振荡视为由一个假想天体引起的,从而把十分复杂的不规则的潮汐振荡归结为很多正规的潮汐振荡总和。每种正规潮汐,即由一个假想天体引起的潮汐,称为分潮(tidal component)。每个分潮曲线又由两个因素确定:分潮振幅(tidal component amplitude),用 H 表示;分潮迟角(tidal component epoch),即假想天体上中天到该分潮高潮的时间间隔,用 g 表示。H 和 g 称为调和常数(harmonic constants)。大部分假想天体引起的分潮振幅很小或周期很长,在实际应用上可忽略不计,一般的预报潮汐中仅涉及 11 个分潮。英版《潮汐表》(Admiralty Tide Tables)每卷在第三部分(Part Ⅲ)中列出了当年各港 4 个主要分潮的 H 和 g 的数值,以便用来大致计算任意时刻的潮汐。这 4 个主要分潮是:

M_2　　主要月球半日分潮
S_2　　主要太阳半日分潮
K_1　　月球和太阳合成日分潮
O_1　　主要月球日分潮

3.1.5 潮汐类型与潮汐术语

潮汐的涨落现象是因时因地而异的,按其周期不同,可以分为 3 种类型的港口。

1. 半日潮港

每个太阴日都有两次高潮和两次低潮。两次高潮和两次低潮的高度都几乎相等,涨潮时间和落潮时间也接近相等。我国大部分港口属于半日潮港口。

2. 日潮港

在半个月中有连续 1/2 以上天数是日潮,而在其余日子则为半日潮。我国南海有许多地点(北部湾、红岛、德顺港等)的潮汐,都属于全日潮类型港口。

3. 混合潮港

它介于半日潮与全日潮之间。其中,具有半日潮的特性,但在一个太阴日内相邻的高潮(或低潮)的高度相差很大,涨潮时间和落潮时间也不等的港口又叫不正规半日潮港;而在半个月中,日潮的天数不超过 7 天,其余天数为不正规半日潮的港口又叫不正规日潮港。

在论述潮汐成因,潮汐不等等问题时已介绍了一些潮汐术语,为了便于掌握和实际运用潮汐计算方法,再介绍一些潮汐术语(图 3 - 6)。

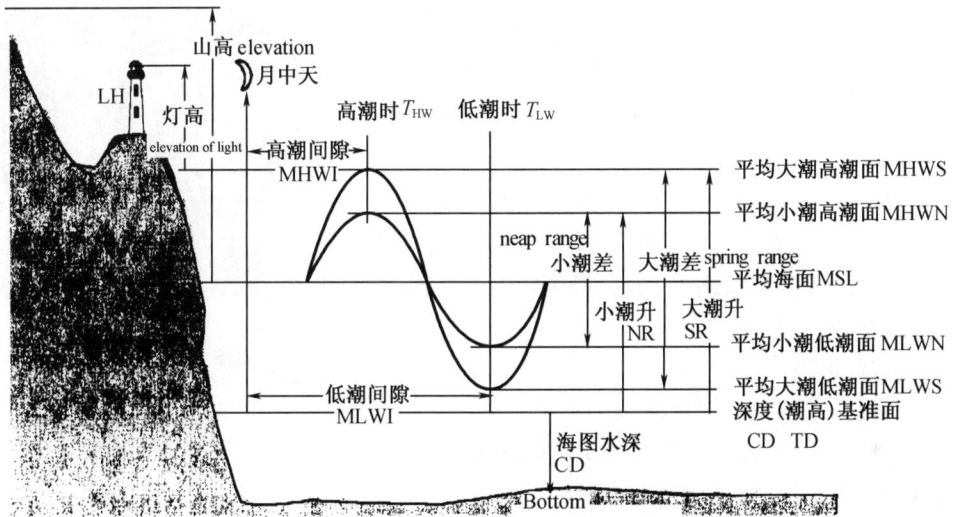

图 3 - 6 潮高基准面示意图

平均海面(MSL:mean sea level):根据长期潮汐观测记录算得的某一时期的海面平均高度。

潮高基准面(TD:tidal datum):观测和预报潮高的起算面,从平均海面向下度量。潮高基准面一般与海图深度基准面(CD)一致。因此,实际水深等于当时潮高加上海图水深。如两者不一致,求实际水深时,应对两者的差值进行修正(见本章 3.2 节中的"潮汐推算的应用")。

大潮升(SR:spring rise):从潮高基准面到平均大潮高潮面的高度。

小潮升(NR:neap rise):从潮高基准面到平均小潮高潮面的高度。

平均高潮间隙(MHWI:mean high water interval):半个月或半个月的整数倍的高潮间隙的平均值。

平均低潮间隙(MLWI:mean low water interval):半个月或半个月的整数倍的低潮间隙的平均值。

因潮汐表采用专门方法计算潮汐间隙,所以我国潮汐表中的平均高(低)潮间隙是以格林尼治月中天时刻为基准计算得到的。

潮高(height of water):从潮高基准面至某潮面的高度。

高潮高(H_{HW}:height of high water):从潮高基准面至高潮面的高度,即高潮时的潮高。

低潮高(H_{LW}:height of low water):从潮高基准面至低潮面的高度,即低潮时的潮高。

潮差(range):相邻的高潮高与低潮高之差。大潮时的平均潮差称大潮差,小潮时的平均潮差称小潮差。

3.2 中版《潮汐表》与潮汐推算

3.2.1 中版《潮汐表》

1. 出版情况

中版《潮汐表》(图 3 - 7)由我国国家海洋信息中心编制,海洋出版社出版,共分 6 册,包括中国沿岸 3 册和世界大洋区域 3 册。

中国沿岸

第 1 册:黄海和渤海沿岸,从鸭绿江至长江口;

第 2 册:东海沿岸,从长江口至台湾海峡;

第 3 册:南海沿岸及诸岛,从台湾海峡(经中国南海诸岛)到北部湾。

世界大洋区域

第 4 册:太平洋及其邻近海域;

第 5 册:印度洋沿岸(含地中海)及欧洲水域;

第 6 册:大西洋沿岸及非洲东海岸。

图 3 - 7 中版《潮汐表》图片

《潮汐表》每年出版一次,本年度的《潮汐表》均在上年度提前编印出版。

2. 主要内容

(1)主港潮汐预报表(主表)

刊载了各册表属区域的主港的每日逐时潮高和高(低)潮时、潮高预报,或只刊载每日高(低)潮时、潮高预报。

(2)潮流预报表

刊载了部分海峡、港湾、航道以及渔场等潮流预报站点的每日潮流预报(第 2、第 6 两册不含此项内容)。

(3)差比数和潮信表(附表)

刊载了附属港(附港)与某一主港之间的潮时差、潮差比和改正数。为了帮助用户了解港口的潮汐情况,还同时列出了每个港口的潮汐特征数据。

除此以外,还有一些与潮汐表结合使用的专用图表,如部分港口潮高订正值表、格林尼治月中天时刻表、东经 120°月中天时刻表(北京标准时)和月赤纬表(世界时 0 时),以及表册说明和使用举例等。

《潮汐表》中刊载每日高、低潮的潮时和潮高预报的港口称为主港(standard port),它通常为重要港口或者能够代表某类潮汐特征。如果某两个港口的潮汐特征类似,则两者之间具有几乎不变的潮时差和潮差比(差比关系)。此时,可利用其中一个港口(主港)的逐日高、低潮的潮时和潮高预报,通过它们的差比关系推算另一港口的潮汐,根据与主港的差比关系来推算潮汐的港口称为附港(secondary port)。

第1、第2、第3册潮汐表包括了中国沿岸的主要港口、航道、渔场、海峡的潮汐、潮流预报。

第4、第5、第6册潮汐表除包括了英国潮汐表第Ⅰ、第Ⅱ、第Ⅲ卷的主港外,还适当增添了一部分主港。

3. 注意事项

(1)《潮汐表》中所给的潮时为当地使用的标准时(standard time)。我国沿海港口用北京标准时(东八时);第4、第5、第6册中的外国诸港均在每页左下角注明所用标准时。若主、附港的标准时不同,在附表的潮时差中已包含其差别,使用者在计算附港潮时时无需再作此修正。

(2)潮高单位为厘米(cm),当表中的潮高出现负值(-)时,表示潮面低于潮高基准面。潮高基准面在每页预报表下面有说明。

(3)求实际水深时,必须注意潮高基准面(TD)与海图深度基准面(CD)是否一致。若两者不一致,应予以修正。

(4)关于《潮汐表》的预报误差及水文气象对潮汐的影响如下。

中国沿岸主港的预报精度高于英、美等国的潮汐表,其余地区的精度大致与英、美等国的潮汐表相当。在正常情况下,中国沿岸主港的预报潮时的误差在20~30 min以内,潮高误差在20~30 cm以内,但是对于一些位于感潮河段中的主港预报潮高与实际水位相差较大。国外主港的预报精度大致和英、美等国潮汐表相当。但在下列情况下可能出现较大误差,应予注意:

①有寒潮、台风或其他天气急剧变化时,水位随之发生特殊变化,潮汐预报值将与实际出入较大。寒潮常常引起"减水",使实际水位低于预报很多,个别强烈的寒潮可使实际水位低于预报1 m以上。夏秋季节受到台风侵袭的地区(尤其是闽浙沿海)常常引起较大的"增水",个别情况也有引起实际水位高于预报1 m以上的现象。此外长江口附近春季经常有气旋出海而引起大风,也能引起水位的较大变化。

②处在江河口的预报点,如营口、燕尾、吴淞、温州、海门、马尾等,每当汛期洪水下泄时,水位急涨,实际水位会高于预报值很多。

③南海的日潮混合潮港,如海口、海安、北海等,因高潮与低潮常常有一段较长的平潮时间,预报的潮时有时会与实际差1 h以上,但这对实际使用影响不大,所报时间的潮高仍与实际比较相符。

④潮流预报表的站位分为两种情况,一是往复流性质的站位,给出逐日的转流时间、最大流速时刻及其流速;二是回转流性质的站位,给出潮流回转一周(大约一个潮汐周期)过程中的两个极大值和两个极小值以及与其对应的时刻。

应该指出的是,潮流预报表中预报的只是水流中的潮流部分。在一般情况下,本表预报的潮流是水流中的主要成分,可以近似地视为实际水流。但是在特殊情况下,表层海流受到风的影响很大,使潮流规律不明显,这时表中的预报与实际水流有较大的差别,使用时要注意。

3.2.2 利用中版《潮汐表》推算潮汐

1.求主港潮汐

主港高、低潮的潮时和潮高,以及部分主港的每整点时刻的潮高,可直接按日期查《潮汐表》的主表求得。但应注意船时与表列标准时是否一致,若不一致,应将求得的潮时修正到相应的船时。

例 3 – 1 求 2008 年 2 月 8 日吴淞潮汐。

解:由 2008 年《潮汐表》第 1 册的封里找到吴淞为主港,其潮汐预报刊于 323 页。从 323 页起查得 2 月 8 日的潮汐资料为

7 日	2332	244
8 日	0649	072
	1156	328
	1958	066
9 日	0016	272

可见,2 月 8 日有两个低潮及一个高潮。但一个太阴日中,实际上有两个低潮,两个高潮,其中第二个高潮发生在 2 月 9 日的 0016。于是,该日的潮时 T、潮高 H 为

T_{LW}	H_{LW}	T_{HW}	H_{HW}
0649	072	1156	328
1958	066	0016(9/2)	272(或 2332(7/2) 244)

2.求附港的高、低潮时和潮高

利用主港潮汐和主、附港间的差比数可推算求得附港潮汐,或利用港口的潮信资料也可以估算该港的潮汐。

(1)差比数法

附表中给出了附港相对于其主港的高潮时差、低潮时差、潮差比和改正值,统称为差比数。

高(低)潮时差——附港与主港高(低)潮时之差的平均值,其值等于附港高(低)潮时减去主港高(低)潮时。因此,正号(+)表示附港高(低)潮时在主港高(低)潮时之后发生;负号(–)表示附港高(低)潮时在主港高(低)潮时之前发生。所以,附港的高(低)潮时可用下式求得:

$$附港高(低)潮时 = 主港高(低)潮时 + 高(低)潮时差 \qquad (3-1)$$

潮差比——对半日潮港,是指附港的平均潮差与主港的平均潮差之比;对日潮港,是指附港的回归潮潮差与主港回归潮潮差之比。

改正值——使用潮差比由主港潮潮高计算附港潮潮高时,若附港基准面不是用主港基准面确定的,需要对附港潮高加以订正,使之变为从附港基准面起算。此订正数就是表列的改正值。

附港的高(低)潮潮高可用下式求得:

$$附港高(低)潮潮高 = [主港高(低)潮潮高 – (主港平均海面 + 主港平均海面季节改正)] ×$$
$$潮差比 + (附港平均海面 + 附港平均海面季节改正) \qquad (3-2)$$

其中,[主港高(低)潮潮高 – (主港平均海面 + 主港季节改正数)]实质上是主港的半潮差($R/2$),而主港的半潮差乘以潮差比即得附港的半潮差,求得附港的半潮差后,只要加

上经季节改正的附港平均海面就得附港高(低)潮潮高。

一般,主港潮汐资料页下方的"潮高基准面"与附表中所列的"主港平均海面"在数值上是一致的,但也有不一致的情况。使用中,当两者不一致时,计算公式中的"主港平均海面"应采用主表中的"潮高基准面"。

需要注意的是,某一季节的平均海面由于受天气状况、海洋水文和海洋动力状况等因素的影响,与表中给出的平均海面可能略有差异。平均海面季节改正就是用以将表列平均海面改正到当月的平均海面。附表中列有"平均海面季节改正值表"。

例 3-2 求 2008 年 2 月 8 日铜沙潮汐。

解:因在封里的主港表中未列铜沙港名,因此铜沙为附港。从附表查得铜沙的差比数及相关资料如下。

铜沙的港口编号(No.)为 5012,其主港为吴淞,吴淞的编号(No.)为 5006;

高潮时差为 -0157,低潮时差为 -0221;

潮差比为 1.21;

平均海面:铜沙 260;吴淞 202(核查主表中的吴淞"潮高基准面"与附表所列的吴淞"平均海面"一致)。

根据主、附港编号从"平均海面季节改正值表"中分别查得吴淞和铜沙 2 月的平均海面季节改正值均为 -25 cm。则经季节改正后的铜沙平均海面为 260+(-25)=235 cm,吴淞为 202+(-25)=177 cm。

求主港潮汐(见例 3-1),然后按式(3-1)、式(3-2)计算附港铜沙的潮汐。计算格式如下:

	T_{LW}			T_{HW}	
吴 淞	0649	1958		1156	0016(9/2)
+)潮时差	-0221	-0221		-0157	-0157
铜 沙	0428	1737		0959	2219

	H_{LW}			H_{HW}	
吴 淞	072	066		328	272(9/2)
-)改正后的 $MSL_{主港}$	177	177		177	177
主港半潮差	-105	-111		151	095
×)潮差比	1.21	1.21		1.21	1.21
附港半潮差	-127	-134		183	115
+)改正后的 $MSL_{附港}$	235	235		235	235
铜 沙	108	101		418	350

根据所求的铜沙高潮潮时和潮高、低潮潮时和潮高,可以概略地描绘一条该日潮汐变化曲线(图 3-8)。

当主、附港的平均海面季节改正均不大时,可不必进行这一改正,而直接用差比数栏中

航海基础

的改正值求得附港的潮高,即

$$附港高（低）潮潮高 = 主港高（低）潮潮高 × 潮差比 + 改正值 \qquad (3-3)$$

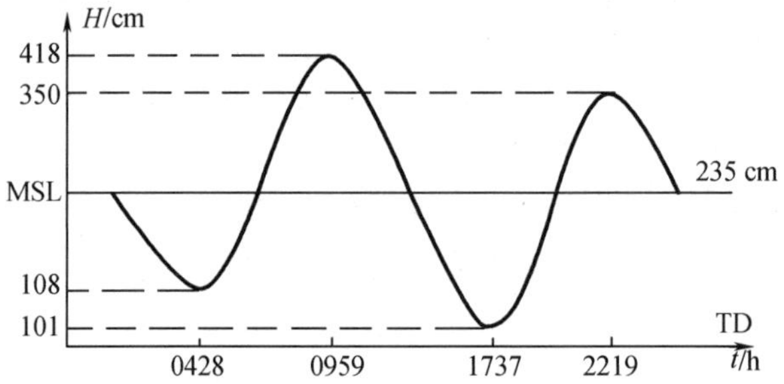

图 3-8　铜沙潮汐变化曲线

对于例 3-2,若用改正值计算,从附表查得铜沙的改正值为 16,按式(3-3)计算如下:

	H_{LW}			H_{HW}	
吴　淞	072	066		328	272(9/2)
×)潮差比	1.21	1.21		1.21	1.21
	087	080		397	329
+)改正值	16	16		16	16
铜　沙	103	096		413	345

与用式(3-2)计算的结果比较,尽管主、附港的平均海面季节改正为 -25 cm,数值不算小,但所求结果仅相差 5 cm。因此,当主、附港的平均海面季节改正均不大时,用式(3-3)求附港的潮高也能得到较满意的结果。

但必须注意,若主表中的主港"潮高基准面"与附表所列的主港"平均海面"不一致,用公式(3-3)计算时,不能直接利用差比数表列的"改正值",而须按下式计算出"新改正值"代替它:

$$新改正值 = 附港平均海面 - 主表中的主港潮高基准面 × 潮差比$$

当利用第 4 册《潮汐表》求附港潮高时,计算公式应为

$$附港高（低）潮潮高 = 主港高（低）潮潮高 × 潮差比 + 改正数 + 潮高季节改正数$$
$$(3-4)$$

其中,潮高季节改正数是将主、附港海面季节变化结合考虑后计算出来的,仅供由主港推算附港潮高时使用,而不是各港口的平均海面季节变化值。

(2)潮信资料法

利用附表给出的各港口的潮信资料,可以大致估算该港口的潮汐。附表中的潮信资料包括:平均高潮间隙(MHWI)、平均低潮间隙(MLWI)、大潮升(SR)、小潮升(NR)和平均海面。于是,可用下列各式估算港口的潮汐。

①高、低潮时估算

$$T_{HW} = 格林尼治月中天时 + MHWI \qquad (3-5)$$

$$T_{LW} = 格林尼治月中天时 + MLWI \tag{3-6}$$

或者根据月中天平均每天约推迟 50 min 的特点,按阴历日期先行估算当天的月中天时刻,然后用所求月中天时近似代替格林尼治月中天时,然后再按式(3-5)、式(3-6)求高、低潮潮时。因为初一的月上中天是 12^h00^m,十五的月上中天是 24^h00^m(即十六的月上中天是 00^h00^m),所以上半月某日的月上中天时可用下式估算:

$$月上中天时 = [(阴历日期-1)\times00^h50^m] + 12^h00^m$$
$$= 24^h00^m - (15-阴历日期)\times00^h50^m \tag{3-7}$$

而下半月某日的月上中天时可用下式估算:

$$月上中天时 = [(阴历日期-16)\times00^h50^m]$$
$$= 12^h00^m - 初一前的天数\times00^h50^m \tag{3-8}$$

需要注意的是,对于半日潮港,应分别求出两次高潮和两次低潮的潮时,其间隔时间为 12^h25^m。并注意若计算结果大于 24^h,则应减去 24^h50^m 或 12^h25^m。

②高、低潮潮高估算

由于从大潮到小潮的平均间隔约为 7 天,高潮潮高(H_{HW})可根据大潮升和小潮升用线性内插法求得,即

$$H_{HW} = SR - \frac{SR-NR}{7}\times(阴历日与最近的大潮日间隔天数) \tag{3-9}$$

显然,$\frac{SR-NR}{7}$是每天的高潮潮高变化量。

由于低潮高近似为 $MSL - R/2$,半潮差 $R/2$ 近似为 $H_{HW} - MSL$,所以,低潮高(H_{LW})可用下式求得:

$$H_{LW} = 2MSL - H_{HW} \tag{3-10}$$

例 3-3 用潮信资料求某年 2 月 26 日铜沙潮汐。

解:查该年《潮汐表》附表得铜沙的潮信资料为:MHWI 1021,MLWI 0445,SR 450,NR 330,MSL 260。当用式(3-5)和式(3-6)计算高、低潮时,从《潮汐表》的"格林尼治月中天时刻表"中查得:月上中天为 1306、下中天为 0041。则铜沙的高、低潮时计算如下:

	LW		HW	
月中天时	0041	1306	0041	1306
+) 间隙	MLWI 0445	0445	MHWI 1021	1021
铜沙潮时	0526	1751	1102	2327

当用式(3-7)或式(3-8)估算月上中天时刻时,则先从《潮汐表》的"日历表"(目录页前)中查得 2 月 26 日的对应阴历日为初二,按式(3-7)推算得月上中天时为

$$T_{月上中天} = (2-1)\times00^h50^m + 12^h00^m = 12^h50^m$$

再按式(3-5)和式(3-8)计算得高潮时为

$$T_{HW} = 1250 + 1021 = 2311$$

另一高潮时为

$$T_{HW} = 2311 - 1225 = 1046$$

低潮时为

$$T_{LW} = 1250 + 0445 = 1735$$

另一低潮时为

$$T_{LW} = 1735 - 1225 = 0510$$

现按式(3-9)、式(3-10)计算铜沙潮高。因为我国沿海的大潮日一般是阴历初三和十八,所以

$$H_{HW} = SR - \frac{SR - NR}{7} \times (阴历日与最近的大潮日间隔天数)$$

$$= 450 - \frac{450 - 330}{7} \times (3 - 2) = 433$$

$$H_{LW} = 2MSL - H_{HW} = 2 \times 260 - 433 = 087$$

必须指出,中版《潮汐表》中给出的平均高(低)潮间隙已经考虑了格林尼治月中天与当地月中天的经差因素,因此,用格林尼治月中天时间推算当地潮时不必再作经度订正。用潮信资料估算潮汐比用差比数法计算的误差大,因而,潮信资料法一般仅用于只知道潮信资料时,如利用航用海图上的潮信资料概略估算航行海区的潮汐等。

3.求任意时的潮高和任意潮高的潮时

当游艇欲通过浅水航道时,除了应掌握航区的高、低潮的潮潮时和潮高外,还应掌握任意时刻的潮高或任意潮高的潮时,有时还须计算潮高超过某一值的时间范围,以便安全通过航道。

求任意时潮高和任意潮高的潮时的方法如下。

(1)查表内插法

如果潮汐预报表中列有整点时刻的潮高预报,则可近似将相邻整点潮高之间的高度变化看成线性变化,用线性内插法求得期间任意时的潮高或某一潮高的潮时。

(2)公式法

①求任意时的潮高 在整个潮汐周期内,潮汐涨落的速度是变化的。在高(低)潮的附近,潮汐涨落较缓慢,而在高潮与低潮间的中间时刻,即接近半潮时,其涨落速度最快。为求得相邻的高潮与低潮间任意时的潮高,通常我们将潮汐的涨落运动视为简谐运动,近似于余弦曲线。当已知高、低潮的潮时及潮高后,可以作出潮高 H 随时间 t 变化的余弦曲线。

如图3-9所示,高、低潮时分别为 T_{HW} 和 T_{LW},落潮时间为 $T_{LW} - T_{HW}$,高、低潮潮高分别为 H_{HW} 和 H_{LW},潮差 $R = H_{HW} - H_{LW}$。假设纵坐标轴(H)取高潮点 A,B 点为低潮点,曲线 AB 为一余弦曲线,任意时 T 的潮高为 H_t,它与潮汐曲线上 P 点相适应。显然,H_t 将随着时间 T 的变化而变化。为了说明问题的方便,以 H 轴与

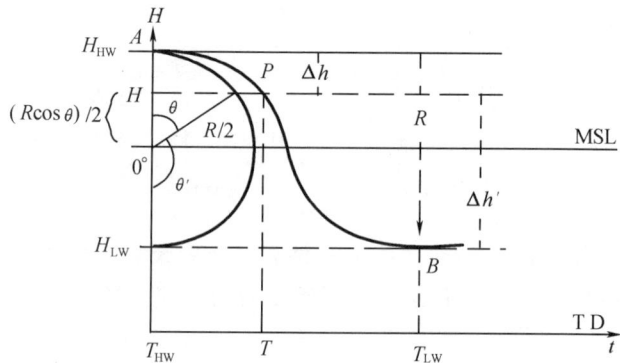

图3-9 求任意时潮高示意图

平均海面的交点为圆心,半潮差($R/2$)为半径作辅助圆。这样,P 与 H 轴的垂线与圆周相交,作半径通过此交点,则半径与 H 轴的夹角随着 P 点的变化而变化。设半径与 H 轴正向的夹角为 θ,则当 P 位于曲线的高潮点,T 等于高潮时,θ 为0;当 P 位于平均海面时,T 位于

高、低潮时的中间，即 $\frac{T-T_{HW}}{T_{LW}-T_{HW}}=\frac{1}{2}$，$\theta$ 为 90°；当 P 位于曲线的低潮点，T 等于低潮时，

$\frac{T-T_{HW}}{T_{LW}-T_{HW}}=1$，$\theta$ 为 180°；而当 P 位于任意潮面时，T 介于高、低潮潮时之间，于是有

$$\theta = \frac{T-T_{HW}}{T_{Lw}-T_{HW}} \times 180° \qquad (3-11)$$

现设 Δh 是 P 点潮面与高潮面的差值，由图 3-9 可见，任意时刻 T 的潮高即 P 点的潮高 H_t 可由下式求得

$$H_t = H_{HW} - \Delta h \qquad (3-12)$$

而

$$\Delta h = \frac{R}{2} - \frac{R}{2}\cos\theta = \frac{R}{2}(1-\cos\theta) \qquad (3-13)$$

所以，任意时潮高 H_t 为

$$H_t = H_{HW} - \frac{R}{2}(1-\cos\theta) = H_{HW} - \frac{R}{2}\left[1-\cos\left(\frac{T-T_{HW}}{T_{LW}-T_{HW}}\times180°\right)\right] \qquad (3-14)$$

以上是以高潮为基准导出的计算公式。同理，若以低潮为基准（对应图中的 θ' 和 $\Delta h'$），任意时刻 T_P 的潮高 H_t 可由下式求得

$$H_t = H_{LW} + \Delta h' \qquad (3-15)$$

而

$$\Delta h' = \frac{R}{2}(1-\cos\theta') \qquad (3-16)$$

所以，任意时潮高 H_t 为

$$H_t = H_{LW} + \frac{R}{2}(1-\cos\theta') = H_{LW} + \frac{R}{2}\left[1-\cos\left(\frac{T-T_{LW}}{T_{HW}-T_{LW}}\times180°\right)\right] \qquad (3-17)$$

例 3-4　求 2008 年 2 月 8 日铜沙 $T=1200$ 的潮高 H_t。

解：由例 3-2 知铜沙该日潮汐为

0428　108；0959　418；1737　101；2219　350

欲求 1200 的潮高，只要利用 0959～1737 的落潮曲线即可。现以高潮为基准计算 $T=1200$ 的潮高 H_t：

因为

$$\theta = \frac{T-T_{HW}}{T_{LW}-T_{HW}}\times180° = \frac{12^h00^m-09^h59^m}{17^h37^m-09^h59^m}\times180° = 47°.6$$

$$R = H_{HW}-H_{LW} = 418-101 = 317\ cm$$

$$\Delta h = \frac{R}{2}(1-\cos\theta) = \frac{317}{2}\times(1-\cos47°.6) = 51.5\ cm$$

所以

$$H_t = H_{HW} - \Delta h = 418-52 = 366\ cm$$

以低潮为基准计算 H_t：

$$\theta' = \frac{T_{LW}-T}{T_{LW}-T_{HW}}\times180° = \frac{17^h37^m-12^h00^m}{17^h37^m-09^h59^m}\times180° = 132°.4$$

$$\Delta h' = \frac{R}{2}(1-\cos\theta') = \frac{317}{2}(1-\cos132°.4) = 265.4\ cm$$

$$H_t = H_{LW}+\Delta h' = 101+265 = 366\ cm$$

两种方法的计算结果完全一致。

②求任意潮高的潮时　求任意潮高的潮时实际上是求任意时潮高的逆运算。这里也分两种情况加以讨论。

先以 HW 为基准,已知任意时潮高 H_t,则高潮潮高 H_{HW} 与 H_t 之差为

$$\Delta h = H_{HW} - H_t \tag{3-18}$$

于是,由式(3-13)得

$$\theta = \arccos\left(1 - \frac{2\Delta h}{R}\right) \tag{3-19}$$

由式(3-11)得任意潮高的潮时 T 为

$$T = \frac{\theta}{180°} \times (T_{LW} - T_{HW}) + T_{HW} \tag{3-20}$$

若以 LW 为基准,H_t 与低潮潮高 H_{LW} 之差为

$$\Delta h' = H_t - H_{LW} \tag{3-21}$$

于是

$$\theta' = \arccos\left(1 - \frac{2\Delta h'}{R}\right) \tag{3-22}$$

由式(3-11)得任意潮高的潮时 T 为

$$T = \frac{\theta'}{180°} \times (T_{HW} - T_{LW}) + T_{LW} \tag{3-23}$$

例 3-5　求 1992 年 2 月 8 日午前铜沙潮高达到 3 m 的潮时 T。

解: 按题意及例 3-4 的计算,午前铜沙潮高涨到 3 m 的潮时只能在 0428 ~ 0959 之间发生,因此,利用该涨潮曲线以 HW 为基准求 T。

潮差　　　　　　　　$R = 418 - 108 = 310$ cm

差值　　　　　　　　$\Delta h = H_{HW} - H_t = 418 - 300 = 118$ cm

于是　　　　　　$\theta = \arccos\left(1 - \frac{2\Delta h}{R}\right) = \arccos\left(1 - 2 \times \frac{118}{310}\right) = 76°.189\,6$

按式(3-20)求得 3 m 潮高的潮时 T 为

$$T = \frac{\theta}{180°} \times (T_{LW} - T_{HW}) + T_{HW}$$

$$= \frac{76°.19}{180} \times (04^h28^m - 09^h59^m) + 09^h59^m$$

$$= 07^h39^m$$

现以 LW 为基准求 T:

$$\Delta h' = H_t - H_{LW} = 300 - 108 = 192 \text{ cm}$$

$$\theta' = \arccos\left(1 - \frac{2\Delta h'}{R}\right) = \arccos\left(1 - 2 \times \frac{192}{310}\right) = 103°.810\,4$$

$$T = \frac{\theta'}{180°} \times (T_{HW} - T_{LW}) + T_{LW} = \frac{103°.8}{180°} \times (09^h59^m - 04^h28^m) + 04^h28^m = 07^h39^m$$

两种方法的计算结果是相同的。但是,在这类计算中,应特别注意的是其中的潮时都是 60 进制。

(3)图解法

根据计算公式设计的诺模图,如我国《潮汐表》中介绍的"等腰梯形图卡",求任意潮时

潮高的"查算盘"。

3.2.3 潮汐推算的应用

1. 求实际水深

如图 3 – 10 所示,海图上标注的水深是海图深度基准面(CD)到海底的距离,为求某地某时的实际水深,必须求出该地当时的潮高 H_t。潮高是由潮高基准面(TD)向上计算到当时潮面的。因此,当 CD 与 TD 一致时,用下式计算实际水深:

$$实际水深 = 海图水深 + H_t \qquad\qquad (3-24)$$

若两者不一致时,由于 CD 和 TD 的数值均是由 MSL 为基准给出的,所以可用下式计算实际水深:

$$实际水深 = 海图水深 + H_t + (CD - TD) \qquad\qquad (3-25)$$

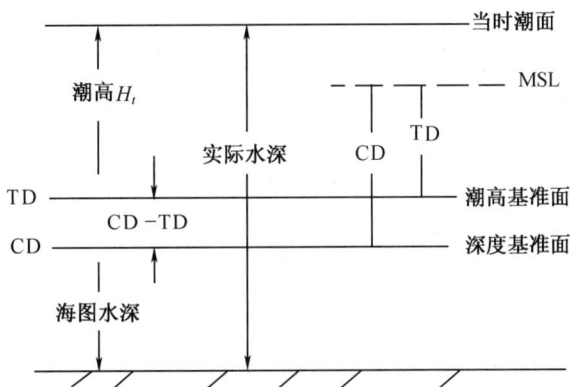

图 3 – 10 计算实际水深示意图

例 3 – 6 某港 CD = 2.4 m,TD = 2.2 m,如果进港航道的海图水深最浅为 7 m,要求保留富裕水深 0.7 m,某游艇最大吃水 9.5 m,问潮高至少是多少才可安全通过航道?

解:如图 3 – 11 所示,安全通过航道时要求的最小所需水深为

最小所需水深 = 最大吃水 + 富裕水深 = 9.5 + 0.7 = 10.2 m

由式(3 – 25)知:

$$最小实际水深 = 海图水深 + 最小潮高 H_{min} + (CD - TD)$$

$$= 7 + H_{min} + (2.4 - 2.2) = H_{min} + 7.2$$

所以,最小潮高 H_{min} = 10.2 – 7.2 = 3 m。

2. 根据测深仪测得的水深求海图水深

航海上进行测深辨位时,用回声测深仪测得某地的水深后再求出相应的海图水深,以便与海图上标注的水深进行比较来辨认船位。

回声测深仪所测的水深是船底到海底的水深,因此有

实际水深 = 测深仪水深 + 吃水

当潮高基准面与海图基准面一致时,由式(3 – 24)可导出

$$海图水深 = 实际水深 - 潮高 = 测深仪水深 + 吃水 - 潮高 \qquad\qquad (3-26)$$

当潮高基准面与海图基准面不一致时

$$海图水深 = 实际水深 - 潮高 - (CD - TD)$$
$$= (测深仪水深 + 吃水) - 潮高 - (CD - TD) \qquad (3-27)$$

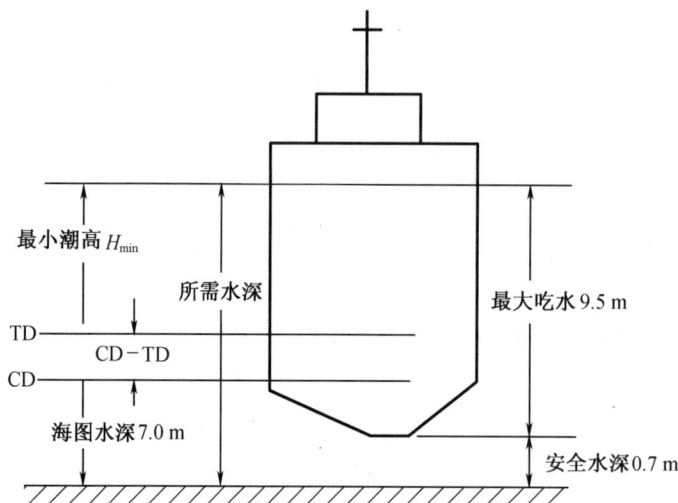

图 3 - 11 最小所需水深示意图

例 3 - 7 已知某地某日潮汐:0230 331,0856 131。某轮吃水 9.5 m,0500 测得该地水深 20 m,试求海图水深。

解:先求 0500 潮高 H_t。

潮差 $\qquad\qquad\qquad R = 331 - 131 = 200 \text{ cm}$

因为 $\qquad \theta = \dfrac{T - T_{HW}}{T_{LW} - T_{HW}} \times 180° = \dfrac{05^h 00^m - 02^h 30^m}{08^h 56^m - 02^h 30^m} \times 180° = 69°.9$

所以 $\quad H = H_{HW} - \dfrac{R}{2}(1 - \cos\theta) = 333 - \dfrac{200}{2} \times (1 - \cos 69°.9) = 267 \text{ cm} \approx 2.7 \text{ m}$

于是

$$海图水深 = 测深仪水深 + 吃水 - 潮高 = 20 + 9.5 - 2.7 = 26.8 \text{ m}$$

3. 通过架空输电线或江海大桥下的航道计算

由《海图图式》的说明知,海图上标注的架空输电线或江海大桥高度(又称净空高度),是指航道上平均大潮高潮面(或江河高水位)至输电线或大桥最低处的垂直距离。

而平均大潮高潮面至潮高基准面的垂直距离称为大潮升,它可从《潮汐表》中的"差比数和潮信表"或航用海图上的潮信资料中查得。由图 3 - 12 可以看出,通过架空输电线或大桥下的航道必须满足如下两个条件:

(1)主桅实际高 + 富裕高度 + 潮高 ≤净高 + 大潮升,否则,桅顶就有碰到输电线或大桥的危险;

(2)吃水 + 富裕水深≤海图水深 + 潮高 + (CD - TD),否则,游艇就有座底的危险。因此,潮高范围必须满足不等式

$$吃水 + 富裕水深 - 海图水深 - (CD - TD) \leqslant 潮高$$
$$\leqslant 净高 + 大潮升 - (主桅高 + 富裕高度) \qquad (3-28)$$

$$\left.\begin{array}{l}\text{最小潮高 } H_{\min} = 吃水 + 富裕水深 - 海图水深 - (CD - TD)\\ \text{最大潮高 } H_{\max} = 净高 + 大潮升 - (主桅高 + 富裕高度)\end{array}\right\} \quad (3-29)$$

或者

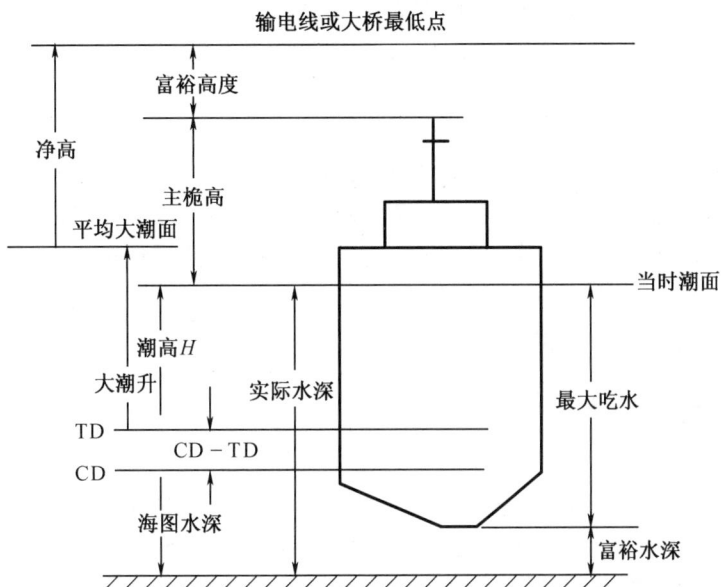

图3-12 通过架空输电线或江海大桥下的高度示意图

例3-8 某港航道上的海图水深最浅为 8 m,航道上桥的净空高度为 18 m,大潮升 4.5 m。一游艇最大吃水 9.5 m,水线上最大高度为 18.5 m,要求保留富裕水深 0.7 m,富裕高度 0.5 m。问该游艇在潮高为多少时可以安全通过航道和桥梁。

解: 根据公式(3-29),安全通过航道和桥梁时的最小潮高 $H_{\min}$ 和最大潮高 $H_{\max}$ 分别为

$$H_{\min} = 吃水 + 富裕水深 - 海图水深 = 9.5 + 0.7 - 8 = 2.2 \text{ m}$$

$$H_{\max} = 净高 + 大潮升 - (主桅高 + 富裕高度) = 18 + 4.5 - (18.5 + 0.5) = 3.5 \text{ m}$$

所以,安全通过航道和大桥时的潮高 H 应满足

$$2.2 \text{ m} \leqslant H \leqslant 3.5 \text{ m}$$

4. 实际灯高、山高的计算

灯高是从平均大潮高潮面至灯塔灯芯的距离,我国沿海地区中版海图上的山高是从"1985 国家高程基准"或当地平均海面起算到山顶的距离,而英版海图上的山高是从平均大潮高潮面或平均高高潮面起算的。

$$实际灯高 = 图注灯高 + 大潮升(SR) - 当时潮高 H_t \quad (3-30)$$

$$实际山高 = 图注山高 + 平均海面(MSL) - 当时潮高 H_t \quad (3-31)$$

例3-9 某轮眼高 16 m,观测到 A 灯塔初显,求得该海区当时潮高为 2.5 m,海图的 A 灯塔标注为:闪(3)10 s 36 m 17 M。从航用海图上的潮信资料中查得大潮升 4.5 m,求本轮距 A 灯塔的最大可能距离是多少?

解: (1)求实际灯高

$$实际灯高 = 标注灯高 + 大潮升(SR) - 当时潮高 H_t$$

$$= 36 + 4.5 - 2.5 = 38 \text{ m}$$

（2）求初显距离

$$初显距离 = 2.09 \times (\sqrt{16} + \sqrt{37.5}) = 21.158 \text{ n mile}$$

因此，本轮距 A 灯塔的最大可能距离为 21 n mile。

3.3 潮 流 推 算

由于月球和太阳引潮力的作用，使得海水作周期性垂直方向和水平方向运动，海水水平方向的运动便形成潮流。因此潮流与潮汐是同时发生的。潮流变化的周期与潮汐周期也大致相同。潮流的流速与潮差成正比，大潮时潮差最大，流速也最大；小潮时潮差最小，流速也最小。

潮流分为往复流和回转流两种。

3.3.1 往复流及其推算

1. 往复流

在海峡、河道、港湾和沿岸一带，由于受地形影响，潮流以相反的两个方向交互流动（流向相差180°），称为往复流。涨潮时，海水从外海向内海流动，称为涨潮流；落潮时，海水从内海向外海流动，称为落潮流。

潮流由涨向落或者由落向涨的变化，即潮流流向发生约180°变化时，流速接近于零，此时称为转流，也称平流或憩流（slack water），其中间时刻称为转流时间（slack time）。

（1）往复流的流向、流速在海图上的标注

往复流的海图图式以带羽尾的箭矢表示涨潮流的流向，不带羽尾的箭矢表示落潮流的流向。在箭矢上标注的数字表示流速（单位：kn），仅注明一个数值的是指当地大潮日的最大流速；若注明两个数值，则分别表示小潮日和大潮日的最大流速。如图 3 – 13（a）为涨潮流，流向090°，其中，左图表示大潮日最大流速为 2.5 kn；右图表示小潮日最大流速为 1.5 kn，而大潮日最大流速为 2.8 kn。图 3 – 13（b）为落潮流，流向270°。

（2）往复流的类型

与潮汐类型一样，往复流也分为半日潮、混合潮和日潮型三类。

2. 往复流的推算

（1）根据"潮流预报表"推算当时的流向、流速

中、英版《潮汐表》中都包含某些水域的"潮流预报表"，表中列出日期和每天的转流时间、最大流速及其发生时间（图 3 – 14）。最大流速前的"＋""－"号表明了该最大流速发生时的流向，每页表上都注明"＋""－"号所代表的潮流流向。"潮流预报表"中如无特殊说明，则不包括可能存在的海流。海流与潮流不同，在一定期间，海流的流向、流速均较稳定，且流速一般不大，但

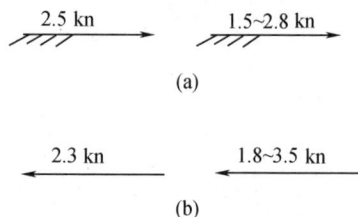

（a）

（b）

图 3 – 13 往复流的海图标注

POSITIVE (+) DIRECTION 113
NEGATIVE (−) DIRECTION 293

JULY

	SLACK Time （转流时间）	MAXIMUM(最大)	
		Time （时间）	Rate （流速）
16	0300	0020	1.0
SA	1140	0755	−2.0
	1850	1500	1.4
	2250	2030	−0.4

图 3 – 14 潮流表摘录

它的存在会对潮流的流向、流速产生影响。

例3-10 根据摘录的某地7月16日的潮流资料,求0600的流向、流速。

解:根据转流时间、最大流速及其发生时间、"＋""－"号表示的流向等数据作出当天潮流随时间的变化曲线(图3-15),由曲线图可得该地该日0600的流向为293°,流速约为1.5 kn。

与潮汐一样,一个太阴日内的潮流变化也可看成为一简谐运动,即可用余弦曲线来描述。因此,在作出当天的潮流随时间变化的曲线后,可以求得任意时刻的流向、流速。

同样,也可用计算法求任意时刻的流向、流速。假设欲求任意时刻 t 的流速 V_t,则根据与时刻 t 最接近的最大流速 V_m 及其发生时间 T_m 和转流时间 T_s 的那条余弦曲线,计算 t 时刻的流速 V_t,即

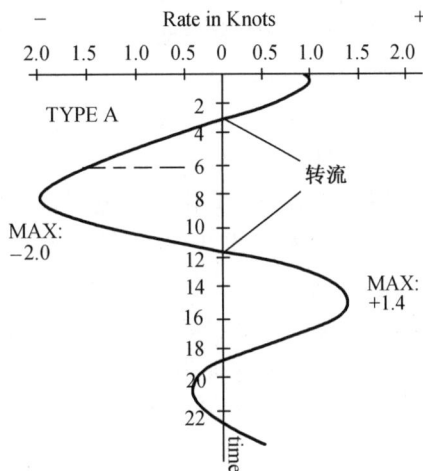

图3-15 潮流曲线图

$$V_t = V_m \cos\left(\frac{t - T_m}{T_s - T_m} \times 90°\right) \quad (3-32)$$

例3-11 用计算法求例3-10中0600的流向、流速。

解:因为与0600最接近的最大流速 $V_m = -2.0$ kn,$T_m = 0755$,$T_s = 0300$,则代入式(3-32)得

$$V_t = -2.0\cos\left(\frac{06^h00^m - 07^h55^m}{03^h00^m - 07^h55^m} \times 90°\right) = -1.6 \text{ kn}$$

所以,0600的流速为1.6 kn,根据表中对"－"号的说明,流向为293°。

(2)根据航用海图上的往复流资料推算

在航用海图上,可直接量取往复流的箭头方向求得流向,流速的推算方法如下。

①半个月中每天最大流速的变化规律 因为潮流的流速与潮差成正比,所以半个太阴月中,每天的最大流速也不同。大潮日及其前后一、两天内,用大潮日最大流速(V_S)作为当天的最大流速;在小潮日及其前后一、两天内,用小潮日最大流速(V_N)作为当天的最大流速;其余日期用小潮日与大潮日的最大流速的平均值($\bar{V}$)作为当天的最大流速,即

$$\bar{V} = \frac{1}{2}(V_S + V_N) \approx \frac{3}{4}V_S \approx \frac{3}{2}V_N$$

②一天中流速的变化 潮流的流速是随时间而变化的。在一个太阴日中,对于半日潮,有4个转流时间,各间隔约6 h。转流时的流速接近为零,转流以后流速逐渐增大,到相邻两次转流时间的中间时刻,流速达到最大,以后又逐渐变小,至下次转流时间流速又降至零。可运用1,2,3,3,2,1的简谐运动变化规律,概略估算一天中任意时的潮流流速,即

转流后1 h内的平均流速是当日最大流速的1/3;

转流后1~2 h的平均流速是当日最大流速的2/3;

转流后2~3 h的平均流速是当日最大流速;

转流后3~4 h的平均流速是当日最大流速;

转流后 4~5 h 的平均流速是当日最大流速的 2/3；

转流后 5~6 h 的平均流速是当日最大流速的 1/3。

但转流时间可能并不发生在高潮时或低潮时,故应查阅有关航路指南和海图等,以掌握转流时间。当无法获得转流时间的资料时,可以将高潮时或低潮时作为转流时间。

若将流速的上述变化规律近似地用余弦函数曲线来描述,则也可用计算法求得任意时的流速。如图 3-16 所示,纵坐标为流速 V_t,横坐标为时间 t。设两相邻的转流时间的间隔为 T,所求时刻 t 与同方向的最大流速(V_m)时刻的时间间隔为 ΔT,则 t 时刻的流速 V_t 为

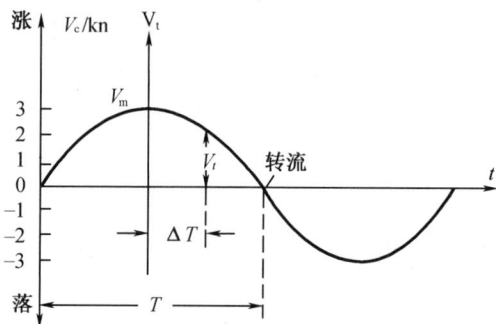

图 3-16　潮流的流速计算示意图

$$V_t = V_m \cos\left(\frac{\Delta T}{T} \times 180°\right) \tag{3-33}$$

3.3.2　回转流及其推算

凡是在江河入海的外方、外海或广阔的海区,流向不断变化着的潮流称为回转潮流,简称回转流。对半日潮来说,约 12 h 25 min 回转一周(360°);而全日潮,约 24 h 50 min 回转一周(360°)。涨潮与落潮之间一般都没有明显的憩流现象。

1. 回转流资料

在航用海图上,回转流图式主要有两种。一是如图 3-17(a)所示的潮流图。潮流图中心的地名表示本图标处的流向、流速是以该港(称此为主港)的潮汐为基准作出的。箭头指向为流向,旁注的数据为大潮和小潮时的最大流速。0 表示主港高潮时,1,2,…表示主港高潮前的第一小时、第二小时……,I,II,…表示主港高潮后的第一小时、第二小时……的潮流。

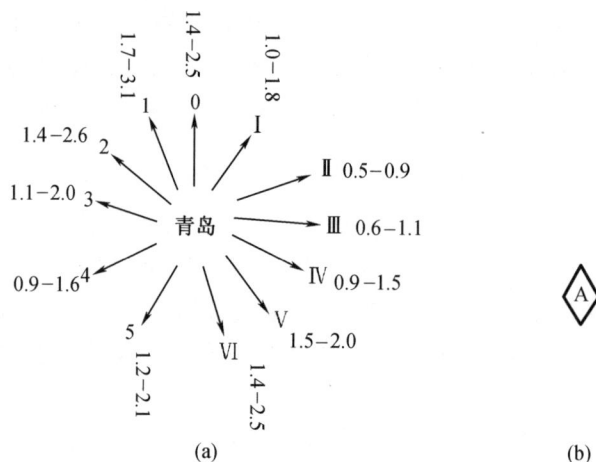

图 3-17　回转流的主要两种图式

另一种是如图 3 – 17(b)所示的($\diamondsuit$、$\diamondsuit$ 或 $\diamondsuit$、$\diamondsuit$ 等)图式(潮流预报点),它表示该地的回转流资料在海图空白处的潮流表中列出。使用时可根据潮流预报点编号从潮流表的对应编号栏查取回转流资料。海图潮流表的形式如表 3 – 4 所示,表中列出 A 和 B 两个潮流预报点的潮流资料。

表 3 – 4　海图潮流表示例

主港	时间(时)		$\diamondsuit$ 21°23′.5N　108°45′.2E			$\diamondsuit$ 21°23′.0N　108°56′.7E		
			流向	流速/kn		流向	流速/kn	
				小潮	大潮		小潮	大潮
××港	高潮前	6	213°	0.5	1.9	221°	1.9	5.1
		5	225°	0.5	1.2	215°	1.3	3.8
		4	230°	0.3	0.7	150°	1.0	1.5
		3	232°	0.2	0.4	040°	0.7	0.4
		2	228°	0.4	1.6	038°	1.2	2.7
		1	060°	0.5	1.7	038°	1.3	4.7
	高潮	0	050°	0.5	1.9	040°	1.4	5.3
	高潮后	I	042°	0.4	1.9	042°	1.3	4.1
		II	044°	0.3	1.8	130°	1.0	1.9
		III	100°	0.1	0.4	214°	0.5	0.4
		IV	222°	0.3	0.5	220°	0.1	1.9
		V	221°	1.6	1.3	221°	0.5	4.4
		VI	218°	1.9	1.6	224°	1.1	5.1

2. 回转流的推算

当游艇航行于潮流预报点或潮流图附近时,首先查取预报点主港当日的高潮时,然后根据当时航行时间是在该高潮时的前或者后第几小时,查回转潮流图或潮流表,来确定当时的潮流流向;而流速的确定与往复流的方法相同。

如回转潮流图或潮流表上未注明主港,可选用邻近的主港进行推算。

习　　题

1. 在正常气象条件下,中国《潮汐表》潮时误差允许范围为_____。
　　A. 10 ~ 20 min　　　B. 20 ~ 30 min　　　C. 0 ~ 40 min　　　D. 20 ~ 50 min

2. 在正常气象条件下,中国《潮汐表》潮高误差允许范围为_____。
　　A. 20 ~ 30 cm　　　B. 20 ~ 40 cm　　　C. 10 ~ 40 cm　　　D. 30 ~ 50 cm

3. 当潮高基准面与海图深度基准面一致时,实际水深等于_____。
　　A. 海图水深 + 吃水　　　　　　　B. 海图水深 + 测深深度
　　C. 海图水深 + 潮高　　　　　　　D. 海图水深 – 潮高

4. 冬季强烈的寒潮常使实际水位比《潮汐表》预报_____。

   A. 稍低　　　　B. 稍高　　　　C. 低较多　　　D. 高较多

5. 候潮过浅滩,最佳通过时机应选择在_____。

   A. 高潮时　　　B. 平潮时　　　C. 高潮前 1 小时　　D. 高潮后 1 小时

6. 潮汐是海水的_____。

   A. 周期性垂直涨落　　　　　　B. 周期性水平运动

   C. 周期性运动　　　　　　　　D. 运动

7. 潮流箭杆上的数字表示潮流_____。

   A. 流向　　　　B. 流速　　　　C. 箭杆的长短　　D. 流向的时间

8. 汕头及附近沿海潮汐属_____。

   A. 正规半日潮　B. 不正规半日潮　C. 日潮　　　　D. 不正规日潮

9. 我国出版的《潮汐表》共_____。

   A. 3 册　　　　B. 4 册　　　　C. 5 册　　　　D. 6 册

10. 台湾海峡至北部湾是《潮汐表》第_____。

    A. 1 册　　　　B. 2 册　　　　C. 3 册　　　　D. 4 册

11. 《潮汐表》_____年出版一次。

    A. 1　　　　　B. 2　　　　　C. 3　　　　　D. 4

12. 《潮汐表》中,刊载每日潮汐发生时间和高度的港口称为_____。

    A. 主港　　　　B. 附港　　　　C. 有的主港　　D. 有的附港

13. 求任意时的潮高和任意潮高的潮时,常用的方法有_____。
a. 公式法;b. 等腰梯形图卡法。

    A. a　　　　　B. b　　　　　C. a 或 b　　　　D. 以上都不是

14. 所谓"回转流"就是潮流在一定时间间隔内流向转换_____。

    A. 90°　　　　B. 180°　　　　C. 270°　　　　D. 360°

15. "大潮"时会出现_____。

    A. 高潮最高,低潮最高　　　　B. 高潮最高,低潮最低

    C. 高潮最低,低潮最高　　　　D. 高潮最低,低潮最低

16. 中版《潮汐表》中的潮时采用_____。

    A. 世界时　　　B. 恒星时　　　C. 当地标准时　D. 平太阳时

17. 由朔望至实际大潮发生的时间间隔称为潮龄,潮龄一般为_____。

    A. 1~2 天　　　B. 1~3 天　　　C. 1 天　　　　D. 2 天

18. 理论上说,出现大潮的时间是在_____。

    A. 近日点　　　B. 上弦日　　　C. 下弦日　　　D. 逆望日

19. 潮汐的基本成因是_____。

    A. 地心引力

    B. 地球自转惯性离心力

    C. 天体引潮力,其中主要是月球引潮力

    D. 天体引潮力,其中主要是太阳的引潮力

第4章 游艇定位

4.1 物标的识别与选择

4.1.1 陆标定位

陆标是指在海图上标有准确位置可供目测或雷达观测用以导航或定位的山头、岬角、岛屿、灯塔、立标、显著的建筑物及其他显著的固定物标的统称。

陆标定位是通过观测陆标与游艇之间的某种相互位置关系(如方位、距离或水平夹角等)进行定位的方法和过程。

陆标定位所得船位又称陆测船位(TF),海图上用符号⊙表示。

4.1.2 陆标的识别

航海上常用的识别物标的方法有以下几种。

1. 利用对景图识别

航用海图上或《航路指南》中往往附有一些重要山头和岛屿的照片或有立体感的对景图,并注明是从海上某一方位、距离上观看海岸、江河口、海湾口或港口时,初见的重要山头或岛屿的形状。

2. 利用等高线识别

在大比例尺航用海图上,山形通常以等高线来描绘。等高线的疏密程度和形状可以表示山形、地貌及坡度。等高线越密,表示山形越陡;等高线越疏,表示山形越平坦。

3. 利用实测船位识别

(1)先用易于识别的两、三个显著物标测定船位;

(2)同时测下待识别的物标方位;

(3)从所定船位在海图上画出待测和待识别物标的方位线;

(4)如此反复,多条方位线交汇的那一点即为待测物标。

4. 利用孤立、显著的物标识别

根据海区内一些具有明显标志的,易于从外观识别的孤立、显著物标,如孤立的小岛、显著的山峰和岬角、明显的灯标灯桩等,可以利用它们的形状、颜色、相对位置关系和顶标灯质等特征进行识别。

5. 船只与岛屿、船灯与陆岸定光灯的区别

(1)船只与岛屿的区别

可以根据船只和岛屿的形状及游艇与它们相对位置关系进行判断。距离比较远时,仅能看见船只的细桅杆,而岛屿则是点状或三角形状或上尖窄下肥宽的形状;距离由远及近时,逐渐地能看见船只的双桅杆,岛屿的形状则显而易见。

（2）船灯与陆岸定光灯的区别

可以根据船灯和陆岸定光灯的颜色及游艇与它们相对位置关系进行判断。由于船舶号灯的基本位置、灯色、发光光弧和能见距离不同，因此在不同的方位和距离观测到船舶的灯光也不一样。对驶时，可以看见他船的桅灯和左红右绿舷灯，相对位置变化大；与他船航向交叉行驶时，可以看见他船的桅灯、左红舷灯或右绿舷灯，相对位置变化较大；同向行驶时，从他船后方仅可以看到他船的尾灯，相对位置变化不大。因此，陆岸灯光与船舶灯光有很大不同，根据航行方向、距岸距离和不同时间的观测与海图进行比对，很容易区别开船灯和陆岸定光灯。

总之，海上物标的识别方法多样，需要航海人员在实践中不断总结，善于发现，勤于对海区上的物标进行观察，巧于与海图上的标注进行比对。掌握海区内物标的特征，利用合适的方法，达到正确识别的目的。

4.1.3　陆标定位中物标的选择

为了提高陆标定位的精度，应选择合适的观测物标，如果条件允许，应选择以下的物标进行观测定位：

（1）所选物标应是位置准确的，显著的物标。视野范围内可能有很多物标可供观测，但有些物标实物位置和海图上的标注可能不符。所以应在海图中选择标注准确的，显著的物标，这些航海上常用的显著物标常被用于航海人员导航定位，对其位置等资料通常比较可信。

（2）应选择容易观测的物标。对不同的观测方法而言，不同物标观测的难度不一样。对方位定位而言，考虑观测精度的影响，选择的观测物标形状以细长而易见为好。如果是距离定位，则应选岬角突出，孤立陡峭的物标进行观测。物标颜色应容易地从背景中分开。

如果观测的是灯标，应选大型灯塔、灯桩，选其灯光强、工作稳定的灯标来观测。因为一般小型灯浮在海里容易移位，体型较小，不易观测，除非能确认其位置准确无误，一般不宜用作定位物标。

（3）应尽量选择近距离的物标进行观测，以减小观测误差。

（4）所选物标位置线交角应合适。为了减小观测系统误差和随机误差的影响，对两方位定位而言，两物标的方位位置线交角为 $60° < \theta < 90°$ 比较合适，一般应满足 $30° < \theta < 150°$。距离定位亦是如此。

（5）如果是用于雷达定位，所选雷达物标还应满足雷达观测的基本要求，其回波应清晰并易于观测。

4.2　方位定位和距离定位

4.2.1　两方位定位

方位定位是利用罗经同时观测两个或两个以上陆标的方位来确定船位的方法，又称方位交叉定位。由于它有观测方法简单、直观、海图作业容易和定位迅速等优点，因此它是游艇在沿岸航行时最基本和最常用的定位方法之一。

1. 定位步骤

(1) 在推算船位附近选择两个适当的物标 M_1 和 M_2,并注意辨认;

(2) 用罗经观测两物标的陀罗方位 GB_1 和 GB_2 或罗方位 CB_1 和 CB_2;

(3) 按下式求取两物标的真方位

$$TB_1 = GB_1 + \Delta G = CB_1 + \Delta C$$
$$TB_2 = GB_2 + \Delta G = CB_2 + \Delta C$$

(4) 如图 4-1 所示,在海图上分别自 M_1 和 M_2 反方向($TB_1 \pm 180°$,$TB_2 \pm 180°$ 的方向) 绘画方位位置线,其交点即为观测船位 P。

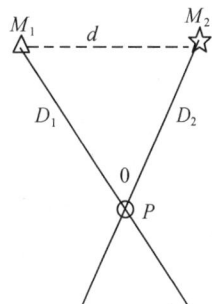

图 4-1　两方位定位
示意图

由于观测和作图过程中,不可避免地存在一定的误差,加上事实上并不能真正做到同时观测,因此上述观测船位并非观测时刻的真实船位所在,只能认为是当时的最概率船位。

2. 观测船位精度

两方位定位观测船位的精度,除了与观测中的系统误差和随机误差有关外,还与船与两物标之间的距离 D_1,D_2 以及两方位位置线的交角有关。

随机误差主要包括观测误差(即罗方位 CB 的读数误差)和海图作业误差时,随机误差影响下的船位误差圆半径为 M,除了尽可能减小观测方位的系统误差和随机误差之外,还应注意选择适当的定位物标和遵循一定的观测顺序。

选择下列物标,有利于提高两方位观测船位的精度:孤立、显著、海图位置准确的近标,要求 D_1,D_2 尽可能小些,如不考虑系统误差的影响,两方位位置线交角应尽可能接近 $90°$。综合考虑系统误差和随机误差的影响,选择的物标 $60° < \theta < 90°$ 为好,一般应满足 $30° < \theta < 150°$。

在观测顺序方面,实际工作中,一个驾驶员往往是不可能同时用罗经观测两个物标的方位的,而是在短时间内先后观测所选物标方位,并以观测第二个物标的时间作为定位时间,这就必将因游艇的航行而产生船位差。除了尽量缩短观测两物标方位的时间间隔外,还应掌握正确的观测顺序,以减小上述误差。总的原则是尽量减小由于观测不同时导致的船位差,遵循"先难后易,先慢后快"的原则。

为了减小由于异时观测所产生观测船位误差,白天应先观测船首尾线附近、方位变化慢的物标,后观测正横附近、方位变化快的物标。

夜间观测灯标时,应本着先难后易的原则,尽量缩短前后两次观测的时间间隔,即先测闪光灯,后测定光灯;先测灯光周期长的,后测灯光周期短的灯标;先测灯光弱的,后测灯光强的灯标。

4.2.2　三方位定位

两方位定位简单、直观,但难以判断观测船位的准确性。如条件允许,应使用三方位定位法,即同时观测三个物标的方位来测定船位,并判断是否存在粗差等影响。

1. 船位误差三角形

三方位定位时,三条方位位置线通常并不相交于一点,而是形成一个三角形,在大比例尺海图上尤为明显。如果该三角形是由于粗差所引起的,则称其为船位误差三角形。

船位误差三角形主要由下列因素所致:

（1）观测者不能真正做到同时观测三物标方位；

（2）观测方位中，存在观测误差；

（3）罗经差 ΔC 本身存在误差；

（4）作图误差；

（5）所测物标的海图位置不准所引起的误差。

2. 小误差三角形的处理

在大比例尺海图（比例尺大于 1:200 000）上，如果船位误差三角形各边长小于 5 mm，一般可以认为是由于合理的随机误差所引起的。

处理方法如下：

（1）近似直角三角形，其最概率船位位于靠近直角处一点，见图 4-2(a)；

（2）近似等边三角形，其最概率船位位于三角形中心，见图 4-2(b)；

（3）近似等腰三角形，其最概率船位位于近短边中心，见图 4-2(c)；

（4）狭长等腰三角形，其最概率船位位于短边中心，见图 4-2(d)；

（5）若三角形附近有危险物存在，应遵循"从最坏处打算，往最好处努力"的原则，应将船位取在最接近危险物或对以后航行安全最不利的一点上。如图 4-2(e)所示，如游艇继续向前航行，应将船位取在 a 点；如果定位后改驶 CA，则应将船位取在图中 b 点，以确保游艇航行安全。

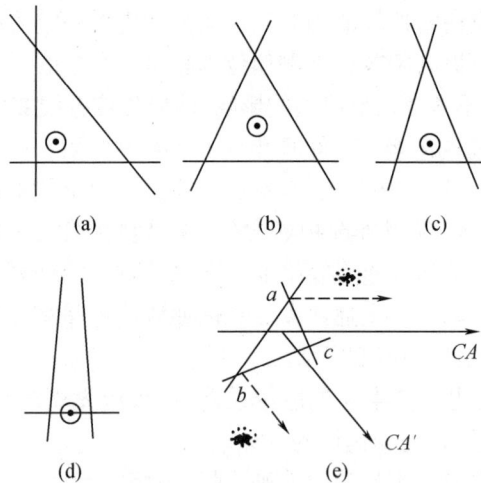

图 4-2　误差三角形示意图

3. 提高三方位定位精度的方法

要提高三方位定位的精度，同样应尽可能减小观测方位的系统误差和随机误差，并注意选择适当的定位物标和遵循一定的观测顺序。

（1）物标的选择

为了提高三方位定位的精度，应尽量选择：

①孤立、显著、海图位置准确的近标；

②相邻两方位位置线交角应尽可能接近 60° 或 120°，一般应满足 30° < θ < 150°。

（2）观测顺序

三方位定位时，同样遵循"先慢后快""先难后易"的观测顺序，即白天应先观测船首尾方向的、方位变化慢的物标，后观测正横附近的，方位变化快的物标；夜间应本着"先闪后定""先长后短"和"先弱后强"的原则，先观测灯光较弱的，闪光周期长的难于观测的物标，再观测灯光强的，闪光周期短的容易观测的物标，尽量减小异时观测所产生的船位误差。

4.2.3 两标距离定位

如果能同时测得游艇与附近两个物标之间的距离，则可以分别以被测物标为圆心，以相应的距离为半径绘画距离位置线，其中靠近推算船位的一个交点即为观测时刻的船位。这种方法和过程称为距离定位。

1.距离的测定

航海上一般用雷达和六分仪测定游艇与物标之间的距离。用雷达测定距离的原理和方法等将在雷达导航章节中加以介绍，这里主要介绍用六分仪测量物标垂直角求取距离的原理和方法。

如图 4 - 3 所示，用六分仪测得视界内某已知高度（H）的物标的垂直角 α，不考虑地面蒙气差和地面曲率的影响，物标高度 H 以米（m）为单位，距离 D 以海里（n mile）为单位，并且 EB 远远小于 D 时，则游艇到物标的距离 D 为

$$D(\text{n mile}) = \frac{3\ 437.746\ 8}{1\ 852} \times \frac{H}{\alpha'} = 1.856\frac{H}{\alpha'} \quad (D \gg H > e \text{ 且 } H > EB)$$

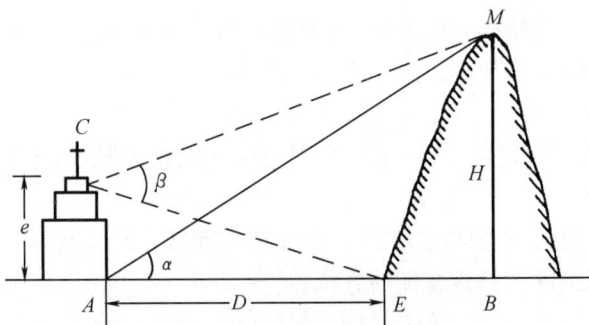

图 4 - 3　距离的测定示意图

2.注意事项

上式中物标高度 H 是指测量当时该物标的实际高度，即海图上所标的高程经潮高改正后，自测量当时的水面到物标顶端的实际垂直距离。为了减小物标高度误差和测角误差对所测距离的影响，要求选择距离近，垂直角大的物标。

3.定位方法

同时测得本船至两物标 M_1 和 M_2 的距离 D_1 和 D_2，分别以 M_1 和 M_2 为圆心，D_1 和 D_2 为半径画圆弧。两距离位置线通常有两个交点，其中接近推算船位的一点即为当时的观测船位 P。

4.提高观测船位精度的方法

为了提高两距离定位观测船位的精度，应注意选择适当的定位物标并遵循一定的观测

顺序。

（1）尽可能选择在航用海图上位置准确、显著易认且离船较近的物标；

（2）尽可能选择两船位线交角接近90°的物标，至少应大于30°小于150°；

（3）应先测距离变化慢的物标（如正横方向附近的物标），后测距离变化快的物标（如船首尾方向附近的物标），以减少因不能"同时"观测所产生的船位误差。

4.3　雷达定位

雷达定位就是在雷达显示器上测出物标图像的距离、方位参数，然后在相对应的海图上人工标绘出船位的过程。在实际工作中，雷达图像由于各种原因而与海图上的实际图形不一致，甚至差别很大。雷达显示器上不仅能显示真正目标的回波，而且也能显示各种假回波和干扰杂波，雷达图像可能有较大的变形。因此，选择合适的物标、正确判断雷达所显示的图像是提高雷达定位成功率和精度的关键。

4.3.1　雷达测距测向原理

1. 雷达测距原理

雷达发射的电磁波脉冲从发射到被物体反射回来，被天线接收的传播时间为 Δt，则雷达到反射物体的直线距离 D 为

$$D = \frac{1}{2}C \times \Delta t$$

雷达扫描中心代表雷达所在的游艇，反射物体显示在荧光屏上（回波），根据显示器距离标志就可以测量出反射物体到游艇的距离。

2. 雷达测向原理

雷达通过天线的不停旋转，瞬间定向发射与接收电磁波脉冲，电磁波脉冲回波的方向就是反射物体的方向。

在雷达显示器上有表示方向的方位圈（固定方位圈或罗经方位圈），荧光屏上反射物体回波所对应的方位圈刻度就是该物标的方位。

4.3.2　雷达回波识别

1. 雷达影像的失真

由于受物标的形状、大小、表面结构及雷达波束入射波方向、物标反射能力等的影响，不同物标在雷达显示器上的回波图像也各不相同。

（1）浮标

航海用浮标高度低、体积小，形状一般又为球形、圆柱形、圆锥形及杆形等，均为不良的反射体。雷达显示器上的图像常为一点状回波。加装了角反射器的浮标，雷达探测它的能力将大大增加。现在，在一些重要的浮标上加装了雷达应答器（racon），使雷达对它的探测距离和识别力大大提高了。浮标用铁锚等方法固定于海底，其位置受暴风、强流等的影响容易移位。因此，一般不用于雷达定位。

（2）船舶

船舶回波强度取决于船舶的视角、形状、大小及暴露于雷达波束照射范围的结构、面积

及材质。一般正横方向的回波强度大于船首尾方向的;大船的回波强度大于小船的;空载时的回波强度大于满载时的;钢铁结构的回波强度大于木质的或玻璃钢的;滚装船的回波强度大于满载油船的。

(3)建筑物

大群建筑物,高墙多,面积大,方向不一,回波强。但回波密集难于辨认,不宜作定位依据。

(4)岸线

只有当海岸较陡或距离较近的岸线回波才显示与海图基本一致的形状,否则,其形状和位置都会有出入。特别是低而平坦的海岸或是表面平滑、坡度斜缓的泥滩、沙滩等,往往是先发现内陆的山岭后发现岸线。这种岸线不宜用作定位或导航。

(5)悬崖和陡岸

悬崖、陡岸在视角合适时回波前沿明亮、清晰,形状基本与海图一致,是很好的定位物标。沿岸防波堤、码头、人造陆地等均是很好的定位物标。

(6)海中小岛

海中岛屿一般较陡,如距离合适可用作定位依据。

(7)陆上山丘和大山

山丘和大山的回波一般是片状的亮回波。其强度与它的高度、坡度及表面状态有关。一般说来,高度越高探测距离越远,坡度越陡回波越强。不过,一座坡缓而反射性能不好的高山其回波强度不一定会比高度虽低但反射性能很好的小山的回波强。这一点在远距离定位辨认物标时应该特别注意。

(8)过江电缆

过江电缆一般是几根表面很光滑的粗电缆,又是良导体,只有当雷达波束与电缆表面成直角时才有反射,它的回波往往是一个亮点,而不是一条线。

(9)快速物标

水上飞机和水翼船等高速物标,在天线转动一圈的时间内位置变化很大,在雷达屏上的图像往往呈点线状断续回波,较难判断物标动向。

除此之外,雷达回波与物标真实形态会有较大的不同。主要是由于雷达波束宽度、水平波束宽度、垂直波束宽度与雷达显示器光点直径的影响而有所失真。另外,雷达所显示的是物标迎向面的形状,会有遮挡失真存在,在使用中应充分注意其局限性。

2.定位物标回波识别

用于雷达定位的物标主要有孤立的小岛、岬角、突出陡峭的海岸、雷达应答标(racon)等。雷达回波主要识别方法:

(1)根据雷达荧光屏上物标回波形状与海图上物标形状比较进行识别;

(2)根据已知准确船位识别;

(3)根据雷达航标特点识别。

3.雷达干扰回波

(1)雨雪干扰回波

原因:下大雨或暴雨、下大雪或暴雪时,大气中的雨滴或雪花对雷达发射的电磁波的反射。

回波特点:呈一片松软的棉絮状,出现在下雨下雪的方向。降雨降雪量越大干扰回波越强。雨雪干扰还会降低雷达探测被雨雪区遮挡的远距离物标的能力。

消除方法:使用“雨雪干扰抑制(FTC)”旋钮,使雨雪干扰回波强度被抑制到不影响对正常物标回波的识别;也可调节“增益”旋钮,使雨雪干扰回波强度被抑制到不影响对正常物标回波的识别。雨雪干扰回波较强时,应使用 10 cm 波长的雷达;当雨雪干扰较强时,采用圆极化波发射。

(2)海浪干扰回波

原因:游艇周围附近海区的海浪对雷达发射电磁波的反射,可能会在雷达荧光屏上产生海浪干扰回波。

回波特点:大风浪时近距离或上风向一侧海浪,才会在雷达荧光屏上产生海浪干扰回波。所以,海浪干扰回波出现在雷达荧光屏扫描中心周围 6 ~ 8 n mile 范围内或上风向一侧,最大时可达到 10 n mile 的范围。海浪干扰回波在荧光屏扫描中心周围呈椭圆状一片亮点或时隐时现的光点。

消除方法:正确使用 “海浪干扰抑制(STC)”旋钮;正确使用“增益”旋钮;使用 10 cm 雷达。

(3)同频干扰回波

原因:当两艘船上使用的雷达脉冲重复频率相同(或接近相同)(图 4 –4 中(a)(b))且两船相距很近时会产生同频干扰回波。

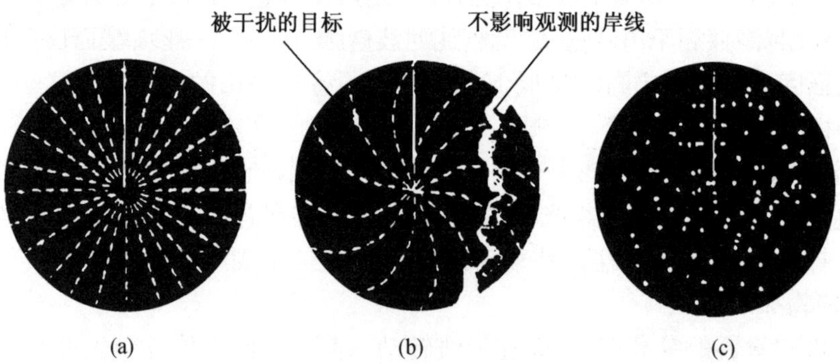

图 4 –4　雷达干扰示意图

(a)脉冲重复频率相同;(b)脉冲重复频率相近;(c)脉冲重复频率相差很大

回波特点:当两部雷达的脉冲重复频率完全相同时,荧光屏上显示径向光点;相差较小时,荧光屏上显示螺旋线光点;相差较大时,荧光屏上显示无规则的光点。

消除方法:换用另一部雷达;使用“同频干扰抑制”;选用小量程显示。

(4)明暗扇形干扰回波

原因:雷达使用“自动频率控制(AFC)”时,若自动频率控制电路失调,将出现显示干扰。

回波特点:雷达荧光屏上出现有规律的明暗扇形干扰回波。

消除方法:将“自动频率控制”转换为“手动频率控制”。

(5)背景噪声干扰回波

原因:雷达的视频放大倍数太大、物标回波太强等原因,使雷达荧光屏上回波处电子辐射出后又重新落回到回波附近,使回波变大,造成荧光屏上出现成片的背景噪声干扰回波。

消除方法:通过调扫描亮度和调小增益。

4.雷达假回波(图 4 - 5)

(1)旁瓣回波

原因:旁瓣发射,当雷达发射的电磁波能量方向性能不良时,除了在主瓣发射方向上有电磁波能量发射外,在主瓣两侧也有一定的电磁波能量向外发射。

回波特点:在真回波的相同距离位置左右出现对称的假回波,回波强度比真回波弱得多。

消除方法:调节"增益"旋钮或使用"海浪干扰抑制"旋钮,降低回波强度。

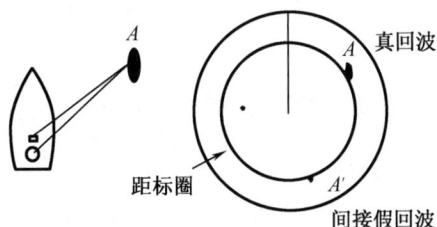

图 4 - 5　烟囱反射引起的间接假回波示意图

(2)间接反射假回波

原因:当本轮与物标距离较近且物标反射雷达电磁波能力很强时,本轮雷达发射的电磁波能量除了绝大部分直接传播到所测物标外,还有一部分电磁波能量经本轮建筑物(大桅或烟囱)或近距离的他船或近距离岸上高大建筑物间接辐射给所测物标。同样,所测物标反射的绝大部分电磁波能量直接被雷达天线所接收,也有一部分所测物标反射的电磁波能量,先反射到本轮建筑物(大桅或烟囱)或近距离的他船或近距离岸上高大建筑物,再由其反射给雷达天线接收。在雷达荧光屏上除了正常显示所测物标的回波外,在辐射物的方位上也会显示所测物标的回波,就是间接假回波。间接回波在雷达荧光屏的距离,应为雷达天线到辐射物的距离加上辐射物到所测物标的距离。

回波特点:位于本轮雷达天线船尾方向的大桅(或烟囱)造成的间接回波,出现在雷达荧光屏上的阴影扇形区内。本轮直航时,若所测物标方位变化,雷达荧光屏上此物标的真回波也随之变化,而位于阴影扇形区的间接回波方位不变。本轮航向变化时,根据选用的雷达荧光屏的显示方式不同,而间接回波方位随船首线标志变化而同向变化或随船首线标志不变而不变。

识别:对本船大桅(或烟囱)形成的间接回波,一般可以通过小幅度转向识别。

(3)多次反射假回波(图 4 - 6)

原因:本游艇与横向近距离,反射雷达波性能能力强的物标(如大型船舶或高大建筑物等)之间,发生多次往返反射所产生的物标回波。

回波特点:在物标真回波的外侧同一方位上,连续出现几个间距相等的回波,且回波越向外侧越弱。

识别:其回波特点,必要时通过降低雷达显示器的增益进行识别。

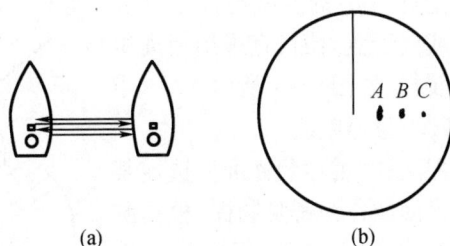

图 4 - 6　电磁波多次反射(a)与雷达图像(b)

(4)二次扫描回波(第二行程回波)

原因:当所测物标的距离大于脉冲重复周期时,前一扫描周期的物标回波出现在雷达荧光屏上形成的假回波。可能产生雷达二次扫描假回波的主要原因,是大气传播条件的影响,使雷达电磁波产生超折射传播,扩大了雷达波的传播距离。

回波特点:假回波与实际物标的方位相同,但回波距离与实际物标的距离不符。改变雷达显示器的量程时,二次扫描回波位移变形。

识别:可通过改变雷达显示器的量程识别二次扫描假回波。

4.2.3　雷达定位

1. 定位物标选择

总原则:选择回波稳定、明亮清晰、位置与海图上的位置精确对应、测量精度高的物标。具体可选用的物标有:

(1)孤立的小岛、岩石,高而陡峭的岬角、突堤、雷达应答标等。

(2)尽量选择近距离、失真小的物标。

(3)选择船位线交角好的物标。两物标定位时,船位线交角90°最好(应大于30°);三物标定位时,船位线交角120°最好。

2. 定位方法

雷达定位可采用的方法很多,因雷达测距的精度高于测方位的精度,所以在相同的条件下,各种定位方法按定位精度高低排列,顺序大致为:三物标距离定位、两物标距离加一物标方位定位、两物标距离定位、两物标方位加一物标方位定位、单标距离方位定位、三标方位定位、两标方位定位。

4.2.4　雷达导航

游艇在进出港口、狭水道和沿岸航行时,尤其在夜间或能见度不良时,设置雷达避险线,利用雷达导航是常用的方法。

1. 距离避险线

方法:在雷达荧光屏上选定某一物标回波作为避险物标,根据游艇航行安全的需要,用雷达活动距标设定距离避险物标回波的安全距标圈,航行中保持此距标圈始终与避险物标回波相切,游艇的航行就是安全的。

适用时机:当选定的避险物标与危险物(区)的连线与计划航线垂直或接近垂直时,宜采用距离避险线航行,如图4－7所示。

2. 方位避险线

方法:在雷达荧光屏上选定某一物标回波作为避险物标,根据游艇航行安全的需要,用方位标尺(机械方位标尺或电子方位线)指向所选定的避险物标回波,操纵游艇使其方位标尺始终位于所选定的避险物标回波外侧航行,游艇就是安全的。

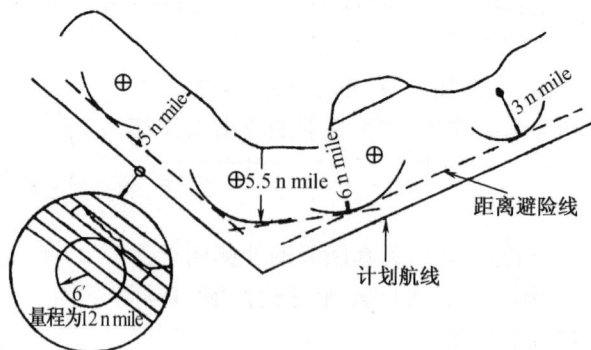

图4－7　距离避险线示意图

适用时机:当所定的避险物标与危险物(区)的连线与计划航线平行或接近平行时,宜采用方位避险线航行,如图4－8所示。

注意事项:当采用方位避险线航行时,雷达应选择"北向上"显示方式。

3．港口雷达站

VTS 港口雷达导航可向被导航的游艇提供其航向、航速、偏航情况、游艇交会状态等信息，引导游艇安全航行。

4．雷达导航的注意事项

（1）在进入危险区前，应预先找到主要导航物标及危险物标的位置及特点。确定雷达导航的方式，并确定安全距离及有关导航参数。

（2）在狭水道航行时，由于物标近，方位距离变化快，有时不能

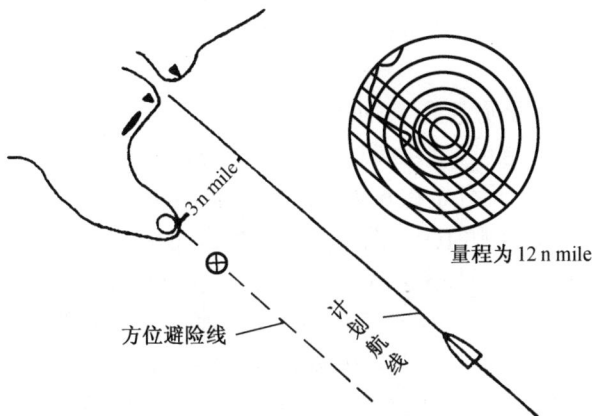

图 4-8　方位避险线示意图

及时定位，应采用物标与物标回波对照的方法导航，要求识别物标要准确迅速。

（3）在狭水道航行时，雷达荧光屏上出现假回波的可能性增加，对间接回波、旁瓣回波、多次反射回波以及小船、浮标的回波应仔细辨识，不可混淆。

（4）应充分利用雷达方位标尺和活动距标圈协助判断船位。

（5）在狭水道航行时，最好使用真运动导航，可选用船首向上或真北向上显示方式。

（6）使用雷达瞭望时，应根据本船船型、航行状态、速度、海区的视距、船舶密度等情况决定使用何种量程。常用量程为 12 n mile，可在 6 n mile 和 12 n mile 量程之间转换使用，以利于尽早发现物标，特别是小船的回波。

4.4　GPS 定位

GPS 是 Global Positioning System 的简称，即全球定位系统。是一种能提供全球、全天候、高精度、连续、近于实时的定位与导航系统。

4.4.1　GPS 系统组成

1．概述

GPS 是美国于 1973 年底开始研制的供陆海空三军共同使用的一种高精度卫星导航定位系统，耗资 120 亿美元，历时 20 年始建成，至 1993 年建成系统，1995 年 4 月 27 日达全运行能力。GPS 系统由空间星座、地面监控站和地面接收设备三部分组成。GPS 能提供全球定位、全天候、三维立体、实时连续和高精度的卫星导航定位，从根本上解决了人类在地球上的导航与定位问题。

由于 GPS 的保密性好，成本低，使用方便，所以美国、英国、法国、德国、日本、加拿大、瑞士、丹麦、以色列等国家均已开始大规模地研制和生产 GPS 的用户设备，并使其向小型化，低功耗，低成本的方向发展。目前普遍使用的差分 GPS 的定位精度可达到几米，GPS 系统已成为游艇的主要定位设备。在其他领域，如汽车、越野、测绘等方面也有广泛的应用。

但该系统仅能提供空间水面陆地的导航定位，尚不能在水下定位，且受人为因素影响大。

2. 设置

GPS 系统由空间系统(导航卫星)、地面控制系统(地面站)和用户(导航仪)三部分组成。

(1)导航卫星(satellite)

GPS 导航卫星由 21 颗工作卫星和 3 颗备用卫星组成,平均分布在 6 条圆形轨道上,每条轨道上均匀分布 4 颗卫星(图 4-9)。轨道高度 20 183 km,轨道与天赤道交角为 55°。卫星绕地球飞行一周需要约 12 h(约合 720 min)。在地球上任何地点、任何时刻都可以至少看到 5 颗卫星(最多 11 颗),其中至少有 4 颗卫星仰角大于 7°.5。在地球上观测每颗卫星的时间约为 1 h,卫星每天通过地球上同一上空的时间约提前 4 min。

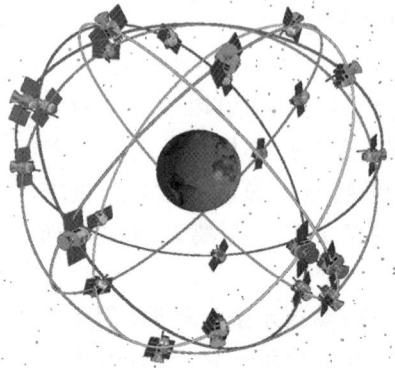

图 4-9　导航卫星示意图

卫星用于接收来自地面站的信息(此信息包括卫星编号、卫星星历、环境情况、时间飘移量、电离层延迟改正等),向用户发送导航电文(导航信息)。

导航电文发射采用双频率方式,频率 $L_1 = 1\ 575.42$ MHz,$L_2 = 1\ 227.60$ MHz。

以连续编码脉冲信号的形式发射,编码信号为二进制伪随机噪声码,分为 CA 码(clear acquisition)和 P 码(precision)两种。

CA 码为粗码,速率 1.023 MHz,周期为 1 ms,是短周期低速率码,比较容易捕捉。

P 码为精码,速率 10.23 MHz,周期约为 7 天,是长周期快速码,不容易捕捉。这种码具有精确的时间和距离测量能力,美国国防部对其加密构成 Y 码,供特许用户使用,目前尚未开放民用。

导航电文内容(包括)卫星状态、卫星星历、电离层传播修正参数、卫星时钟偏差修正参数和时间等。导航电文由 1 个主帧,25 帧组成一份完整的历书,时间 12.5 min。因此 GPS 导航仪收集一份完整的卫星历书需要 12.5 min。当 GPS 导航仪初次开机时,至少需要 12.5 min 后才能具有卫星预报功能。

GPS 卫星时间系统采用的时间是以主控站的高精度原子钟作为时间基准。

GPS 卫星每颗约 845 kg,为圆柱形,直径约 1.5 m,工作寿命约为 5~7 年。

(2)地面站

GPS 的地面站分为主控站、监测站(跟踪站)、注入站。

①主控站:设在美国科罗拉多州的斯普林斯综合航天中心,其作用是控制所有地面站的工作;产生 GPS 的标准时间信号;编制卫星星历、轨道参数、电离层延时改正、更新卫星等。

②监测站:全球有 5 个,其作用是跟踪每一颗卫星,收集卫星数据,送到主控站。

③注入站:全球有 4 个,其作用是每隔 8 h 向每颗卫星注入一次新的导航信息。

(3)GPS 导航仪

GPS 导航仪按其功能分为 Z 型导航仪、Y 型导航仪和 X 型导航仪。Z 型只能接收 CA 码信号,适用于速度较慢的民用游艇;Y 型接收 CA 码和 P 码信号,适用于航空和军用游艇;X 型接收 CA 码和 P 码信号,适用于军用飞机和游艇。

4.4.2 GPS 定位原理

GPS 接收视界内一组卫星的导航信号,根据各卫星星历计算出卫星当时在空间的位置。同时,根据卫星信号传播时间,换算出卫星与用户间的距离,测得三颗卫星的距离就可以得到以星体为中心,以用户到星体的距离为半径的球面,用户若同时接收几颗 GPS 卫星信号,就可以同时求得几个(几条)空间圆球面或平面距离位置线,其距离位置线的交点就是用户的位置,但是所测距离包含有时间误差,故至少测 4 颗卫星方可定出三维位置。3 颗卫星可定二维位置。每测 1 颗卫星,就可以设立一个空间位置方程,4 颗或 3 颗卫星即组成一个方程组,就可求解空间位置参量。如图 4-10 所示。

GPS 导航仪接收卫星发射的信号时,发射信号频率产生多普勒频移。测量卫星信号的多普勒频移,求得用户与卫星之间的伪距变化率,建立伪距变化率方程组,解方程组就可以得到用户的二维或三维速度。

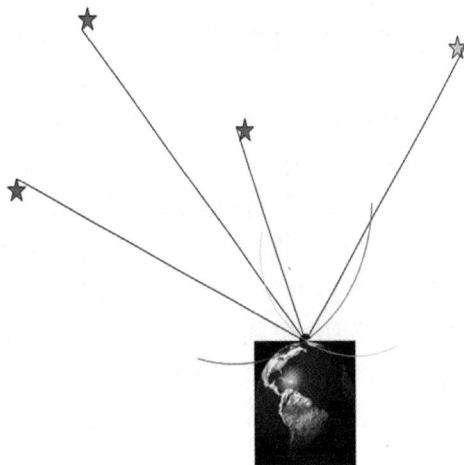

图 4-10 卫星定位示意图(一)

4.4.3 GPS 定位误差

1. 几何误差(图 4-11)

GDOP(geometric dilution of precision) 为精度几何因子,表示用户与卫星之间的几何关系对定位精度的影响大小。GDOP 越小,定位精度越高;GDOP 越大,定位精度越差。

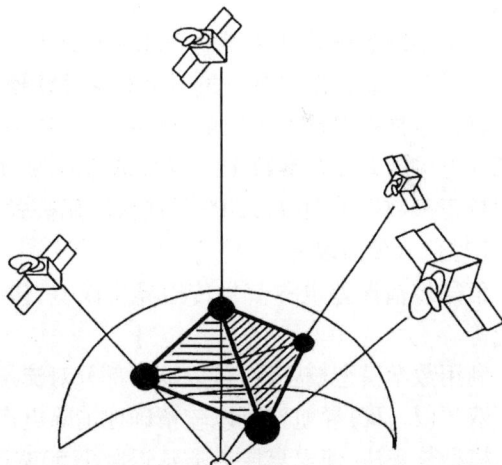

图 4-11 卫星定位示意图(二)

PDOP(position dilution of precision)即三维定位精度几何因子。

HDOP(horizontal DOP)即二维定位精度几何因子。

TDOP(time DOP)即时间精度几何因子。

VDOP(vertical DOP)即垂直精度几何因子。

定位精度几何因子可以用下列公式表示:

$$GDOP = \sqrt{\sigma_x^2 + \sigma_y^2 + \sigma_z^2 \sigma_t^2} = \sqrt{PDOP^2 + TDOP^2}$$

$$PDOP = \sqrt{\sigma_x^2 + \sigma_y^2 + \sigma_z^2} = \sqrt{HDOP^2 + VDOP^2}$$

$$HDOP = \sqrt{\sigma_x^2 + \sigma_y^2}$$

$$VDOP = \sigma_z$$

$$TDOP = \sigma_t$$

位置误差 = 伪测距误差$(\sigma) \times PDOP$

水平位置误差 = 伪测距误差$(\sigma) \times HDOP$

高程误差 = 伪测距误差$(\sigma) \times VDOP$

钟差误差 = 伪测距误差$(\sigma) \times TDOP$

其中，$\sigma_x,\sigma_y,\sigma_z,\sigma_t$分别为均方误差；$\sigma$为等效误差。

例 4 – 1 GPS 导航仪等效测距误差$(\sigma) = 8.8$ m，HDOP = 1.6，VDOP = 2.2，则产生的水平位置误差为14.08 m，高程误差为19.36 m。

GPS 导航仪 HDOP 阈值设定：若定位达到的 HDOP 小于设定的 HDOP，则显示 GPS 船位。若定位达到的 HDOP 大于设定的 HDOP，则显示 GPS 推算船位。

游艇驾驶员在使用 GPS 定位时，应设定合适的 HDOP，若 HDOP 为 00 ~ 99，则一般设定为 10 较好。

2. 伪测距误差

伪测距误差包括卫星误差、信号传播误差和导航仪误差。

(1)卫星误差

包括卫星星历表误差、卫星时钟剩余误差和群延时误差。其中卫星剩余误差影响最大。

卫星星历表误差是在测量卫星轨道形成卫星星历表参数时产生的误差。

卫星时钟剩余误差是经过卫星时钟误差校正后的卫星时钟产生的测距误差。

群延迟是由卫星设备和信号传播引起的一种延迟，群延迟产生测距误差。群延迟校正包括在卫星钟差校正参数中。卫星信号双频(L_1,L_2)之间的延迟之差，导航信息中提供群延迟校正参数。单频(L_1)GPS 导航仪利用公式对时间进行修正。

(2)信号传播误差

信号传播误差也称信号传播异常误差，包括电离层传播延迟、对流层传播延迟和多径效应等。

利用数学模型校正法，可以消除部分对流层传播延迟。

双频(L_1,L_2)导航仪可以较精确地消除电离层传播延迟，单频道(L_1)导航仪，可以采用数学模型校正法，使电离层传播延迟减小50%；限制接收卫星的最大仰角，可以减小电离层传播延迟对定位精度的影响。

多径效应是指 GPS 导航仪接收的卫星信号不是来自单一传播路径的信号，而是来自多个传播路径的信号，使信号特性变化而产生测量误差。

(3)导航仪误差

导航仪误差包括通道偏差(多通道接收时)、导航仪噪声和量化误差。

3. 海图测地系误差

海图测地系误差是指由于 GPS 导航仪使用的测地坐标系与海图制图使用的测地坐标系不同，对 GPS 定位产生的误差。一般 GPS 导航仪，若不人为选定某一测地系，则自动选择国际测地系(WGS – 84)。为了提高定位精度，应选择 GPS 导航仪测地系与所使用的海图测地系相同。

4. GPS 系统的"选择可用性"(SA,selective availability)政策

"SA"政策是人为通过 ε 技术,将卫星发送的 GPS 卫星轨道参数有意识地增加一个慢变偏移,使等效测距误差增加到 50～100 m,周期约为数小时,以达到降低定位精度的目的。

4.4.4 GPS 导航仪

1. GPS 导航仪组成及作用

(1)接收天线

GPS 导航仪的接收天线是长约 20 cm 的圆柱形,是一种有源天线,安装在主桅一定的高度位置,用于接收 GPS 卫星发射的信号。

(2)本机

本机是一台 GPS 导航仪的主体部分,由电路元器件(数据输入、信号放大处理、解码、数据测量计算、数据显示等)、数据显示屏幕和操作键盘等组成。主要作用是输入数据、对接收信号进行放大处理、解码、测量计算、显示数据等。

(3)电源

GPS 的电源部分由变压器和有关电子器件组成,其作用是将船电转换为天线和本机各部分所需要的电源。有的型号 GPS 导航仪的电源部分电子器件,直接安放在本机内。

2. GPS 导航仪启动(开机)方式

GPS 导航仪开机方式一般分为冷启动、热启动和重新启动三种。

(1)冷启动

定义:一台导航仪安装后第一次开机使用,或停机 3 个月以上(有的导航仪 6 个月以上)时再次开机,或停机后位置变化 100 n mile① 以上(有的导航仪位置变化 600 n mile 以上)时再次开机,称为冷启动。

方法:导航仪须进行初始化输入,即需要输入推算船位经纬度、时间、天线高度、HDOP等数据后,导航仪需要搜索卫星,重新收集历书,约 30 min 后,才开始自动定位。冷启动输入时间的误差不应超过 15 min(有的导航仪要求不超过 1 h),输入船位经纬度的误差不应超过 1°(有的导航仪要求不超过 10°)。若 HDOP 数值范围为 00～99,二维定位(游艇定位)时,一般设定为 10。

(2)热启动

定义:GPS 导航仪关机后,位置变化不超过 100 n mile(有的导航仪不超过 600 n mile)时或关机日期不超过 3 个月(有的导航仪不超过 6 个月)时,且导航仪内保存有卫星星历时的启动称为导航仪的热启动。

方法:不需要向导航仪输入初始数据。接通电源后,最多不超过 20 min 就可以自动定位。

(3)日常启动

定义:游艇在航行或停泊时,GPS 导航仪关机后再启动,称为导航仪的日常启动。

方法:不需初始化输入。是 GPS 导航仪经常的开机方式,开机后马上就可以自动定位。

---

① 1 n mile = 1 609.344 m(准确值)。

3. GPS 导航仪主要功能

（1）船位计算和显示功能

每隔 3～5 s 更新一次船位,显示的船位分为 GPS 船位和 DR（dead reckoning）船位。当设定的 HDOP 小于定位的 HDOP 时,显示 DR 船位;当设定的 HDOP 大于定位的 HDOP 时,显示 GPS 船位。

（2）导航功能

计算显示航向、航速;具有偏航报警和到达报警的音响和图示;计算显示风流压差;标绘航迹和航路点。

（3）航线设计功能

可输入存储 10 条以上航线（route）,每条航线可以设定 10 个航路点（waypoint）。计算显示到某一航路点的航向、距离、到达时间等。

（4）存储导航信息

可以存储 10 个以上重要航路点（waypoint）,计算航程等。

（5）显示和预报卫星的有关信息

显示用于定位的卫星编号（SANO）、仰角（ELV）、方位角（AZL）、HDOP、信噪比（S/N）等。可以预报未来卫星升出地平线的时间、编号、仰角、方位角等信息。

4. GP－500 型导航仪的操作使用

GP－500 型导航仪面板如图 4－12 所示。

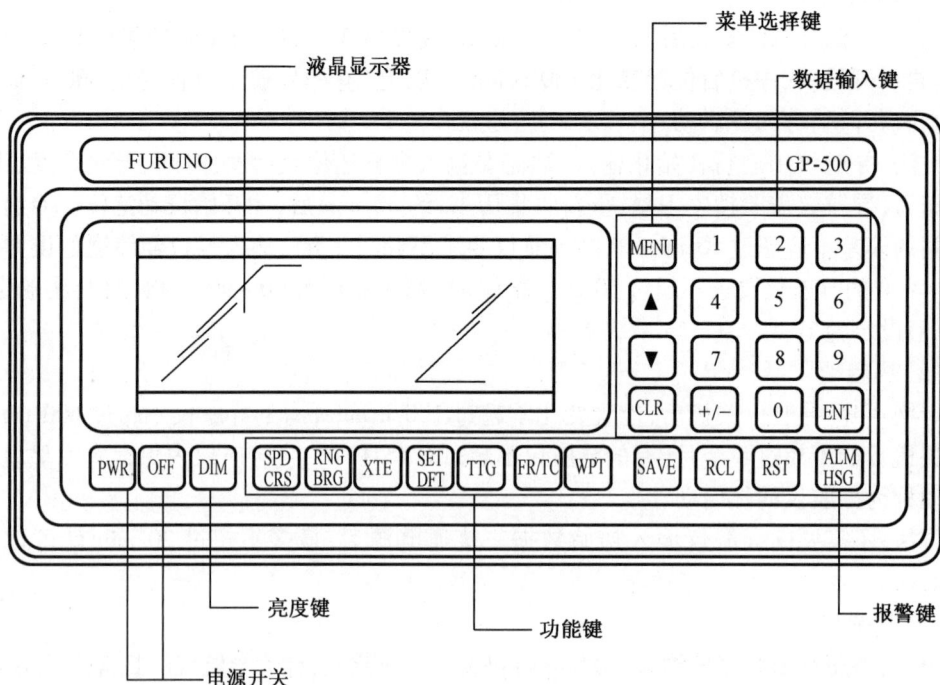

图 4－12　GP－500 型导航仪面板示意图

（1）面板主要按键的名称及作用

①电源开关键 PWR,OFF:接通导航仪电源或关掉电源。

②亮度键 DIM：调节显示屏亮度。

③显示键 SPD/CRS：显示航速航向等。

④显示键 RNG/BRC：显示巷路点距离方位等。

⑤清除键 CLR：清除显示屏上键入的数据或以前存储的数据。

⑥转换键 +/-：选择经纬度名称或改变数值极性。

⑦显示键 XTE：显示偏航状态。

⑧显示键 TTG：显示到某航路点所需要的时间。

⑨航路点键 WPT：设置航路点。

⑩存储键 SAVE：存储特殊事件点经纬度。

⑪重读键 RCL：重新显示指定的数据。

⑫菜单键盘 MENU：与数字键配合，输入数据及显示有关数据。

⑬输入键 ENT：执行或存储键盘指令。

（2）主菜单（MENU）0~9 的名称及作用

①0：初始数据输入（INITIAL DATA）——启动时输入初始数据。

②1：计时器（TIMER）——设定开始计时与停止计时。

③2：计时器调节（TIMER SET）——设定闹铃时间。

④3：航路点（WAYPOINT）——显示航路点有关内容。

⑤4：航行计划（VOYAGE PLAN）——显示各条航线的航路点列表。

⑥5：航线（ROUTE）——计算航路点之间的航向、距离等。

⑦6：报警（ALARM）——设置报警数据。

⑧7：未来卫星预报（FUTURE SATELLITE）——显示未来卫星的有关数据。

⑨9：系统数据（SYSTEM DATA）——启动时输入有关初始数据。

（3）开机（冷启动）

①按 PWR 键，接通导航仪电源。

②按 MIN 键，调节显示屏至合适亮度。

③按 MENU→0 键，按数字键和▲▼键，分别输入：

日期（DATA）（M）/（D）/（Y）	按 CLR	=03/31/2003	按 ENT
按▼时间（TIME）	按 CLR	=10:50′00″	按 ENT
按▼区时（ZONE TIME）	按 CLR	=+08H00M	按 ENT
按▼纬度（LAT）	按 CLR	=36°05′.00N	按 ENT
按▼经度（LONG）	按 CLR	=120°20′.5E	按 ENT
按▼ HDOP　阈值（THRESHOLD）	按 CLR	=10	按 ENT

④按 MENU→9→0 键，按数字键和▲▼键，分别输入：

天线高度（ANTENNA HEIGHT）	按 CLR	=0020M	按 ENT
按▼经纬度平滑号码（L/L SMOOTHING）	按 CLR	=2（0~9）	按 ENT
按▼航速、航向平滑号码（S/C SMOOTHING）	按 CLR	=2（0~9）	按 ENT
按▼选择定位方式（POSITION）	按 CLR	=0（0,1）	按 ENT
按▼选择报警方式（BUZZER）	按 CLR	=0（1,0）	按 ENT

注：定位方式分为"0"二维定位，"1"三维定位。报警方式分为"1"开报警器，"0"关报警器。

⑤按 MENU→9→1 键,选择测地系:

测地系选择(DATUM SELECT)　　　　　　　　　 按 CLR　　=001(001~170)　 按 ENT

注:GP-500 导航仪内存 170 个测地系,编号为 001~170,可供选择,如 001 为国际测地系 WGS-84,002 为国际测地系 WGS-72,等等。

⑥按 MENU→9→4 键,输入自动修正磁差:

选择修正磁差方式(CORRECTION)　　　　　　　 按 CLR　　=0(0,1)　 按 ENT

按▼磁差(CORRECTION)　　　　　　　　　　　　 按 CLR VAR=06°.5W　 按 ENT

注:①修正磁差方式"0"为人工修正(MANU),"1"为自动修正(AUTO),磁差符号"E"或"W"按 +/- 键选择。

②热启动和日常启动基本是接通电源后,导航仪即可正常工作,不作叙述。

(4)输入航路点

①按 WPT 和▲▼键,输入航路点(经纬度输入法):

航路点(WPT)　　　　　　　　　　　　　　　　　 按 CLR　　=00(00~99)　 按 ENT

按▼纬度(LAT)　　　　　　　　　　　　　　　　 按 CLR　　=36°05′.0N　 按 ENT

按▼经度(LONG)　　　　　　　　　　　　　　　 按 CLR　　=120°23′.5　 按 ENT

②按 MENU→3→2→▲▼输入航路点(距离方位输入法):

航路点(WAYPOINT)　　　　　　　　　　　　　　 按 CLR　　=00(00~99)　 按 ENT

按▼方位(BEARING)　　　　　　　　　　　　　　 按 CLR　　=185°.5　 按 ENT

按▼距离(RANGE)　　　　　　　　　　　　　　　 按 CLR　　=08.25(n mile)　 按 ENT

③锁定已输入的航路点

按▲▼键将"■"移到"WPT"按 CLR ,输入要锁定的航路点号如"00",再按 +/- ENT。

注:重复①或②步骤可以输入多个航路点。航路点解锁方法与航点锁定方法相同。

(5)数据显示

①按 SPD/CRS 键显示	现船位纬度(如):	36°04′.785N
	现船位经度(如):	120°24′.299E
	平均航速(VTD):	18.5 KT
	即时航速(SPD):	18.8 KT
	航向(CRS):	092°.5
②按 RNG/BRG 键显示	现船位纬度(如):	36°04′.785N
	现船位经度(如):	120°24′.299E
	航路点号码(WPT):	01
	航路点距离(RNG):	89.50 NM
	航路点方位(BRG):	090°.5
③按 XTE 键显示	现船位纬度(如):	36°04′.785N
	现船位经度(如):	120°24′.299E
	航路点号码(WPT):	01
	偏航距离(RNG):	00.55 NM
	罗经差(ΔC):	06°.5
④按 SET/DFT 键显示	现船位纬度(如):	36°04′.785N
	现船位经度(如):	120°24′.299E

計程儀航速(LOG)： 18.8 KT

陀螺航向(GYRO)： 092°.5

流速(DFT)： 1.5 KT

流向(SET)： 45°.5

⑤按 TTG 键显示 现船位纬度(如)： 36°04'.785N

现船位经度(如)： 120°24'.299E

航路点号码(WPT)： 01

所需航行时间(TTG)：00 D 04 H 50 M

预计到达时间(ETA)：10 15：35

⑥按 MENU→9→7 键，显示当前卫星状态与接收情况如下：

编号(NO)	仰角(ELV)	方位(AZM)	信号电平(LVL)	频移(DOP)	时间(TIME)		
02	25	005	0865	2.8	10	35	56
08	18	156	0678	4.5	11	01	55
12	76	055	0844	0.1			
18	48	289	0587	−2.5			
22	11	215	0491	3.2			

4.4.5 差分 GPS(DGPS, differential GPS)

差分 GPS：就是首先利用已知精确三维坐标的差分 GPS 基准台，求得伪距修正量或位置修正量，再将这个修正量实时或事后发送给用户(GPS 导航仪)，对用户的测量数据进行修正，以提高 GPS 定位精度。

组成：GPS 卫星网、基准台、数据链(通信链)及用户。

工作原理：DGPS 基准台用 GPS 接收机接收 GPS 卫星发射的导航信息，测量基准台的位置，与已知位置比较计算出误差(伪距或位置修正值)，经数据链播发给 DGPS 用户。数据链即 DGPS 导航电文通信链，以固定的格式向用户播发 DGPS 修正信息，对用户计算出的位置进行修正，以获得高精度定位，如图 4 – 13 所示。

1. DGPS 分类

DGPS 根据修正数据的处理方法分为如下几类。

(1)位置 DGPS

根据已知 DGPS 基准台精确的位置坐标与 DGPS 基准台测量的位置坐标求得的差称为位置修正值。

(2)伪距 DGPS

基准台将每颗卫星的伪距修正值、伪距修正值变化率和星历数据龄期 AODE 用上行数据播发给作用区内的所有用户，用户 DGPS 导航仪接收到此信号后，对其观测值进行修正，最后利用改正后的伪距求出用户的位置；或者用户用下行数据传输它的未校正的伪距测量数据和它选用的卫星星组，由基准台修正每一用户的测量值，并用上行数据通信将校正后的测量值传输给用户。伪距 DGPS 定位精度可达 3～10 m。

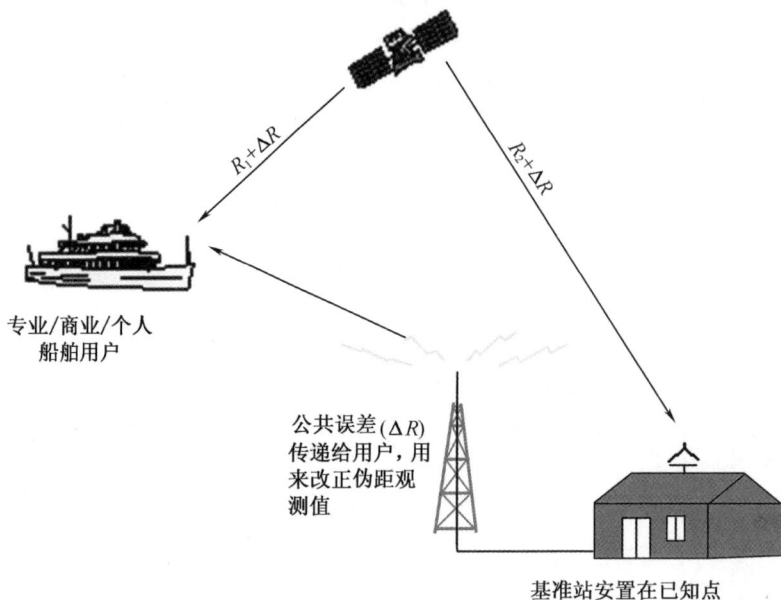

图 4-13　DGPS 工作原理示意图

（3）相位平滑伪距 DGPS

GPS 导航仪除了提供 CA 码伪距观测值之外，还可以提供多普勒计数或载波相位。由于载波相位观测精度比伪距测量精度高，利用多普勒计数或载波相位辅助伪距测量可以提高测量精度，相位平滑伪距 DGPS 可使定位精度提高到厘米级。

（4）载波相位 DGPS

载波相位 DGPS 又称为 RTK（real time kinematic）技术，是将 DGPS 基准台载波相位观测值和坐标信号一起传送到用户，然后用户将自己接收到的卫星载波相位观测值与 GPS 基准台传送来的载波相位观测值一起处理，实时定位精度可达到厘米级。

（5）广域 DGPS

广域 DGPS（WADGPS）是在一定区域设立若干个 DGPS 基准台，与一个或多个主控台组网。主控台接收来自各监测台的 DGPS 修正信号，经过处理组合后，形成在扩展区域内的有效 DGPS 修正电文，再通过卫星通信线路或无线电数据链，将修正信号发送给用户。这样就形成了广域 DGPS。

（6）广域增强系统（WAAS）

广域 DGPS 增强系统是在卫星上加载 L 波段转发器，实施导航重叠和广域增强电文广播，广播类 GPS 信号向用户提供附加测距信息、广域 DGPS 改正信息、改善航行安全的完善性信息，进行广泛区域的 DGPS 定位与导航。广域增强系统由 GPS 多功能测量网、主控台和数据链组成。

2. DGPS 基准台

（1）DGPS 基准台

DGPS 基准台跟踪所有视界以内的卫星，精确测量伪距和载波相位，产生差分修正数据，并格式化为标准的信号格式，经调制后播发给用户。DGPS 基准台由接收机部分、数据处理部分和发射机部分组成。

（2）DGPS 无线电信标

发射包含 DGPS 数据的无线电信标。

（3）GPS 伪卫星

GPS 伪卫星是类似于 GPS 卫星的固定基准台,发射频率为 1 575.42 MHz,由 50 bit/s 的数据和 1.023×10^6 码位/s 的 CA 码进行调制,数据格式与 GPS 卫星数据格式兼容,并且提供距离和修正信息,看起来像一颗"GPS 卫星",称为 GPS 伪卫星。

3. 中国沿海 RBN - DGPS

RBN - DGPS 即无线电指向标/差分全球定位系统(radio beacon - differential global position system),是一种利用航海无线电指向标播发台播发 DGPS 修正信息向用户提供高精度服务的助航系统,属单站伪距差分。

（1）组成

RBN - DGPS 主要由基准台、播发台、完善性监控台和监控中心组成。

基准台由两台高性能的 GPS 接收机和两个调制器组成。接收天线安放在位置已精确测定的点上,通过跟踪视野内的所有卫星,计算出相对于每颗卫星的修正信息,按规定格式送至调制器。调制器采用最小移频键控(MSK)调制方式将接收机送来的修正信号调制到无线电指向标载频上。

播发台播发指向信号,依规定的强度和速率播发 DGPS 修正信息和指向标状况及基准台状况信息。

完善性监控台由导航 GPS 接收机、指向标接收机和完善性监控计算机组成。其功能为监测 GPS 系统的完善性和播发的差分修正值的正确性,监控基准台,计算并登录系统运行数据的统计结果。

监控中心的功能是监测、控制各 RBN - DGPS 站的工作。

（2）RBN - DGPS 台链布局

根据中国沿海 RBN - DGPS 总体布局规划,统筹考虑我国航行水域现状,并结合周边国家和地区的情况,海事局计划分期在我国沿海地区共建设 20 座 RBN - DGPS 台站,按规定强度信号覆盖(或多重覆盖)整个沿海水域和部分陆域。完善性监控台与基准台和播发台同步建设,且同台址。一期台站包括大三山、秦皇岛、北塘、王家麦、大戢山和抱虎角,共 6 座,已在 1996 年改造建成。二期台站包括燕尾港、石塘、镇海角、鹿屿、三灶、硇洲和三亚,共 7 座,已于 1998 年下半年陆续安装完成。三期台站包括老铁山、成山角、蒿枝港、定海、天达山、防城和洋浦,共 7 座。

（3）中国 RBN - DGPS 系统主要技术指标

工作频率:依据国际电联划分的海上无线电指向标频率(283.5 ~ 325.0 kHz)范围,RBN - DGPS 台站采用单频发射制,播发差分修正信息。

单站信号作用距离:海上接收场强在 75 mV/m 时,作用距离为 300 km。

差分信息调制方式和播发类别:我国 RBN - DGPS 向用户播发的差分信息采用最小移频键控(MSK)调制方式;播发类别为调相单信道数据传送(G1D)。

差分数据传输率:200 波特(Baud)。

坐标系统:我国基准台坐标采用 WGS - 84 坐标系。

基准站坐标精度:为保证海上用户获得高精度助航服务,1995—1998 年先后完成了全国 20 个台站位置坐标精密测定,并通过海事局科技司组织的科技成果鉴定,使我国基准台在 WGS –84 坐标系内的位置精度保持在 0.5 m 以内。

台站播发的所有信息均为公众服务性质,不另收费。海上公众用户可配备 1 台 RBN (MSK)接收机和 1 台 DGPS 接收机即可利用 RBN – DGPS 台站播发的信息进行海上高精度导航和定位。需注意的是选用的 DGPS 接收机的技术指标和用户与基准台距离的相关性将直接影响定位精度。用户距台站越近,定位精度越高。通常情况下,在距基准台 300 km 的范围内,米级导航型 DGPS 接收机的定位误差约为 10 m;亚米级接收机约为 5 m。

习　题

1.陆标两方位定位时,有远近不等的数个物标分布在船的周围,在选取物标时应尽量选取_____才能提高定位精度。
  A.离船近些的物标   B.离船远些的物标
  C.离船既不近也不远的物标   D.任何物标均可

2.陆标两方位定位时,应先测_____。
  A.接近首尾线的物标   B.正横附近的物标
  C.孤立、平坦的物标   D.远处显著的物标

3.两方位定位时,如不考虑系统误差的影响,两方位线的交角一般应满足_____。
  A.20°至120°之间   B.30°至150°之间
  C.60°至120°之间   D.60°至150°之间

4.方位定位时,海图作业产生的误差属于_____。
  A.系统误差 B.随机误差 C.粗差   D.均方误差

5.三方位定位中误差三角形如由随机误差引起,且三边近似相等,则最概率船位在_____。
  A.三角形内任意一点   B.三角形的任一顶点
  C.三角形的中心   D.三角形任意一边的中点

6.三方位定位时,应遵循_____的观测顺序
  A.先慢后快,先难后易   B.先快后慢,先难后易
  C.先慢后快,先易后难   D.先快后慢,先易后难

7.距离定位时,应先测_____物标。
  A.正横附近的 B.接近首尾的 C.较远的   D.任意一个

8.陆标定位中,以下物标应首先选用的是_____。
  A.灯塔   B.灯浮   C.岬角   D.山峰

9.陆标定位中,以下物标应首先选用的是_____。
  A.孤立小岛 B.灯浮   C.平坦小岛   D.山峰

10.单一位置线不能_____。
  A.测定船位 B.测定罗经差 C.帮助转向 D.A + B + C

11.在实际航海中,移线定位的两条位置线的夹角一般不应小于_____。
  A.20°   B.30°   C.60°   D.90°

12.选择自然方位叠标时,应尽可能选择_____的标志。

    A.两标间间距大且离测者较远   B.两标间间距大且离测者较近

    C.两标间距离小且离测者较近   D.两标间距离小且离测者较远

13.船用导航雷达可以测量游艇周围水面物标的_____。

    A.方位、距离   B.距离、高度

    C.距离、深度   D.方位、距离、高度

14.哪种操作可减少雷达物标回波方位扩展的影响_____。

    A.适当增大扫描亮度   B.适当减小扫描亮度

    C.适当减小增益   D.B + C

15.在雷达荧光屏局部区域上出现的疏松的棉絮状一片干扰波是_____。

    A.雨雪干扰   B.噪声干扰   C.海浪干扰   D.同频干扰

16.雷达荧光屏上的雨雪干扰的强弱与_____有关。

    A.雨雪区的分布面积   B.雨雪区的体积

    C.降雨雪量的大小   D.降雨雪量的体积

17.抑制雷达雨雪干扰的方法可以是_____。

    A.适当减少增益   B.适当调大增益

    C.适当增加照明亮度   D.选用长脉冲

18.在雷达荧光屏中心附近出现的鱼鳞状亮斑回波是_____。

    A.选用长脉冲   B.某种假回波   C.回波影像失真   D.海浪干扰

19.雷达的海浪干扰的强弱与距离的关系是_____。

    A.距离增加时,强度急剧减弱   B.距离增加时,强度缓慢增加

    C.距离增加时,强度缓慢减弱   D.海浪干扰的强弱与距离无关

20.雷达荧光屏上海浪干扰强弱与雷达工作波长的关系是_____。

    A.波长越长,强度越弱   B.波长越短,强度越弱

    C.强弱与波长无关   D.以上说法均不对

21.雷达同频干扰的回波特征是_____。

    A.螺旋状或点划状   B.块状亮斑

    C.点状亮斑   D.产生一个无回波的阴影区

22.抑制或削弱雷达同频干扰的方法错误的是_____。

    A.使用同频干扰抑制器   B.改用较小量程

    C.改用另一频段的雷达   D.尽量减小增益

23.雷达荧光屏上出现间接反射回波的必要条件是_____。

    A.发射功率要足够大   B.发射功率要足够小

    C.附近存在反射体   D.天线旁瓣要大

24.雷达荧光屏上出现间接反射回波通常出现在_____。

    A.阴影扇形内   B.船首标志线上

    C.船首标志线相反方向上   D.盲区内

25.在雷达荧光屏上,在一个强回波两侧等距圆弧上对称分布的若干回波点是_____。

    A.二次扫描回波   B.多次反射回波

    C.间接反射回波   D.旁瓣回波

26. 为减小雷达测距误差,应选用合适量程,使被测物标回波处于_____。
    A. 荧光屏中心附近　　　　　　　　B. 荧光屏边缘附近
    C. 距荧光屏中心 2/3 半径附近　　　D. 以上均可

27. 雷达在测点状物标方位时,应将方位标尺压住回波_____位置。
    A. 左边沿　　　B. 右边沿　　　C. 中心　　　D. 内侧边

28. 利用雷达测量同一物标的距离和方位来确定船位最重要的是_____。
    A. 物标距离要恰当　　　　　　　　B. 物标方位要合适
    C. 物标大小要适中　　　　　　　　D. 物标确认要准确可靠

29. 在正常情况下雷达测方位定位精度比测距离定位精度_____。
    A. 高　　　B. 低　　　C. 相同　　　D. 不可比较

30. 雷达定位精度就位置线交角来说_____。
    A. 两位置线交角以 60° 为最好,三位置线交角以 90° 为最好
    B. 两位置线交角和三位置线交角均以 90° 为最好
    C. 两位置线交角以 90° 为最好,三位置线交角以 120° 为最好
    D. 两位置线交角和三位置线交角均以 120° 为最好

31. 采用雷达距离避险的基本条件是_____。
    A. 有合适的雷达参考物标　　　　　B. 当时的风流要小
    C. 航道要宽阔　　　　　　　　　　D. 天气要好

32. 当避险参考物标与危险物的连线和航线_____时,用方位避险法较好。
    A. 平行　　　B. 接近 60°　　　C. 接近 90°　　　D. 垂直

33. 狭水道航行,航道较窄,为确保航行安全,在用雷达核实船位时,宜用_____。
    A. 船首方向近距离物标方位核实　　B. 船首方向远距离物标距离核实
    C. 正横方向近距离物标距离核实　　D. 正横方向远距离物标距离核实

34. 对雷达波反射性能最差的物标是_____。
    A. 岛屿　　　B. 飘浮的货船　　　C. 葫芦形冰山　　　D. 岬角

35. 在雷达荧光屏中心附近出现的鱼鳞状亮斑回波是_____。
    A. 海浪干扰　　　B. 雨雪干扰　　　C. 某种假回波　　　D. 以上均可能

36. 在雷达荧光屏中心附近出现的圆盘状亮斑回波,越往外越弱,它是_____。
    A. 强海浪干扰　　　B. 雨雪干扰　　　C. 某种假回波　　　D. 以上都可能

37. 当雷达荧光屏上出现明暗扇形干扰时,你应_____。
    A. 关掉雷达,修复后再用
    B. 关掉 AFC,改用手动调谐继续使用
    C. 立即调节显示器面板上的调谐钮即可
    D. B 或 C 均可

38. 雷达荧光屏上的间接反射回波通常出现在_____。
    A. 阴影扇形内　　　　　　　　　　B. 船首标志线上
    C. 船尾线方向上　　　　　　　　　D. 盲区内

39. 可作为雷达距离避险线的参考物标是_____。
    A. 陡的岸角　　　　　　　　　　　B. 沙滩岸线
    C. 港口建筑中的高塔　　　　　　　D. 附近海上的工程作业船

40. 下列哪些不是 GPS 系统的组成_____。

    A. 空中卫星   B. 地面设施   C. 用户设备   D. 船上电源

41. GPS 卫星导航仪不可以直接读出的是_____。

    A. 航速   B. 定位误差   C. 航向   D. 经纬度

42. GPS 卫星导航仪可为_____。

    A. 水下定位   B. 水面定位

    C. 水面、空中定位   D. 水下、水面、空中定位

43. GPS 卫星系统由_____颗卫星组成。

    A. 24   B. 18   C. 30   D. 48

44. GPS 在_____时,需要初始化输入。

    A. 日常启动   B. 紧急启动   C. 热启动   D. 冷启动

45. GPS 卫星导航系统可提供全球全天候高精度_____导航。

    A. 不实时   B. 连续近于实时   C. 间断不实时   D. 间断近于实时

46. GPS 卫星导航仪内的锂电池通常应该在_____年更换。

    A. 1   B. 2   C. 3   D. 4

47. 船在营运航行或停泊期间,日常关机后的启动称为 GPS 卫星导航仪的_____启动。

    A. 热   B. 冷   C. 紧急   D. 日常

48. GPS 卫星导航仪所输入的天线高度是指从_____至 GPS 卫星导航仪天线的高度。

    A. 大地水准面   B. 平均海面   C. 游艇吃水线   D. 游艇甲板

49. 在 GPS 卫星导航仪启动时,所输入的世界时误差不大于_____。

    A. 3 min   B. 60 min   C. 10 min   D. 15 min

50. 用 GPS 卫星导航仪定位时,若提供的历书的时间很久或定位误差明显偏大则应该_____。

    A. 停止使用   B. 按操作步骤清除内存

    C. 工作状态置于高状态   D. 强制启用或停用某颗卫星

第5章 游艇用磁罗经、测深仪和计程仪

磁罗经是借助于地球磁场吸引磁针指北的能力而制造的指向仪器,测深仪是安装在游艇底测量游艇水下水深的仪器,计程仪是用来计算游艇航行距离的仪器,游艇驾驶员必须了解磁罗经、测深仪和计程仪的结构及其正确使用。

5.1 磁罗经的分类与构造

5.1.1 磁罗经的分类

1. 按罗盆内有无液体分类

罗经可分为液体罗经和干罗经两类,因游艇摇摆时,干罗经的罗盘不易稳定,使用不方便,故已被淘汰。液体罗经的罗盘浸浮在盛满液体的罗盆内,因受液体的阻尼作用,游艇摇摆时,罗盘的指向稳定性较好。另外受液体浮力的作用,可减小轴针与轴帽间的摩擦力,提高了罗盘的灵敏度,这种液体罗经在现代游艇上得到普遍使用。

2. 按磁罗经的用途分类

(1)标准罗经

它用来指示游艇航向和测定物标的方位,一般安装在驾驶室顶露天甲板上,因其位置较高,受船磁影响小,指向较为准确,故称为标准罗经。

有的标准罗经配有一套导光装置,可将罗盘刻度投射到驾驶室内的平面镜中,供操舵人员观察航向。根据照射罗盘光源位置的不同,这类罗经又可分为投影式和反射式两种。投影式罗经光源在罗盘的上方,罗盘上的刻度均被挖空以便透射光线;而反射式罗经的光源从罗盘下方向上照射,经过反射把罗盘上的度数传至驾驶室内的平面境中。

(2)操舵罗经

安装在驾驶室内,专供操舵用。当安装有反射或投影式的标准罗经时,可免装操舵罗经。

(3)救生艇罗经

每个救生艇都备有一个小型液体罗经,以供操纵救生艇时使用。

(4)应急罗经

安装在应急舵房内,以便使用应急舵航行时指示航向。当游艇装有陀螺罗经,大都用它的分罗经作应急罗经。

3. 按罗盘的直径分类

常用的有 190 mm 型、165 mm 型、130 mm 型三种罗盘直径的罗经。190 mm 罗径安装在中大型游艇上,165 mm 和 130 mm 罗经安装在中小型游艇上。

5.1.2 磁罗经的结构

一般船上使用的磁罗经均由罗盆、罗经柜和自差校正器三部分组成。

1. 罗经柜

罗经柜是用非磁性材料制成的,用来支撑罗盆和安放消除自差校正器,如图5-1所示。

在罗经柜的顶部有罗经帽,它可以保护罗盆,使其避免雨淋和阳光照射,以及在夜航中防止照明灯光外露。

在罗经柜的正前方,有一竖直圆筒,筒内根据需要放置长短不一消除自差用的佛氏铁或在竖直的长方形盒内放数根消除自差用的软铁条。

在罗经柜左右正横有放置象限自差校正器(软铁球或软铁片)的座架,软铁球或软铁盒的中心位于罗盘磁针的平面内,并可内外移动。

罗盘放置在常平环上,以在船体发生倾斜时使罗盆保持水平。常平环通常装在减振装置上,以减缓罗盆振动。

在罗经柜内,位于罗盘中心正下方安装一根垂直铜管,管内放置消除倾斜自差的垂直磁铁,并由吊链拉动可在管内上下移动。

在罗经柜还放置了消除半圆自差的水平纵横向磁铁的架子,并保证罗经中心应位于纵横磁铁的垂直平分线上。

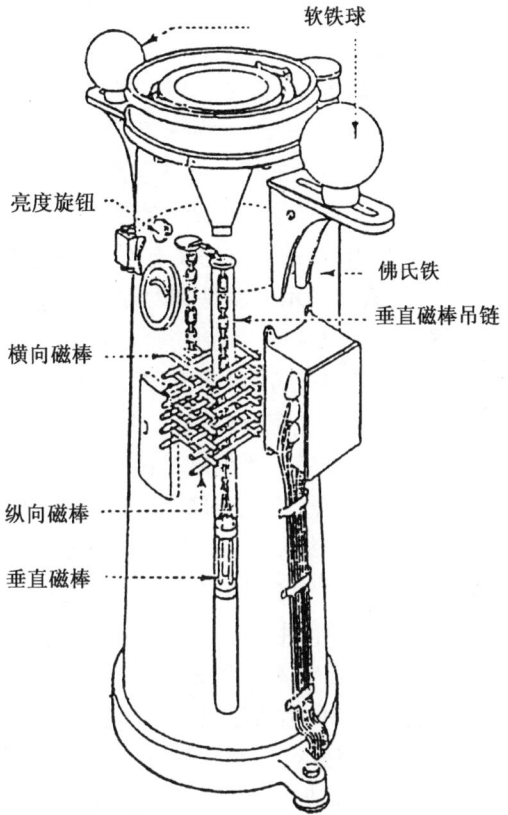

图5-1　磁罗经的结构示意图

2. 罗盆

罗盆由罗盆本体和罗盘两部分组成,如图5-2所示。罗盆由铜制成,其顶部为玻璃盖,玻璃盖的边缘有水密橡皮圈,并用一铜环压紧以保持水密,罗盆重心均较低,以使罗盆在船

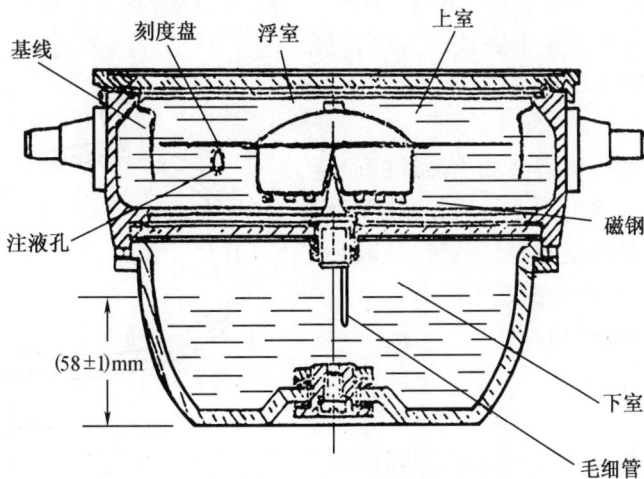

图5-2　罗盆结构示意图

摇摆时,仍能保持水平。

罗盆内充满液体,通常为酒精与蒸馏水的混合液,混合液的比例为 45% 饮料酒精和 55% 二次蒸馏水,在温度为 15 ℃时,其相对密度约为 0.95。酒精的作用是为了降低冰点,该溶液沸点为 83 ℃,冰点为 -26 ℃,黏度系数在温度50 ℃至 -20 ℃之间不产生显著变化,有的罗经还用纯净的煤油做罗盆液体。在罗盆的侧壁有一注液孔,供灌注液体以排除罗盆内的气泡。注液孔平时由螺丝旋紧以保持水密。

在罗盆内,其前后方均装有罗经基线,位于船首方向的称为首基线,当首基线位于船首尾面内时,其所指示的罗盘刻度即为本船的航向。

罗盆还采取了用以调节盆内液体热胀冷缩的措施。有罗经在其罗盆底部装有铜皮压成的波纹形的皱皮,用以调节罗盆内液体的膨胀与收缩;还有罗经,其罗盆分为上下两室,如图 5-2 所示,上室安放罗盘,并充满液体,下室液体不满,留有一定的空间。由毛细管连通罗盆的上下两室。当温度升高时,上室液体受热膨胀,一部分液体通过毛细管流到下室;反之,当温度降低,上室液体收缩时,在大气压力下,由下室又向上室补充一部分液体,起到调节液体热胀冷缩的作用,避免上室出现气泡。

罗盘是磁罗经的核心部分,它是指示方向的灵敏部件。液体罗经的罗盘均由刻度盘、浮室、磁钢和轴帽组成。

刻度盘由云母等轻型非磁性材料制成,上面刻有 0°~360° 的刻度和方向点。罗盘中间为一水密空气室,称为浮室,用以增加罗盘在液体中的浮力,减轻罗盘与轴针间的摩擦力,提高罗盘的灵敏度。一般罗盘在液体中的质量约为 8~12 g。

浮室中心轴处为上下贯通的螺丝孔,孔底部装置宝石制成的轴帽,浮室下部呈圆锥形,以限制轴针的尖端只能与轴帽接触,轴针的尖端由铱铂等合金制成,罗盘通过轴帽支承在轴针上,可减小轴针与轴帽间的摩擦力。目前为减小罗盘的振动在宝石的上方还装有减振装置。

罗盘的磁钢目前有条形和环形两种,均焊牢在浮室上。罗盘的关键在于磁针的合理结构。在木船上,罗经只受地磁场的作用。但在钢铁游艇上,磁针除受地磁场作用外,还受船磁场和各种校正器磁场的影响,由于它们距磁针很近,在磁针两端产生了不均匀磁场。理论和实践证明,单磁针罗盘在不均匀磁场作用下,会产生高阶自差,不易准确地消除。要避免产生高阶自差,就必须减小磁针的长度,使磁针的长度远小于船铁和校正器到磁针中心的距离。

但磁针长度的减小势必会减小磁针的磁矩,降低其指向功能。为解决这个矛盾,现代罗经采用两对或三对短磁针构成的磁针系统,既减小了磁针长度,又没有降低磁针的磁矩。有的罗盘采用环形磁钢也可达到同样的目的。

5.1.3 方位仪

方位仪是一种配合罗经用来观测物标方位的仪器。通常有方位圈、方位镜、方位针等几种。方位圈如图 5-3 所示,它由铜或铝制作,有两套

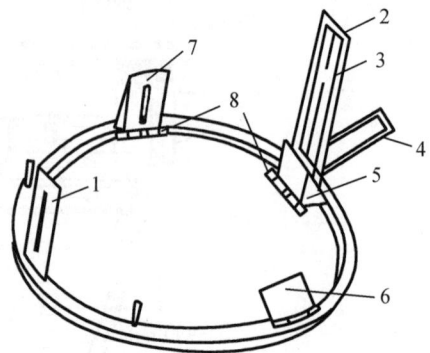

图 5-3 方位仪示意图
1—反光镜;2—照准架;3—瞄向孔;
4—反射镜;5—读数三棱镜;6—凹面反射镜;
7—聚光棱镜;8—水平气泡

互相垂直观测方位的装置。其中一套装置由目视照准架和物标照准架组成。在物标照准架的中间有一竖直线,其下部有天体反射镜和棱镜。天体反射镜用来反射天体(如太阳)的影像,而棱镜用来折射罗盘的刻度。目视照准架为中间有细缝隙的竖架。当测者从细缝中看到物标照准线和物标重合时,物标照准架下三棱镜中的罗盘刻度就是该物标的罗经方位。这套装置既可观测物标方位,又可观测天体方位。

另一套装置由可旋转的凹面镜和允许细缝光线通过的棱镜组成,它专门用来观测太阳的方位。若将凹面镜朝向太阳,使太阳光聚成一束的反射光经细缝和棱镜的折射,投影至罗盘上,则光线所照亮的罗盘刻度即为太阳的方位。在方位仪上均有水准仪,在观测方位时,应使气泡位于中央位置,提高观测方位的精度。

5.2　磁罗经的检查、保管与安装

5.2.1　磁罗经的检查

1. 罗盆和罗盘的检查

(1)罗盆应由非磁性材料制成,并保持水密,罗经液体应无色透明且无沉淀物。

(2)罗盆在常平环上应保持水平。

(3)罗盘应无变形,磁针与刻度盘 NS 线应严格平行,误差应小于 $0°.2$。

(4)罗经的首尾基线应准确地位于船首尾面内,误差小于 $0°.5$。

(5)检查罗盘的灵敏度。检查罗盘的灵敏度主要是检查其轴针与轴帽之间摩擦力的大小,摩擦力较大时,将会直接影响罗盘指向的准确性。

检查方法是在船停靠码头,船上或岸上机械不工作的情况下,首先准确记下罗经基线所指的航向,然后用一小磁铁或铁器将罗盘从原来平衡位置向左引偏 $2°\sim3°$,拿开小磁铁,观测罗盘是否返回原航向,再向右边做同样的检查,ISO 规定罗盘返回原航向的误差应在 $(3/H)°$ 以内(H 为地磁场水平分量,单位为微特(μT),1 奥斯特($\circ$)$= 100\ \mu T$)。若罗盘灵敏度不符合要求,应找出其原因,进行修理或调换,如图 5-4 所示。

图 5-4　磁罗经的检测示意图

(6)检查罗盘摆动周期。罗盘磁针磁性的强弱可通过测定罗盘摆动周期来检查。通常仅测其摆动半周期,检查方法如下:用磁铁将盘从罗经基线引偏 $40°$,移去磁铁,罗盘开始摆动,用秒表记下原航向值连续两次过基线的时间间隔,此间隔即为罗盘摆动的半周期。ISO规定罗盘摆动半周期应不小于$(2\ 600/H)^{1/2}$ s。同样用磁铁将罗盘向另一侧引偏后,做类似的检查。若测得的半周期比规定的标准值大得多,说明磁针的磁性减弱,应予以更换。

(7)消除罗盆内的气泡。罗盆产生气泡的原因主要有两种:其一是由于罗盆不水密,如罗盆上的垫圈老化或玻璃盖上的螺丝未旋紧等原因造成漏水,空气进入罗盆,而形成气泡;另一原因是浮室漏水,空气由浮室中逸出所致。罗盆内的气泡对观测航向和测定物标方位均会产生影响,务须消除。

消除气泡的方法是将罗盆侧放,注液孔朝上,旋出螺丝,首先鉴别罗盆内装有何种液体,在注入液体前,应从罗盆内取出一些原液体与新液体混合,经过一段时间,确定仍为透明无沉淀后,方可注入新液体。对于盆体分为上下两室的罗盆,在上室注满液体把气泡排除后,还要测量下室液面的高度,其高度应符合说明书的要求。

5.2.2　校正器的检查

1. 校正磁铁的检查

消除自差用的磁铁棒应无锈,生锈者会使磁性衰退。还应检查磁铁棒特别是新购进的磁铁棒,其棒上所涂的颜色与磁极是否相符。

2. 软铁校正器的检查

软铁校正器应不含有永久磁性,否则会影响校正效果。检查软铁球是否含有永久磁性的方法是:船首固定于某一航向,将软铁球靠拢罗经柜,待罗盘稳定后,慢慢地旋转软铁球,罗盘应不发生偏转,然后用同样方法检查另一只球。若罗盘发生偏转,说明软铁球含有永久磁性。对于软铁片,其检查方法类似于软铁球,将软铁片盒移近罗经柜,软铁片首尾倒向插入,观察罗盘是否发生偏转。

检查佛氏铁是否含有永久磁性的方法是:船最好固定于 E 或 W 航向,将佛氏铁逐段以正反向倒置放入罗经正前方的佛氏铁筒中,罗盘不应发生偏转,否则佛氏铁含有永久磁性。

对于含有永久磁性的校正软铁,可将其放在地上敲击或淬火进行退磁,退磁无效者应予以调换。

5.2.3　方位仪的检查

方位仪应能在罗盆上自由转动,其旋转轴应与罗盆中心轴针重合,无论是方位圈或方位镜,其棱镜必须垂直于照准面,否则观测方位时,将产生方位误差。检查方位圈时,把方位圈的舷角定在 0°,根据照准线从棱镜上看到的罗盘读数,应与船首基线所对的罗盘读数相等,否则方位圈的棱镜面不垂直于照准面,应予以调整。

5.2.4　磁罗经的安装

1. 磁罗经安装位置的选择

磁罗经剩余自差的大小与罗经在船上安装位置有关,为保证罗经具有良好的指向性能,应正确选择罗经安装位置,商船上的磁罗经不论是标准磁罗经还是操舵磁罗经都应安装在船首尾面内,以使罗经左右两舷的软铁对称,减小罗经的剩余自差。再则标准磁罗经安装在驾驶台的露天甲板上,周围应是开敞的,视线尽可能不被障碍物遮挡,以便于观测方位。罗经安装位置尽可能选择船磁影响小的地方,远离固定或移动的钢铁器件,游艇钢铁设备与罗经的距离应满足磁性材料最小安全距离的要求,任何磁性物体与罗经的最小距离不得小于 1 m。

2. 罗经的安装

在安装罗经时,船应保持正平,在选择好安装标准罗经的地点后,首先用尺量出船首尾线的位置,然后在该位置上装上罗经垫板,并安装上罗经。罗经柜必须与甲板保持垂直,可用铅垂线或罗经柜上的倾斜仪进行测量,若发现罗经柜有倾斜时,可调整罗经柜下方的垫木使罗经柜垂直。

为使罗经首尾基线处于船首尾面内,可利用船上桅杆、烟囱等位于船首尾面上建筑物来校准罗经首尾。如图 5－5 所示,在罗经处,当用方位圈对准罗经首基线后,从方位圈照准面观测照准线是否对准桅杆中线,若照准线不与前桅杆中心线重合,可旋松罗经柜的底脚螺丝,旋转罗经柜,使照准线对准桅杆中心线。也可用方位圈观测烟囱两边缘相对于罗经尾基线的夹角是否相等,若两夹角相等,则说明罗经的尾基线在船首尾线上。在固定罗经位置过程中,须反复核对罗经首尾基线位置的准确性。

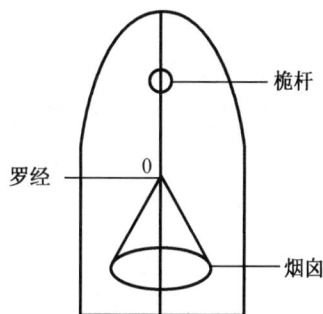

图 5－5 磁罗经安装位置示意图

操舵罗经的安装与标准罗经的安装相类似,但操舵罗经只能利用船首方向的目标,如利用船前方的桅杆校核操舵罗经基线是否位于船首尾面内。

船上安装罗经,要求标准罗经和操舵罗经基线的误差角小于 0°.5。

5.3 测 深 仪

5.3.1 基本知识

1. 水声学有关知识

(1)声波三个频率段

20 Hz 以下的声波称为次声波;20 Hz～20 kHz 的声波称为可闻声波;20 kHz 以上的声波称为超声波。

(2)声波的特性

①频率高、抗干扰性好,被水声仪器广泛利用;

②在同一种均匀理想介质中恒速传播、直线传播;

③在两种不同的介质面反射、折射或散射传播。

(3)超声波在水中的传播速度

我国采用的计算公式:$C = 1\ 450 + 4.06t - 0.036\ 6t^2 + 1.137(\sigma - 35) + \cdots$

国际威尔逊计算公式:$C = 1\ 449.2 + 4.623t - 0.054\ 6t^2 + 1.391(\sigma - 35) + \cdots$

其中,t 为水的度温;σ 为水的含盐度;在公式的省略项中还含有水的静压力的因素。

回声测深仪测深原理中,超声波在水中的传播速度取值为 1 500 m/s。

（4）影响超声波在水中传播速度的因素

水温每增加 1 ℃，声速约增加 3.3 m/s；

含盐度每增加 1°，声速约增加 1.2 m/s；

水深每增加 100 m，声速约增加 3.3 m/s。

其中，水深的变化引起的静压力和温度的变化，所造成的声速变化值几乎相互抵消。三个因素中，水温的变化对声速的影响最大，需要进行"补偿"。

（5）超声波在水中传播时的能量损耗

超声波在水中传播时的能量损耗包括吸收损耗和扩散损耗。

（6）超声波在传播过程中受到的干扰

超声波在水中传播过程中受到的干扰包括海洋生物、海水运动、游艇本身等产生的海洋噪声干扰；海水对超声波多次反射形成的混响干扰。

2. 回声测深原理

在船底安装发射超声波的换能器 A 和接收反射回波的换能器 B（图 5 - 6）。

回声测深仪的测深原理公式：

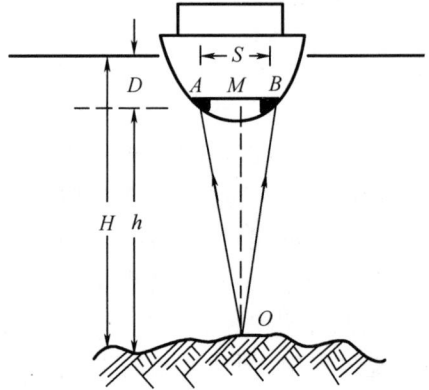

图 5 - 6　回声测深仪的测深原理示意图

$$水深 H = D + h$$

式中　h——船底到海底的垂直距离；

　　　D——游艇吃水。

$$h = MO = \sqrt{(AO)^2 - (AM)^2} = \sqrt{\left(\frac{1}{2}Ct\right)^2 - \left(\frac{1}{2}S\right)^2}$$

若使 $S \to 0$，则 $S/2 = 0$，那么

$$h = \sqrt{\left(\frac{1}{2}Ct\right)^2} = \frac{1}{2}Ct = 750t$$

测深原理：将超声波在水中的传播速度 C 作为已知恒速，换能器基线 S 看作零，通过测量超声波往返海底的时间 t，计算求得的水深 h。

原理缺陷：水深精度将受到超声波在水中传播速度 C 变化的影响和换能器基线 S 不为零的影响。

5.3.2　回声测深仪组成及各部分的主要作用

1. 回声测深仪组成及作用

（1）显示器

显示器包括显示系统、发射系统和接收系统。

显示系统：脉冲产生器以一定的时间间隔产生触发脉冲，控制计时器开始计时和控制发射系统。

发射系统：产生具有一定功率和宽度的电脉冲，推动发射换能器工作。

触发脉冲器：包括机械触发、电磁触发、光电触发和数字触发器。其中光电触发器使用较多，数字触发器比较先进。

接收系统:将来自接收换能器的海底回波信号经放大处理后,控制测量显示系统计算出所发射的超声波脉冲往返船底与海底之间的时间 t,并按测深原理公式计算出船底到海底的水深(垂直距离),以一定的方式显示。

显示方式:闪光式(转盘式)、记录式、数字式等。闪光式显示比较直观、易读取,不能保留水深数据,且存在零点误差和时间电机转速变化引起的测量误差;记录式显示方式可记录水深数据,较不直观易读,存在记录零点误差和时间电机转速变化引起的测量误差;数字式显示方式较先进,直观易读且可打印出来,不存在显示零点误差,也不采用时间电机计时。

(2)换能器

作用:是一种电、声能量相互转换装置。

分类:按作用不同,换能器可分为发射换能器和接收换能器;按工作原理不同磁致伸缩换能器和电致伸缩换能器;按制造材料不同压电陶瓷材料(如钛酸钡、锆钛酸铅等)换能器和铁磁材料(如镍、镍铁合金等)换能器。

安装注意事项:

①安装在船底龙骨左边或右边,距船首约 1/2~1/3 船长处;

②表面必须水平,误差不得超过 1°;

③换能器表面应保持清洁,不得涂油漆,清洁时不得有任何损伤;

④必须保持良好的水密性,否则将不能工作。

(3)电源系统

作用:将船电转换为测深仪的工作电源,可采用变压器、逆变器或变流机。

2. 回声测深仪工作原理

回声测深仪工作原理如图5-7所示。

(1)显示器中的脉冲触发器以脉冲重复频率产生触发脉冲,控制计时器计时和发射系统工作;

(2)发射系统产生具有一定功率和宽度的电脉冲送到发射换能器;

(3)发射换能器将电脉冲转换为超声波脉冲向海底发射,经海底反射回来的超声波回波被接收换能器所接收,并转换为电信号送到接收系统;

(4)接收系统将来自接收换能器的回波信号放大处理后送到显示器;

(5)显示器的计时装置计算超声波脉冲的传播时间 t 并转换为水深 h,以一定的方式显示;

(6)电源系统供给各部分所需的工作电源。

图5-7　回声测深仪工作原理示意图

5.3.3　回声测深仪的使用

1. 回声测深仪的主要技术指标

(1)最大测深深度

最大测深深度由发射功率和发射脉冲的重复周期 T 决定,在发射功率足够大的情况下,由脉冲重复周期 T 所决定。同时,还必须考虑工作频率和发射功率的关系。

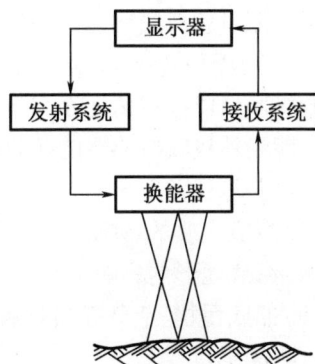

远洋游艇的最大测深为 400 m 以上,近海游艇的最大测深为 200 m,海洋测量游艇的最大测深为 2 000 ~ 10 000 m 以上。

(2)最小测深深度

最小测深深度由发射脉冲的宽度 τ 决定。

(3)脉冲重复频率

脉冲重复频率是指每秒钟发射脉冲的个数,它的倒数称为脉冲重复周期 T,是决定回声测深仪最大测深深度的因素之一,一般为 0.3 ~ 0.6 s。

(4)脉冲宽度(τ)

持续发射超声波脉冲的时间称为脉冲宽度。脉冲宽度越窄,最小测深深度越小,但脉冲宽度越窄往往平均发射功率越小,影响最大测深深度。

近海游艇回声测深仪一般采用窄脉冲发射,其最小测深深度和最大测深深度都较小。

远洋游艇回声测深仪一般采用较宽脉冲发射,其最小测深深度和最大测深深度都较大。

(5)工作频率

超声波的低频段频率即 20 ~ 60 kHz,最大为 200 kHz。

(6)发射功率

发射功率是决定最大测深深度的因素之一,一般为几十瓦至几百瓦。

2. 影响正常测深的主要因素

(1)水中气泡的影响

当游艇倒车或处在风浪中时,船底换能器周围水层中存在大量气泡,吸收换能器发射的超声波能量和海底反射回来的微弱的超声波回波。

(2)游艇倾斜(摇摆)的影响

游艇倾斜或摇摆角度 β 大于波束开角 θ 的一半时($\beta > \theta/2$),海底反射回来的超声波回波将不能到达接收换能器的接收面即接收不到回波信号,测不到水深。

回声测深仪发射超声波的波束开角 θ 一般为 20° ~ 30°。

(3)海底底质的影响

(4)海底地形的影响

(5)船底污物、杂草等的影响

3. 测深误差

(1)声速误差

实际声速与设计声速不相等,从而产生声速误差。

(2)基线误差

使用发射换能器与接收换能器分离的测深仪,换能器基线是不为零的,而测量显示的水深是利用 $h = 750t$ 计算得来的,由此而产生的测深误差称为测深仪的基线误差。

(3)时间电机转速误差

采用闪光式或记录式显示方式的回声测深仪,时间电机就是计时器件,由于时间电机实际转速不等于设计转速而产生的测深误差称为回声测深仪的时间电机转速误差。

(4)零点误差

有的回声测深仪显示水深时,若显示的发射零点标志不在水深刻度零点的位置上,使读取的水深数据存在误差。是一种固定误差。

4. 回声测深仪的使用

(1) 阿特拉斯(ATLAS)型回声测深仪的使用

① 主要开关、旋钮的名称及作用

ATLAS 型回声测深仪的操作面板如图 5-8 所示。

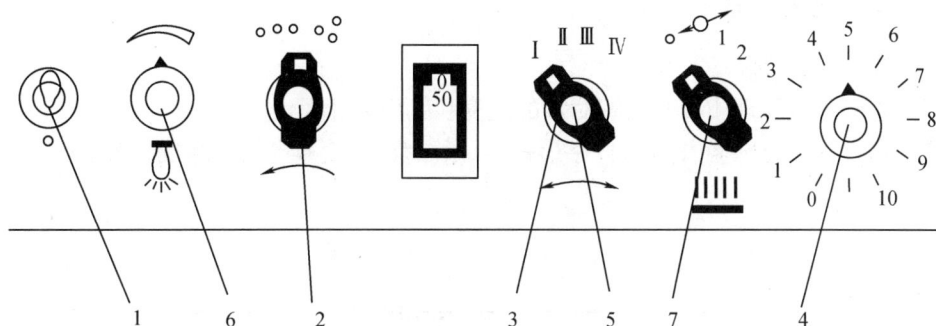

图 5-8 ATLAS 型回声测深仪的操作面板示意图

1—主开关;2—基本量程选择开关;3,5—移相量程选择;4—增益;6—照明控制;7—灰/黑控制旋钮

a. 主开关:控制电源的"接通"或"断开"。

b. 基本量程选择开关:共有三挡,用于选择量程。

c. 移相量程选择:用于扩大量程选择。

d. 增益:调节回波清晰度。

e. 零位调节:调整发射零点标志与水深刻度零点一致。

f. 照明控制:调节显示照明。

g. 灰/黑控制旋钮:用于探测鱼群。

② 使用方法

a. 将"主开关"指示"1"位置,接通测深仪电源。

b. 用"基本量程选择旋钮"和"移相量程选择选钮"选择合适的量程。

c. 调节"增益旋钮"使回波清晰。

d. 必要时调节"照明控制旋钮"使显示照明合适。

③ 使用注意事项

a. 及时更换记录纸。

b. 经常检查时间电机转速和显示零点,若存在误差应及时消除。

c. 当测量浅水水深,记录水深标志较宽时,应该读取其前沿所对应的水深数据。

d. 游艇长期停泊时,应每隔半月通电一次,每次通电时间不少于 4 h,一是可以为电子器件去潮,二是防止换能器表面滋生海洋生物。

e. 大风浪中航行或倒车时,换能器周围存在大量气泡,影响测深仪正常工作,因此不宜测深。

5.4 计 程 仪

船用计程仪是用来测量游艇运动速度和累计游艇航程的仪器。

5.4.1 电磁计程仪

1. 测速、计程原理

利用电磁感应原理测量游艇相对水的速度和航程的计程仪。

测速器件中的传感器由倒"山"字形铁芯、激磁绕组、信号电极等组成,如图5-9所示。

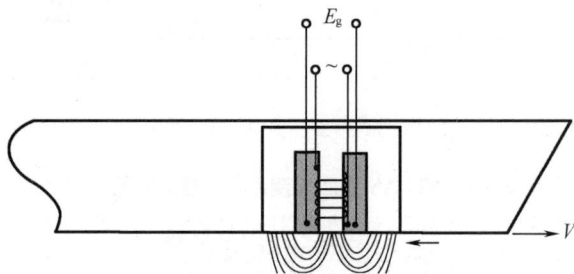

图 5 - 9 电磁计程仪示意图

测速原理:游艇以速度 V 前进或后退时,水层切割传感器磁场的磁力线,两个电极有感应电势产生,即

$$E_{gM}=B_M LV$$

式中 B——传感器的磁感应强度;

L——传感器两个电极的水平距离;

V——传感器下水的流速。

$$V=\frac{1}{B_M L}E_{gM}$$

令$\frac{1}{B_M L}=K$,则

$$V=KE_{gM} \quad （电磁计程仪的测速原理公式）$$

航速 V 与感应电势 E_{gM} 成正比。将传感器产生的感应电势 E_{gM} 送到显示器,经放大处理后可变为航速显示。

计程原理:游艇的航程是航速对时间的积累,设置航速积分器,测量航程并显示。

电磁计程仪测速、计程原理框图如图5-10所示。

船舶运动 → 传感器 → 放大器 → 航速指示 → 航程显示

图 5 - 10 电磁计程仪测速、计程原理框图

2. 主要组成及作用

（1）传感器

传感器是电磁计程仪的测速器件，分为平面型和导杆型两种。现多使用平面型。作用是将非电量的航速转换为与航速成正比的电信号，便于传输、放大和处理。

使用与保养：激磁电源要稳定；传感器舱室避免高温和潮湿；进坞时，检查传感器电极有无损伤并进行清洁；在热带海域停泊时间较长时，应给传感器通电。

（2）放大器

组成：输入电路、放大电路、变换电路、分频电路、自校电路和电源电路。

作用：放大传感器送来的航速信号；抑制传感器本身的缺陷产生的干扰信号；检测放大器本身功能。

（3）显示器

航速显示和航程显示。

3. 计程仪的使用与注意事项

以 CDJ-5 型电磁计程仪为例，由传感器、接线箱、放大器、开关箱和显示器五部分组成，如图 5-11 所示。

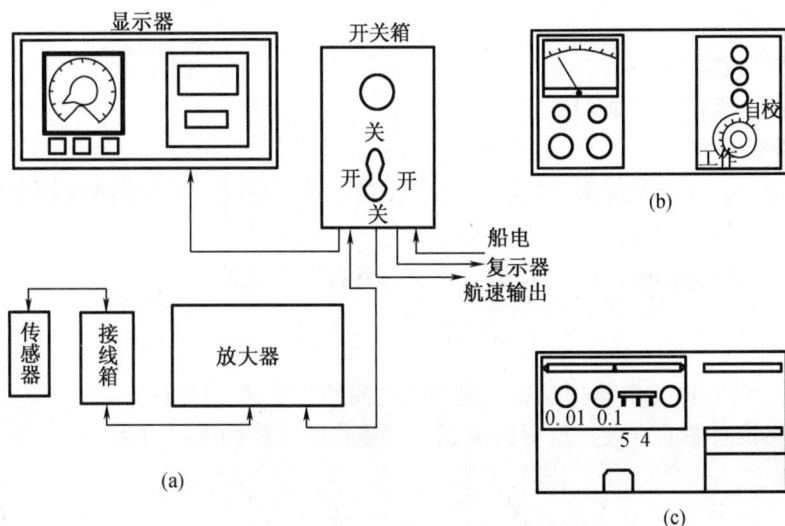

图 5-11　CDJ-5 型电磁计程仪示意图
（a）电磁计程仪组成；（b）放大器内部；（c）显示器内部

主要开关、旋钮分别位于开关箱、放大器和显示器上。

（1）开机

①接通开关箱上的"电源"开关，传感器和放大器工作（放大器内的电源开关平时应放在"接通"位置）。

②接通指示器上的"电源"开关，显示器工作，航速表指示航速。

③将显示器上的"储存-显示"开关置于"显示"位置，航程显示窗口以数字显示航程；若"储存-显示"开关置于"储存"位置，则航程显示窗口不显示航程，但仍继续累计航程。

④当需要将航程复零时可按下"复零"按钮，航程显示为零。

⑤使用显示器内的"航程选择"开关根据需要选择航程显示的小数点位数为小数后 1 位或 2 位。

⑥放大器内的"工作 – 自校"转换开关,平时置于"工作"位置,当需要自校时转换到"自校"位置,自校完成后仍放在"工作"位置。

（2）关机

断开显示器上的"电源"开关和放大器上的"电源"开关。

（3）使用注意

①按规定测量计程仪改正率。

②电磁计程仪是相对计程仪,只能测量相对航速与航程,当需要求真航速和航程时,需要按计程仪改正率进行改正。

③必要时可利用仪器本身的"自校"功能,对显示航速的准确性进行检测与校正。

④按规定维护保养好传感器,使其始终保持良好状态。

⑤经常清洁放大器和显示器内,防止灰尘等影响电子器件的正常工作。

5. 4. 2　多普勒计程仪

多普勒计程仪是利用多普勒效应测量游艇绝对速度和航程或对水层的速度和航程的计程仪。

1. 测速、计程原理

测速器件为超声波换能器。

（1）多普勒效应

多普勒效应是指当发射源与接收体之间存在相对运动时,接收体接收的发射源发射信息的频率与发射源发射信息频率不相同的现象。

多普勒频移（doppler shift）是指接收频率与发射频率之差,即

$$\Delta f = f_R - f_T = \frac{V}{C} \cdot f_T$$

其中,V 为接收体与声源相互靠近或相互远离的速度;C 为声速。

接收体将发射源的声波再反射到声源后被接收的多普勒频移应为

$$\Delta f = f_R - f_T = 2\frac{V}{C} \cdot f_T$$

（2）测速、计程原理

在船底安装发射超声波和接收反射回波的换能器,发射、接收换能器以 θ 角向海底或某一水层发射超声波和接收反射回波,如图 5 – 12 所示。

游艇以航速 V 航行时,航速 V 在超声波发射与接收方向的分量为 $V\cos\theta$,接收换能器接收反射回波的多普勒频移为

$$\Delta f = \theta \frac{2V\cos\theta}{C} \cdot f_T$$

则　　　　　　　$$V = \frac{C}{2f_T\cos\theta} \cdot \Delta f \quad （测速原理公式）$$

测得回波的多普勒频移 Δf,即可求得航速 V。设置航速积分器就可以求得航程。

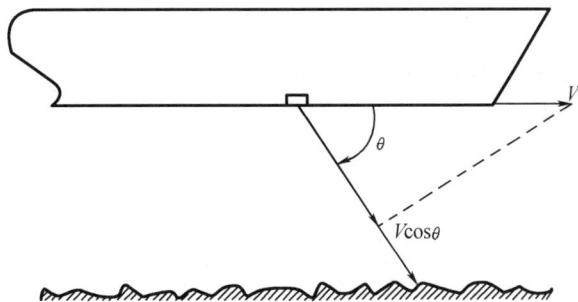

图5-12 多普勒计程仪测速、计程原理示意图

2. 多普勒计程仪的组成及各部分的主要作用(图5-13)。

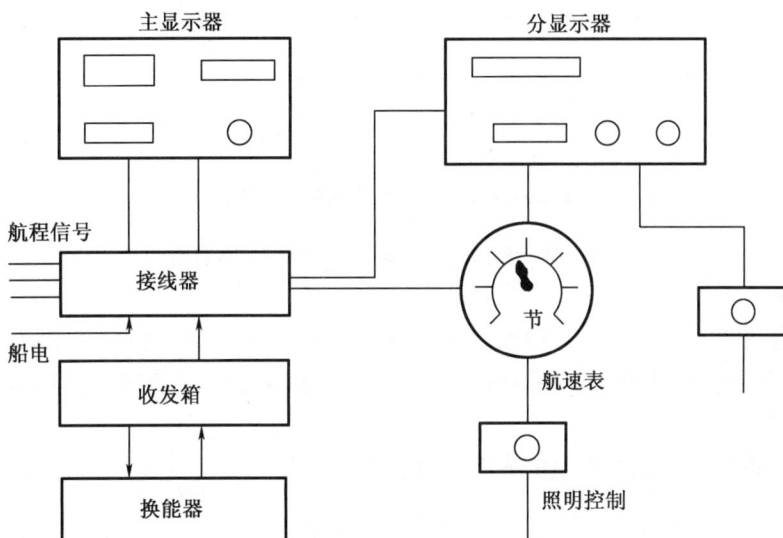

图5-13 多普勒计程仪的组成示意图

(1)换能器

换能器是声能与电能相互转换的器件,一般由压电陶瓷材料制成。安装在船底靠近龙骨并与船首尾线相平行的游艇纵剖面内,距船首船尾留有一定的距离。换能器的发射角(波束俯角)θ一般约为60°,使游艇沿水平方向移动时,反射回波产生多普勒频移。换能器的作用是将收发器送来的电振荡信号转换为超声波信号发射,并接收被反射回来的超声波信号,转换为电信号送回收发器。

(2)收发器

收发器包括发射系统、接收系统、计算电路、补偿电路、自校电路等单元。

发射系统产生具有一定频率、一定脉冲宽度和功率的电振荡信号,送给换能器;接收系统、计算电路和补偿电路将换能器送来的回波信号经放大处理后,求得多普勒频移并变为航速信号送给显示器。自校电路用于判断计程仪本身工作性能的好坏。

(3)显示器

显示器用来显示测量的相关数据。

3. 影响多普勒计程仪测速精度的因素

(1)声速变化的影响

声速变化的影响是影响测量精度的主要因素。

(2)游艇上下颠簸的影响

如图5-14所示,设游艇上下颠簸的速度为 U,当 U 朝上时,单波束发射与接收回波信号的多普勒频移为

$$\Delta f = \frac{2f_{\mathrm{T}}}{C}(V\cos\theta - U\sin\theta)$$

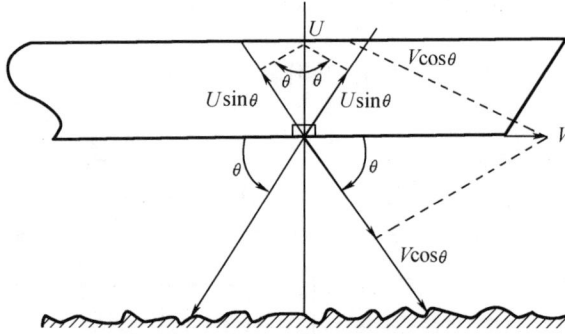

图5-14 游艇上下颠簸对测深仪影响示意图

双波束多普勒计程仪就是在船底以相同的 θ 分别向船首、船尾和向左舷、右舷发射和接收超声波,在所测的多普勒频移Δf中消除了游艇上下颠簸速度 U 的影响,测得了较精确的航速。其原理如下。

向船首方向发射与接收产生的多普勒频移为

$$\Delta f_{\mathrm{F}} = \frac{2f_{\mathrm{T}}}{C}(V\cos\theta - U\sin\theta)$$

向船尾方向发射与接收产生的多普勒频移为

$$\Delta f_{\mathrm{A}} = \frac{2f_{\mathrm{T}}}{C}(-V\cos\theta - U\sin\theta)$$

那么

$$\Delta f = \Delta f_{\mathrm{F}} - \Delta f_{\mathrm{A}} = \left[\frac{2f_{\mathrm{T}}}{C}(V\cos\theta - U\sin\theta)\right] - \left[\frac{2f_{\mathrm{T}}}{C}(-V\cos\theta - U\sin\theta)\right] = \frac{4Vf_{\mathrm{T}}\cos\theta}{C}$$

双波束多普勒计程仪的测速原理公式为

$$V = \frac{C}{4f_{\mathrm{T}}\cos\theta} \cdot \Delta f$$

其中,$\frac{C}{4f_{\mathrm{T}}\cos\theta}$为常数。

双波束多普勒计程仪不但能有效地消除游艇上下颠簸对测速的影响,还较好地消除了游艇纵摇对测速的影响和单波束计程仪的非线性测速误差。

4. 多普勒计程仪的分类

多普勒计程仪按其测量游艇不同航速可分为如下几种类型。

（1）一元多普勒计程仪

即单轴多普勒计程仪,简称为多普计程仪。它在船底安装有两个换能器,分别向船首方向和船尾方向发射和接收超声波,即采用双波束发射与接收,只能测量游艇前进和后退速度。

（2）二元多普勒计程仪

即双轴多普勒计程仪,又称为多普勒导航仪,它在船底靠近船首位置（距船首约船长处）安装有四个换能器,分别向船首、船尾和向左舷、右舷发射和接收超声波,即采用四波束发射与接收,能够测量游艇前进、后退速度和船首左右方向移动速度。

（3）三元多普勒计程仪

即三轴多普勒计程仪,又称为多普勒进港系统及速度计程仪。它除了在船底靠近船首位置安装有四个换能器,分别向船首、船尾方向和向左舷、右舷方向发射和接收超声波,即采用四波束发射与接收外,还在靠近船尾位置安装两个换能器,分别向左舷、右舷方向发射和接收超声波,即采用六波束发射与接收。除了能够测量游艇前进、后退速度和船首左右移动速度外,还测量船尾左右方向移动的速度。

5. 多普勒计程仪的使用与注意

以 SRD - 401 型多普勒计程仪为例,其速度门限为 0.01 kn（0.5 cm/s）,由于采用了自动"温度补偿",测量精度为 ±1% ;最大跟踪深度为 90 m;纵向速度范围为 0 ~ 35 kn,横向速度范围为 0 ~ 10 kn;航程范围为 0 ~ 9 999.9 n mile;超声波频率为 400 kHz。采用"kn"或"m/s"数字显示游艇前进、后退速度和船首、船尾横向移动速度。

使用注意事项:一是将电子柜上的"电源开关"由"OFF"位置转换到"ON"位置;二是将主显示器上的"电源开关"由"OFF"位置转换到"ON"位置,仪器即可正常工作。在使用过程中,可根据需要选择显示器的显示速度单位是"kn"还是"m/s"。

5.4.3　声相关计程仪

声相关计程仪利用对水声信息的相关技术处理来测量游艇航速和累计游艇航程。其特点是不但能够测量游艇速度、航程,还可以测量水深,测量精度高。

1. 声相关计程仪组成及各部分的主要作用

一台声相关计程仪主要由换能器（发射换能器 B_t 和接收换能器 B_f,B_a）、电子柜和显示器组成。

发射换能器 B_t 安装在船底中部,由电子柜中发射系统产生的电信号推动,以较大的波束宽度向垂直方向和船首、船尾（双轴声相关计程仪还向左右舷方向发射）方向发射超声波。安装在船底靠近船首的接收换能器 B_f 和靠近船尾的接收换能器 B_a,分别接收反射回波信号并送到电子柜。

电子柜内包括电源系统、发射系统、放大器Ⅰ,Ⅱ和相关处理器Ⅲ等。电源系统将船电转换为计程仪所需要的电源;发射系统产生具有较大功率的电信号推动发射换能器工作;放大器Ⅰ,Ⅱ分别放大来自两个接收换能器的回波信号;相关处理器Ⅲ对经放大后的两路回波信号进行延时、乘法、积分等相关运算处理,解算出航速信息、航程信息和水深信息,送给显示器。而航速信息还送给 ARPA 等其他航海仪器,作为其自动航速输入。

显示器将电子柜解算出的航速信息、航程信息和水深信息转换为航速、航程和水深,并以数字方式显示。

2. 测速原理(图 5 − 15)

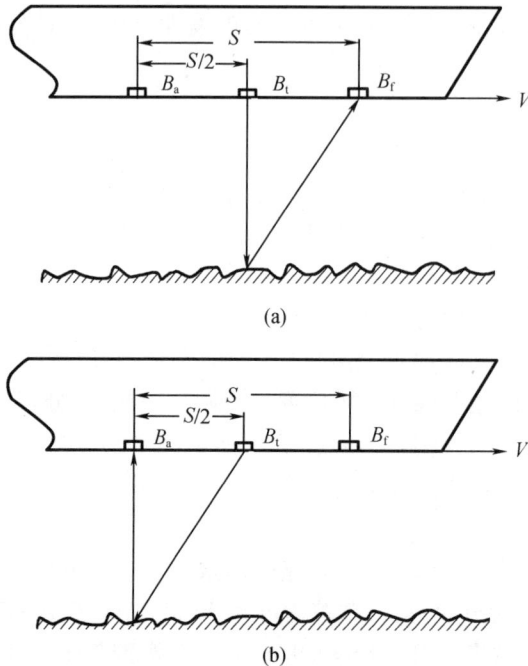

(a)

(b)

图 5 − 15　测速原理示意图

声相关:在水中传播路径完全相同的两个回波信号,所含的水声信息也完全相同。

船首尾接收换能器 B_f 和 B_a 之间的距离为 S(换能器基线),接收换能器距发射换能器 B_t 的水平距离均为 $S/2$。

发射换能器 B_t 以较大波束宽度向水下连续发射超声波,当游艇以航速 V 航行时,位于船底船首部分的接收换能器 B_f 和 B_a 连续接收反射回波。

接收时刻 $t = t_1$ 时,接收换能器 B_f 接收到发射换能器 B_t 发射的沿垂直方向传播到海底 A 点后被反射的回波信号 $f_1(t)$。

接收时刻 $t = t_2$ 时,经过时间间隔 τ(相关延时),游艇航行 $S/2$ 距离,船尾部分的接收换能器 B_a 接收到了来自同一海底位置 A 反射的,传播路径与 $f_1(t)$ 完全相同的回波信号 $f_2(t)$。

信号相关的游艇的航速应为

$$V = \frac{1}{2} \frac{S}{\tau}$$

3. 声相关计程仪的使用(SAL − 865 型)

SAL − 865 型声相关计程仪是瑞典札纳公司生产的一种最新双轴计程仪,不但可以测量游艇纵向航行速度,而且还可以测量游艇横向移动速度。在大型游艇和超大型船舶进出港、靠离泊或进出坞时,能够指示出人的视觉所无法测定的游艇极为微小的横移速度,以确保游艇的安全。

SAL − 865 型声相关计程仪由换能器、微机、信号分配箱和航速、航程、水深显示器组成。跟踪方式分为海底跟踪和水层跟踪,最大海底跟踪水深为 300 m,当水深超过 300 m 时自动转换为跟踪水层;测量纵向速度范围为−8 ~ 40 kn,测量横向速度范围为−8 ~ 8 kn;纵向航程指示范围为 9 999.9 n mile,横向航程范围为 999.9 n mile;门限速度为 0.1 kn;对海底跟踪时测深范围为 2~300 m;工作频率为 150 kHz。

SAL-865 型声相关计程仪使用非常方便。安装在驾驶台的显示器上设有"电源与亮度调节旋钮"和"跟踪方式选择旋钮",顺时针转动"电源与亮度调节旋钮"接通电源后,仪器即可正常工作,各显示窗口以数字方式显示航速、航程、水深等。当"跟踪方式选择旋钮"选择对海底跟踪时,测量绝对航速和航程。水深超过 300 m 时自动转换为对水层跟踪,也可以通过"跟踪方式选择旋钮"直接选择对水层跟踪。

5.4.4 三种计程仪的比较与误差分析

电磁计程仪:为相对计程仪、单轴计程仪,只能测量游艇对水的纵向航速、航程。测量精度受水流、传感器工作性能、放大器线性程度和显示器的显示性能等影响。现代游艇上使用较少。

多普勒计程仪:与电磁计程仪相比较,测量精度高;门限速度小;能测游艇横移速度,显示方式精确到.m/s;能测游艇绝对速度,提供给其他航仪。测量误差主要由于超声波在水中的传播速度发生变化引起的,误差相对较小(若具有"水温补偿"和"盐分补偿"功能,误差可忽略不计)。当水深超过其跟踪水深时,计程仪只能对水层跟踪,测量相对水层的航速、航程。

声相关计程仪:功能比较齐全、比较先进。它与电磁计程仪比较具有测量精度高;能够测量绝对航速、航程;能够测量游艇横移速度等优点。与多普勒计程仪比较,它除了具有与多普勒计程仪相同的优点外,在海底跟踪状态下还可以测量水深,即兼有测深仪的作用;测速精度不受超声波在水中传播速度变化的影响,比多普勒计程仪的测量精度高。

多普勒计程仪和声相关计程仪是现代游艇上使用最多的两种计程仪。

习　　题

1. 磁罗经自差是指＿＿＿＿与＿＿＿＿的水平夹角。
   A. 真北 磁北　　B. 真北 罗北　　C. 磁北 罗北　　D. 以上均错
2. 磁罗经在两极附近不能指向,是因为此时＿＿＿＿。
   A. 垂直分力较强　　　　　　B. 垂直分力等于零
   C. 水平分力较强　　　　　　D. 水平分力约为零
3. 磁差除与地理位置有关外,还与下列＿＿＿＿有关。
   A. 船磁　　　　B. 航向　　　　C. 船速　　　　D. 时间
4. 安装在钢铁船上的磁罗经受到软铁磁力和硬铁磁力的作用而产生＿＿＿＿。
   A. 磁差　　　　B. 罗经差　　　　C. 自差　　　　D. 误差
5. 安装在木船上的磁罗经＿＿＿＿。
   A. 有自差无磁差　B. 有磁差无自差　C. 有磁差和自差　D. 罗经差为零
6. 磁罗经罗盆中的液体在罗经中起＿＿＿＿作用。
   A. 可减小罗盘轴针与轴帽中的摩擦力　B. 因阻尼作用使罗盘指向稳定性好
   C. 起减振作用　　　　　　　　　D. A+B+C
7. 罗盆液体为蒸馏水和酒精混合液的磁罗经,其支承液体成分是＿＿＿＿。

A. 45% 蒸馏水、55% 酒精　　　　　B. 55% 蒸馏水、45% 酒精

C. 50% 蒸馏水、50% 酒精　　　　　D. 35% 蒸馏水、65% 酒精

8. 磁罗经自差随航向变化的原因是_____。

　A. 观测不准确　　　　　　　　B. 磁罗经结构有缺陷

　C. 船所在地区有磁场异常现象　D. 各种自差力与罗经航向有不同函数关系

9. 磁罗经的罗经盆存在气泡时应_____。

　A. 用力将之挤出　　　　　　　B. 调配好液体从注液孔中注入以排出气泡

　C. 不影响罗经的使用，不用管它　D. 将气泡置于罗盆中央即可

10. 磁罗经的指向部件是_____。

　A. 罗经柜　　　B. 罗经船首线　　C. 罗盆　　　　D. 罗盘

11. 磁罗经的罗经盆一般用_____材料制成。

　A. 铁　　　　　B. 镍　　　　　　C. 铜　　　　　D. 钢

12. 磁罗经的半周期检查主要用来检查磁罗经的_____。

　A. 磁差　　　　B. 自差　　　　　C. 摩擦力大小　D. 磁针磁性的强弱

13. 磁罗经的罗经首尾基线应与船首尾基线相_____，否则罗经剩余自差增大。

　A. 平行　　　　B. 重合　　　　　C. 交叉　　　　D. 垂直

14. 磁罗经产生自差的主要原因是_____。

　A. 感应船磁　　B. 地磁　　　　　C. 永久船磁　　D. A + C

15. 磁罗经自差发生变化的原因是_____。

　A. 船磁场发生变化和地磁场发生变化　B. 罗经方位圈有固定误差

　C. 使用了备用罗经　　　　　　　　　D. 罗盆内液体减少或有气泡

16. 游艇在航行中，要求经常比对磁罗经航向和陀罗航向，其主要目的是_____。

　A. 求罗经差　　　　　　　　　B. 求自差

　C. 及时发现陀螺罗经工作的不正常　D. 为了记录航海日志

17. 下列_____因素会引起磁差的改变。

①地磁异常；③磁暴；③装卸磁性矿物；④修船。

　A. ①②　　　　B. ③④　　　　　C. ①③　　　　D. ②④

18. 当游艇转向时，下列_____不发生改变。

①磁差；②自差；③年差；④罗经差；⑤真方位；⑥罗方位。

　A. ①②③　　　B. ④⑤⑥　　　　C. ①③⑤　　　D. ②④⑥

19. 当游艇转向时，下列_____随之发生改变。

①真方位；②罗方位；③磁方位；④舷角。

　A. ①②　　　　B. ③④　　　　　C. ①③　　　　D. ②④

20. 罗经差等于_____。

　A. 自差　　　　　　　　　　　B. 磁差

　C. 自差与磁差代数和　　　　　D. 自差与磁差绝对值之和

21. 回声测深仪显示方式有_____。

①闪光式；②记录式；③数字式；④打印式

　A. ①②③　　　B. ①②④　　　　C. ①③④　　　D. ①②④

22. 回声测深仪在游艇长期停泊时，应每隔_____月通电一次，每次通电时间不少于

_____小时。

    A. 半;6   B. 半;4   C. 1;4   D. 1;6

23. 计程仪主要组成包括_____。

①传感器;②放大器;③显示器;④GPS。

    A. ①②③   B. ①②④   C. ①③④   D. ①②④

24. 多普勒计程仪的分类分为_____。

①一元多普勒计程仪;②二元多普勒计程仪;③三元多普勒计程仪;④四元多普勒计程仪;⑤五元多普勒计程仪。

    A. ①②③④   B. ①②③   C. ①③④⑤   D. ①②④⑤

25. 声相关计程仪的特点有_____。

①能够测量游艇速度、航程;②可以测量水深;③测量精度高。

    A. ①②③   B. ①②   C. ②③   D. ①③

第6章 航路与航法

引导游艇沿最佳航线从一个港口航行到另一个港口,是驾驶员的一项重要任务。游艇在航行中,不同的航区内可能面临着不同的通航环境,合理地选择航路,采用适当的导航方法与航行措施,对确保游艇航行安全,提高航道通行能力,减少水上交通事故,保护海洋环境都具有重要的意义。本章针对近岸航区游艇在不同航行条件下的航路选择及航法方面进行介绍。

6.1 沿 岸 航 行

6.1.1 沿岸航行的特点

沿岸航行有如下特点:距沿岸的危险物近,地形复杂;潮流影响大,水流较为复杂,水深一般较浅;来往船只和各种渔船较为密集,容易造成避让困难;当距岸不很远而遇到紧迫局面时,在许多情况下回旋余地不大。这些都给游艇的航行带来困难。但沿岸航区的航海资料一般详尽、准确;沿岸航线距岸较近,可用于导航定位的物标也较多,常常可获得较准确的陆标船位。这些为游艇的航行安全提供了一定的保证。总之,沿岸航行应充分利用其优势,克服其不利因素。航行前要仔细研究航海资料,熟悉航区特点。航行中要集中精力,谨慎驾驶,不可有任何疏忽,以确保游艇的航行安全。

6.1.2 沿岸航线的选定

沿岸海区船舶通航的历史较长,主要航区的测量资料比较详尽,许多地方在海图和航路指南等资料中均有推荐航线,条件许可时应予以采用。但是,沿岸航行由于季节、往返航和昼夜时间的不同,航线也不是固定不变的。在具体选定航线时,应进行以下三方面的工作。

1. 分析航次情况

应根据航次任务,综合考虑本船性能、导航设备性能、客货载情况、船员技术状况、航程长短,以及航区的风流、能见度、障碍物、渔船、灾害性天气和避风港等情况。

2. 研究有关资料

根据航次任务的一般要求,详细研究有关航海图书资料,如海图、航路指南、航标表和潮汐潮流表等。应根据航海通告和航海警告对有关图书资料进行认真而仔细的改正。对本航次中可能遇到的困难条件,应做到心中有数并作好必要的安排。

3. 预画航线

在确定和预画航线前,应根据安全和经济的原则,充分考虑下列各点。

(1)尽可能采用推荐航线

在没有特殊原因的情况下,应尽可能采用海图和航路指南中的推荐航线,包括采用通航分隔航路。

（2）确定适当的航线离岸距离

航线离岸距离应根据游艇吃水的深浅、航程的长短、测定船位的难易、海图测绘的精度、能见度的好坏、风流影响的大小、航行船只的密集程度以及本船驾驶员技术水平等情况加以确定。还应考虑避让和转向要留有足够的余地。

在能见度良好的情况下，距陡峭无危险的海岸，一般可在 2 n mile 以上通过，以保证能清楚地辨认岸上物标。沿较平坦倾斜的海岸航行，大船应以 20 m 等深线为警戒线；小船可以 10 m 等深线为警戒线。至少应在本船吃水两倍的等深线之外航行。夜间航行，如定位条件不好或能见度不良，应在离岸 10 n mile 以外航行，以利安全。

在定位条件不好的海区沿岸航行，采取与岸线总趋势平行的航线是有利于安全的。在夜间，特别是在可能遇到吹拢风或向岸流影响时，应将航线再适当地向外海偏开一些，确保航行安全。

为了有利于避让，航线应避开船舶的交会点，尽可能避开渔船作业区。如我国黄海佘山以北、34°N 以南海区，广东、福建沿海一带，常有大量渔船集中作业，必要时以绕航为宜。

（3）确定航线离危险物的安全距离

航线距其附近的暗礁、沉船、浅滩、渔栅等危险物的安全距离，应根据下列因素决定。

①从接近危险物前所能测到的最后一个陆标船位至危险物的航程长短和所需的航行时间：一般情况下，这段航程愈远、航行时间愈久，通过时的或然航迹区距该危险物的距离也就越近，则航线距危险物的距离也应远些。

②危险物附近海图测量的精度：通过未精测区比通过精测区的距离应远些。通过精测过的危险物，可从其外缘以 1 n mile 为半径画出危险圆，并考虑本船船位误差范围再确定距危险圆的距离。

③危险物附近有无显著的可供定位和避险的物标。

④通过危险物时的能见度情况、是白天还是黑夜。

⑤风、流对航行的影响。

⑥水下障碍物还是可见障碍物以及是否设有危险物标志。

一般有陆标可供不断观测定位时，至少应在 1 n mile 以上通过危险物。如果是在潮流影响较大的海区或者受吹拢风影响，或能见度不好时，离危险物的距离显然应该加大。在通过远离陆地、而又未设标志的危险物时，应根据水流情况和最后一个实测船位到危险物航程的远近，以 6～10 n mile 的距离通过它。当黑夜或能见度不好时，这个距离还应当增大。

（4）绕航

选定沿岸航线，有时为了避开风浪、不利水流或者为了安全通过危险物等原因而需要绕航。须知避离危险的绕航，即使离开危险物距离增加很大时，由此而增加的航程也是很有限的，而游艇的航行安全却因此而得到较大的保证。如图 6－1 所示，从 A 到

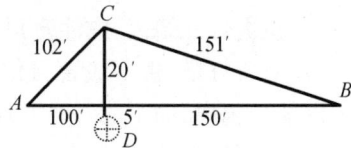

图 6－1　绕航示意图

B 直航时航程为 250 n mile，为了避离危险物 C 更远些，设距其 25 n mile 通过，则绕航后的全程为 AD + DB = 253 n mile，航程仅增加 3 n mile。绕航渔区的情况也是如此。

（5）定位与转向条件

沿岸航行，应考虑在各种航行情况下，都能有较好的定位条件。在重要转向点，应选择

在转向侧正横附近的位置准确的显著物标作为转向物标,如灯塔、立标、岛屿、山头等。避免用平坦的岬角或浮标作为转向物标。

绕岛屿与岬角航行,不必都采用正横转向。因为这样转向,船与物标的距离会越来越近。若连续三次正横转向30°,则最后距物标的距离约为原先第一次转向时的2/3。最好采用定距绕航的方法,先在海图上画出航线,标出几个转向点,然后用雷达观测距离,使船保持在计划航线上航行。也可采用平行方位转向法,就能保证转向后游艇航行在新航线上。此外,还应根据本船吃水,设定适当的避险位置线,以防转向中接近海岸或危险物。

6.1.3 沿岸航行的注意事项

在沿岸航行时,一般应注意下面一些问题。

1. 准确地进行航迹推算

沿岸航行一般均离岸较近,除了有定位精度较高的 GPS 定位外,获得准确的陆标船位也较为容易。但是,认为沿岸航行定位方便,因而忽视航迹推算甚至中断推算,一旦出现异常情况,就可能丢失船位,其后果是十分严重的。因此,平时应注意分析推算的精度,积累资料,以作为能见度不良时或情况有异常时航行的参考。

推算起始点应是准确的观测船位。在到达推算起始点前,应启用计程仪,并使其正常工作。航迹推算应保持连续性,在水流影响显著地区航行,每一小时推算一次船位,到达泊位水域或接近港界有物标可供导航时才可终止推算。

2. 做好定位工作

如果条件许可,在一般情况下,船速 15 kn 以下的船舶应每半小时测定船位一次。接近危险地区或船速在 15 kn 以上,应适当缩短定位时间间隔。能见度不良时,应充分利用雷达定位。通过一系列的观测船位,检查游艇是否偏离计划航线;系统地分析游艇偏离计划航线的原因;同时可根据实测船位的间距,计算出实际航速,以便预计何时可看到和到达下一个重要物标。

物标在视界之内时,应尽量使用目测定位。雷达、回声测深仪以及无线电定位仪器,均应保持良好的工作状态。在重要航区,应采用多种方法定位,以消除单一定位方法可能存在的误差和局限性。必要时可采用诸如方位距离、方位测深、天文船位线等综合定位方法测定船位。使用转移船位线时,应特别注意推算的准确度。当航迹推算误差较大又对观测船位有充分把握时,可转移船位。

准确识别物标,是准确定位的前提。例如浮标,在大风之后常有移位或漂失的情况。灯浮有时也会灯光熄灭,应注意识别,不可主观臆断。只有物标确认无疑后,方可用以定位和导航。对于灯塔,也不应盲目信赖,消极等待发现其灯光。因为其灯光有可能被云雾遮住,或因船位偏离,而不能及时发现它。

3. 加强瞭望

许多海事,特别是碰撞事故,大部分是由于瞭望疏忽引起的。瞭望应由近及远地连续扫视水平线内的一切事物。不要忽视任何微小的异常现象,例如海面的漂浮物、平静海面的异常浪花、大海中海水颜色的突然改变等,它们往往是危险的预兆。在航行条件比较复杂的情况下,应尽量做到"镜不离手",以提前发现危险。夜航时,应注意尽可能减少在海图室内逗留的时间,保持夜眼。因为眼睛在由有灯光的环境进入到黑暗中时,在大约 7 min 内是看不清东西的,在 15 min 后才只恢复视力的60% 。必要时应及时开启雷达,使用雷达协助瞭望。在渔船和来往船只密集的海区,应密切注意他船的动向。

4. 转向

转向前应尽可能地测得准确船位,以此推算出到达转向点的时间。要事先选择好显著易认的、转向侧正横附近的转向物标。在重要的转向点,必要时可多选择一个转向物标,以便在一个转向物标因故被遮蔽时利用另一个。在转向时最好用小舵角逐渐转过去。如果船至转向物标的横距比设计的距离过大或过小,可适当提前或延后转向,以使船转向后驶上计划航线。转向时应特别注意避让,因为在重要的转向点,往往也是船舶的交会点。在那里是对遇,或者是横交,随时在变化,局面不易判断。因此,应特别加强瞭望,谨慎驾驶。在转向后,应在海图上和航海日志中记下转向时间、计程仪读数和船位。然后在条件许可时,应立即利用一切机会测定船位,校验转向后游艇是否偏离计划航线。

5. 保持助航仪器的良好工作状态

对所有助航仪器,都应保持正常良好的工作状态。对罗经和计程仪,应该利用航行中的一切机会测定其误差。

6. 海图的使用

为了提高推算和定位的精度,应尽可能采用新版大比例尺海图。因为在大比例尺海图上,资料比较详尽、准确。海图作业应按规定进行,并要保持整齐清洁。在换图后,只要条件允许,应立即定位进行核对。此外,航行中应注意收听航海警告,并及时进行资料及海图的改正工作。

7. 避离灾害性天气

注意收听有关的气象预报,如发现航路的进程中有灾害性天气,应及时果断地改变航行计划,借以避离。

8. 应充分利用单一位置线

如能正确利用单一位置线,有时对航行安全会起到一定的保证作用。如果测得一条与计划航线垂直的船位线,可用以判断船位超前或落后于推算船位的程度。如果测得一条与计划航线平行的船位线,则可用以判断船位偏离计划航线的程度。若船位线是南北方向的,可用它确定游艇的经度。若船位线是东西方向的,可用它求纬度。总之,单一位置线可以缩小推算船位的或然船位区。此外,单一船位线还可以用来避险、导航和测定仪器误差等,还可用于转向,故应充分利用。

9. 正确识别岸形和物标

正确识别岸形和物标,对于沿岸航行安全具有决定性的作用。目视或用雷达识别岸形、陆标并非一举即成,即使对于助航标志,亦必须经反复观测、分析后,才能正确识别。实践证明,许多海事就是由于对岸形和物标的识别错误引起的。因此,对物标和岸形必须进行仔细的分析,反复辨认,做到准确无误,万无一失。

6.2 狭水道航行

狭水道是港口、海峡、江河、运河以及岛礁区等水道的统称。一般而言,狭水道内不仅航道狭窄弯曲,而且水深、水流变化较大;航道距危险物近;来往船只密集;一般不能用通常的定位方法进行定位,因此航行较为困难。世界上所发生的海事相当一部分就是由于在狭水道中航行或操纵措施不当而引起的。因此,游艇驾驶员对在狭水道航行应更加重视,谨慎驾驶,并注意不断积累和总结狭水道航行的经验,提高驾驶水平。

6.2.1　狭水道航行的特点

1.航道狭窄、弯曲,水深浅变化大

狭水道往往狭窄而弯曲,游艇航行没有足够的回旋余地。例如,我国新港进口主航道系人工疏浚,宽度不足 100 m,黄浦江陆家嘴转向角大于 110° 等。除某些深水港外,大多数港口的进出口航道水深都有限。而江河入海口处的航道,往往由于上游挟带大量泥沙的沉积而形成浅滩。这种浅滩的位置,随季节和江河水势的差异而多有变迁,因此航道水深经常改变,进出这些航道时必须掌握最新的水深资料。如我国的长江南水道,浅滩较多,水深变化大,游艇进出该水道常要候潮。这一切,都给游艇航行和操纵带来了较大的困难。因此,许多狭水道内,除有天然和人工陆标可供定位、避险导航外,还专门设有浮标指示航道或航海危险。大部分狭水道,近年来都实施了通航分隔制,为来往船只规定了分隔航路。

2.离危险物近、水流情况复杂

由于狭水道受岸形限制,航道一般离浅滩、礁石等航行危险物较近。且由于航道狭窄,无论是两端均为较宽阔的水面,还是江河入海口的狭窄航道,流向复杂,流速分布不均匀。

对于直而短的狭水道,潮流流向系沿航道轴线方向。但在弯度大的水道,主流线往往与水道横交。我国长江南水道的某些地方,流向常与航道线形成较大交角。狭水道的流速也有较大变化。如长江口南水道在大潮讯时的流速可达 4～5 kn,航行中应充分注意。游艇一旦偏离航线或者被水流压向航道外都是很危险的。因此一切航行措施要求准确、迅速,决不能犹豫和盲动。

3.来往船只密集,避让余地小

狭水道,特别是比较重要的狭水道,一般都是来往船只密集区域,且船舶种类繁多、大小不一,有些航道时有小船堵道,给游艇的操纵与避让增加了困难。有些进港支航道设计为单向通航,可航水域有限,在有大型船通过的狭水道,要注意大船航行通告。小型船舶不应妨碍深吃水游艇的正常通航。

4.可供定位的物标多、距离近

狭水道航行,可用以定位的物标多、距离近,物标的方位变化较快。因此,用一般的航海定位方法,在速度和精度上都不能确保航行的安全。所以必须预先研究掌握各物标特点,采用目视引航方法来确保狭水道航行的安全。

6.2.2　狭水道航行方法

由于狭水道航行具有如上特点,因此要求在进入狭水道航行前要做好一切准备工作,拟定好航行计划和确实掌握游艇操纵性能,尽量做到胸有成竹,以应付各种复杂情况。为此:①航行前仔细研究海图及有关的航海图书资料。熟悉各航向,各相邻浮标的间距;设计好定位、导航、避险和转向物标;了解航道与航道外的水深、浅滩、危险物的分布及水流情况等。②充分掌握本船的操纵性能,如冲程、旋回圈、舵效、锚抓力等,以应付各种紧迫局面。③预先拟定好航行计划,对每段航线应采取的航行方法和注意事项,都要仔细进行研究,对航行中可能遇到的一切困难要有充分的准备。在复杂狭水道,应根据狭水道的航行经验、本船性能、能见度及风流等情况确定合适的过狭水道时机,并多设想几种航行方法。

狭水道航行主要采用目视引航,其方法如下。

1. 浮标导航

浮标导航方法实际上就是逐个通过浮标的航行方法。因此,要查阅有关航路指南和港章,熟悉浮标制度。具体航行中主要应注意以下几点。

(1) 按计划航线航行

应根据本船本航次的情况,在海图上预先画好计划航线。如航道水深足够,航线应设计在航道内靠本船右舷的一侧,但不宜太靠近浮标。如长江口南水道进口船应以正横1.5链通过右侧标,出口船以正横3链通过右侧标。但对于深吃水船,应将航线设计在深水航道,不能盲目地"靠右航行"。

(2) 熟悉航道情况

必须熟记各浮标之间的航向和航程,熟悉航道的可航宽度。对浮标连线以外的水深、浅滩等情况也应充分了解,以防遇到紧迫局面时从容应对。

(3) 必须准确辨认浮标

在通过每一个浮标时,应核对其形状、颜色、顶标、灯质和编号,以免认错浮标而造成事故。

(4) 随时掌握船位

狭水道航行必须随时掌握船位,勿使游艇被风流压向浮标,或压向浮标连线的外侧。方法是经常观测前后浮标连线与游艇船位的关系,或随时观察浮标舷角的变化。如舷角不变或很少变化,则说明游艇正在压向浮标连线。如浮标舷角反而变小,则表明游艇被压向浮标连线的外侧。

(5) 准确掌握浮标的正横距离

掌握浮标正横距离,可以判断游艇是否偏离计划航线。一般目测正横距离的方法有四点方位法和舷角航程法。如图6-2所示,A 和 B 为两浮标,其间距设为 6 n mile。游艇与 A

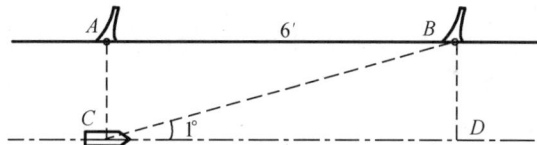

图6-2 正横距离示意图

浮标正横时,测得 B 浮标的舷角 $Q = 1°$,则游艇通过 B 浮标的正横距离可按下式预算:

$$BD = AB \times \frac{1}{57.3} = 6 \times \frac{1}{57.3} = 0.1 \text{ n mile}$$

(6) 掌握转向时机

浮标导航一般是在浮标正横时转向。为了转向后驶在计划航线上,若发现浮标正横距离太近或太远时,可以采取在正横前提前转向或推迟到正横后转向。也可以在游艇航行至两标中间的1/2 处,观察前后浮标的方位来判断航向、风流压差和到达下一个浮标的正横距离是否合适,如不合适应及时调整。

(7) 及早发现前方浮标

利用浮标导航,及早发现前方浮标是非常重要的。对两浮标间的航行时间,应根据航速事先掌握,预算出到达下一个浮标的时间。如到了该发现而未发现浮标或对前方浮标有疑问时,应立即采取必要的措施,查明原因,谨慎驾驶,决不能盲目航行。

江河口外的浮标或灯船,在大风浪之后有时会发生位移,灯光熄灭,甚至漂失。应尽可能利用陆标校验其位置是否正确,一旦发现浮标位置有误,就不能用其导航。另外,若发现浮标位移、漂失等情况,应向有关部门报告。某些港口因冬季结冰,可能撤除浮标,或用其他标志代替,航行时应予注意。

(8)与前船保持适当距离

如前后左右有他船航行,应多用 VHF 互通游艇动态信息。当尾随他船航行时,应与前船保持一定距离,以免碰撞。

(9)做好备车、备锚等应急准备。当避让他船或转向时,应注意舵工的操舵情况。

2.叠标与导标导航

为使游艇能准确地按照推荐航线航行,通常在推荐航线的延长线上人工设有叠标或导标,以引导游艇航行。叠标一般由前后两个立标组成,近船的立标称为前标,另一个称为后标。导标则由一个立标构成,在海图上标示出该导标的导航线方位。若没有人工叠标或导标,驾驶员也可根据需要自己选择自然物标作为叠标或导标。

(1)叠标导航法

利用叠标导航时,只要使两叠标标志前后重叠,就能保证游艇航行在叠标引导的航线上。一旦发现前后标志错开,表明游艇已偏离了航线,应于纠正。当发现前标偏左,应使用小舵角操船左转。当发现前标偏右,应使用小舵角操船右转。但若背离叠标航行,则操舵方向与上述相反。

(2)导标导航法

若利用单个导标导航时,应经常观测该导标的方位,保持其与海图上的导航线方位一致,才能保证游艇航行在导标引导的航线上。同样,当发现导标方位偏小,应使用小舵角操船左转。当发现导标方位偏大,应使用小舵角操船右转。当背离导标航行,则操舵方向与之相反,如图 6-3 所示。

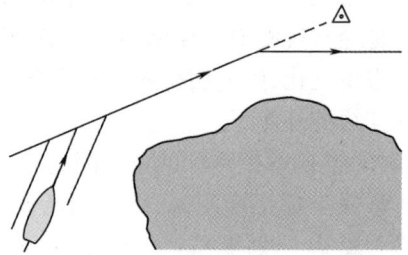

图 6-3　导标导航法示意图

(3)方位叠标的灵敏度

游艇对导航叠标的灵敏度有一定的要求。若游艇偏离航线较大距离时还未发现前后标志错开,则这样的叠标对游艇安全不利,不符合要求。但若游艇稍稍偏离航线就发现前后标志错开,使驾驶员忙于应付纠正航向,分散注意力,也不符合要求。所谓叠标灵敏度,是指船上测者发现叠标标志刚错开时,游艇偏离叠标导航线的最小距离。显然这距离越小,则叠标越灵敏;越大则叠标越不灵敏,如图 6-4 所示。

叠标的灵敏度与叠标之间的距离 d 和游艇距前标的距离 D 有关。当 D 一定时,两叠标间的距离 d 越大,则叠标越灵敏;当 d 一定时,D 越小,则叠标越灵敏;反之,叠标就越不灵敏。

除灵敏度外,游艇对叠标的可辨认性同样有要求。人工叠标一般都符合上述要求,因此,在自己选择叠标时,应注意如下几点:

①$d/D \geq 1/3$ 时,叠标的灵敏度可符合一般导航的要求;

②叠标标志应选择细长物标,如灯塔、旗杆、烟囱、教堂尖顶或精测过的山峰等;

③后标应比前标高,并注意标志本身和背景的亮度,应易于辨别。

叠标除用于导航外,还可以用来定位、转向、避险和测定仪器误差等。

3.避险位置线导航

避险位置线是游艇航行于安全水域与危险水域的分界位置线。避险位置线导航,就是对航线附近的危险物或危险水域设定避险位置线,使船航行在避险位置线的安全水域一侧,以确保游艇对危险物的避离。常用的避险位置线有:

①方位避险线。如在游艇船首方向有显著物标可供测定方位,可将该物标作为避险物标,从避险物标作出危险水域的切线方位线,作为方位避险线来确定游艇对危险物的避离。

②距离避险线。如在计划航线的接近垂直方向上有危险水域和可供测距的显著物标,可将该物标作为避险物标,以避险物标为圆心,危险距离为半径作出危险水域与安全水域的分界线,该分界线便是距离避险线(图6-5)。为了确保游艇对危险物的避离,在接近危险水域前,就应用雷达不断观测避险物标的距离(或用六分仪观测避险物标的垂直角)。当危险水域与避险物标处在同一舷时,游艇应保持与避险物标的距离大于危险距离航行;当危险水域与避险物标不处在同一舷时,游艇应保持与避险物标的距离小于危险距离航行。当游艇用六分仪观测避险物标的垂直角避险时,可

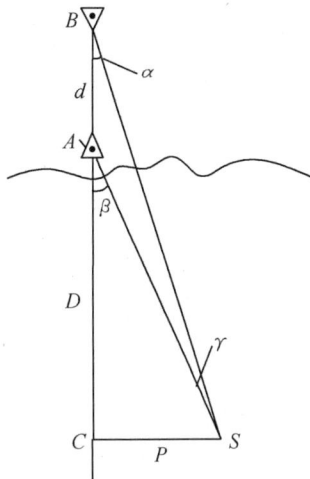

图6-4 方位叠标的灵敏度示意图

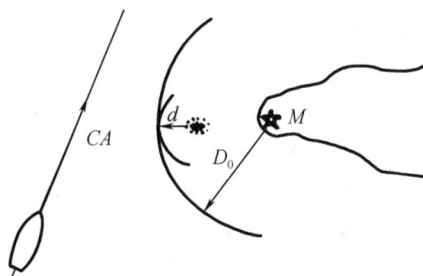

图6-5 距离避险线示意图

预先按危险距离设定危险垂直角,危险垂直角与避险物标高度 H 及危险距离 D 的关系是:

$$\alpha' = 1.856 \times \frac{H \text{ m}}{D \text{ n mile}}$$

当危险水域与避险物标处在同一舷时,游艇应保持避险物标的观测垂直角小于危险垂直角航行;当危险水域与避险物标处在计划航线的异侧时,游艇应保持避险物标的观测垂直角大于危险垂直角航行。

③水平角避险。它与危险垂直角类似,利用观测计划航线同一舷的两个物标的水平夹角圆弧位置线,来代替距离避险线。危险水平角 α 可以在海图上连接危险水域最靠近航线的点与两个物标求得。航行接近危险水域前,应不断用六分仪观测该两物标的水平角,当所测水平角小于危险水平角 α 时,则表示游艇航行在安全水域,如图6-6所示。

④叠标避险线。两个物标的开门(开视)或关门(闭视)方位,就是叠标方位线,它直观、准确、不依赖于罗经,因此常被用来导航和避险。

4.转向

一般都利用物标正横来转向,但有时正横转向受到条件限制,尤其是当船位偏离原航线时,转向后仍偏离新航线。如果采用平行新航线的方位转向法,就能保证转向后游艇航行在新航线上。预先可在海图上作出与新航线平行的转向物标方位线,量出该方位线与原

航线的交点距转向点的距离 S(或计算出该距离的航行时间),当航行接近该方位线之前,不断观测转向物标的方位,当观测方位等于新航向时,只要再航行 S 距离后转向,便能保证转向后游艇航行在新航线上(不考虑转舵滞后量),如图 6-7 所示。

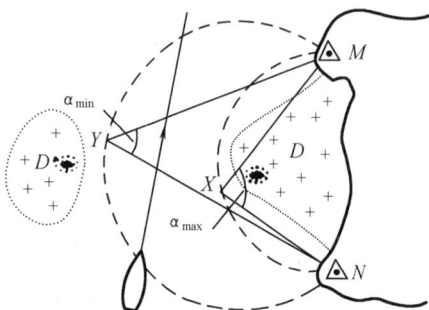

图 6-6　水平角避险线示意图　　　　图 6-7　平行转向示意图

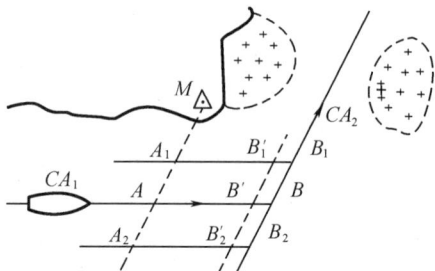

5. GPS 和 DGPS 导航

目前,大部分游艇上均装备了 GPS 导航仪,它可提供定位精度达百米级的船位。而在建立了 DGPS 的水域,定位精度可达米级。根据这一特点,游艇可因时因地利用 GPS 或 DGPS 在狭水道内定位和导航。

6. 过浅滩的航行方法和注意事项

在河港入海口航道上,往往存在拦江沙浅滩。由于浅水的作用,使游艇航行阻力增大、船速降低、舵效减小、吃水增加,造成航行和操纵上的困难。

此外,由于浅滩处航道水深有限,大船过浅滩常常需要候潮。为此,通过浅滩时,一般要求首尾吃水正平,避免横倾。

通过浅滩时的最小安全水深可由下式求得:

$$最小安全水深 = 吃水(出发港) + 咸淡水差 + 快速尾下座 + 横倾增加吃水 +$$
$$半波高 + 保留水深 - 油水消耗减少吃水$$

(1)咸淡水差

游艇由海水驶入淡水的吃水增加量,可根据下式计算:

$$增加吃水 = \frac{W}{a}\left(\frac{\rho - \rho'}{\rho'}\right)$$

式中　W——排水量;

　　　a——在海水中每厘米吃水的排水量;

　　　ρ——海水密度;

　　　ρ'——淡水密度。

(2)快速尾下座

游艇在浅水中航行,船体会产生尾下沉使吃水增加,这是因为船底至海底的水深变小,使水流加快,水压降低,从而使吃水增大。

尾下座量与游艇长度、船体线型和船速有关。我国长江南水道航行规则中估计快速尾下座引起的吃水增加约为船速的 5.2% ,例如船速为 10 kn 时,尾下座约为 0.52 m。

（3）横倾增加吃水

在水深有限的狭水道中航行时,要考虑横倾角 θ 使吃水增加的因素。横倾吃水增加量可按下式近似算出:

$$\Delta T = \frac{B \cdot \theta}{2 \times 57.3} \approx \frac{B \cdot \theta}{120}$$

式中　ΔT——横倾 θ 增加的吃水;

　　B——船宽。

例如船宽为 20 m,横倾角为 4°时的横倾增加吃水为 0.70 m。

（4）半波高

过浅滩时如有波浪,为避免在波谷中蹲底,必须考虑半波高的因素。

（5）保留水深

保留水深应视底质而定,注意留有充分余地。一般淤泥为 0.1~0.15 m,淤沙为 0.15~0.3 m,硬沙为 0.3~0.45 m,岩石为 0.45~0.6 m。

（6）油水消耗减少吃水

根据本船每天油水消耗量、每厘米吃水吨数和航行天数,可按下式计算油水消耗减少吃水的厘米数:

油水消耗减少吃水（cm）=（每天油水消耗量×航行天数）/每厘米吃水吨数

当实际水深小于按上式计算的水深时,需要候潮。为了减少候潮时间,游艇应该调整油水,使船平正没有纵倾和横倾。条件许可时,最好在过浅滩前开快车,在过浅滩时慢车或停车,让船淌航过浅滩;若浅滩较长,只能开慢车航行;也可在水深稍深处开快车,水浅处淌航,以减少尾下座。并用各种导航方法,使船保持在深水航道中。同时在过浅滩时注意瞭望,控制船速,避免在浅滩上交会来船。如果条件允许,尽可能选择在高潮前 1 h 左右过浅滩,这样即使发生意外,也还有挽救的余地。

拦江沙浅滩有可能逐年在向海方向延伸,其水深也随时间和季节有所变化,应查阅最新资料。受风向的影响,有时潮水也会提前或推迟到达浅滩。大船通过浅滩前,可向有关部门查询当时的实际潮高和水深。

6.3　岛礁区及江河航行

岛礁区航行系指沿岸岛屿之间的内水道和热带珊瑚岛附近水域内的航行。我国舟山群岛和东南沿海的岛区属礁岛区。我国南海的南沙群岛、西沙群岛、中沙群岛和东沙群岛均属著名的珊瑚礁海区。

6.3.1　岛区的航行特点与航行注意事项

在沿岸岛屿之间的航道,多为狭窄、水流急、危险物多,但可供定位和导航物标一般也较多,岛礁区航行与狭水道航行具有许多共同之处,也是以目视导航为主。

（1）应充分利用其物标多的特点,克服航道狭窄、危险物多的困难。为此,必须在平时用心识别航道附近的各种物标的特点。

（2）航行前仔细研究海图及有关的航海图书资料,拟定好航行计划,选择好各种导标、叠标及转向物标,设计好合适的避险线。最好在比较困难的航道上,多设想几种航行方法,以防发生意外。

（3）必须加强瞭望，特别是在夜间或能见度不太好时，要警惕小船和渔船的突然出现。对每一有用物标，应反复核对，防止认错。

（4）在岛屿间航行，可充分利用方位、距离避险线避离危险。其中使用叠标避险线，即两物标（如山头、小岛等）的开门和关门的机会更多。如图 6-8 所示，船在航行中从 A 至 B，只要注意保持 A 岛南端方位大于图中虚线的方位，即可避离 B 岛南方的危险。航行至 B 岛附近时，看 B 和 C 两小岛先是前后重叠的，当两小岛"开门"，即观测两小岛边缘开始错开时，则表明船已通过左舷的暗礁，可

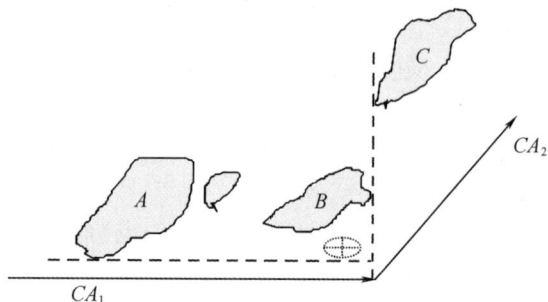

图 6-8　开门和关门叠标避险示意图

以转向继续航行。同样，如果游艇由 C 往 A 方向航行，也可利用 C 岛和 B 岛"关门"来确定转向时机。

6.3.2　礁区航行特点及航行注意

热带海域水下多珊瑚礁，海流和潮流复杂，又是热带低气压的发源地。而且这些海区的水文气象观测站少，缺乏航海资料，航标也少，定位比较困难。水深 100 m 内未经扫海的地区，多有不明暗礁存在，一旦游艇遇险触礁，受波浪冲击，破损会不断扩大。附近往往又没有援救力量，后果是十分严重的，弄得不好，只能弃船。

珊瑚礁区航行，应了解海区的航行特点，谨慎驾驶，勤测船位，以防触礁。珊瑚礁区有如下特点。

1. 没有显著物标

珊瑚礁大都是干出礁，在高潮时可能被淹没，低潮时可能露出，目测和雷达观测有时不易发现。珊瑚岛大都比较低矮，有的岛上长着茂密的椰树林和红树林，由于热带植物生长很快，小岛外形因而变化也很快。即使在能见度良好时，没树的小岛只看 6 n mile，有树的可看 12～14 n mile。在白天能见度良好时，雷达还不如目力看得远。

2. 水深变化大、水流复杂

珊瑚礁壁陡峭，虽离礁很近，但水深却非常深。一般离礁 1 500～2 000 m 处，水深有 800 m；离礁 3 000 m，水深可达 100 m。有的上部露出水面的桌形珊瑚礁，距其 800 m 处，水深就有 800 m。但是，即使在 1 500 m 深的珊瑚礁区航行，也并不能认为船离礁很远就很安全，也有可能水深突然变浅而导致触礁。

珊瑚礁区海流一般未经精确测量，且受季风和潮流的影响较大，流向、流速经常发生变动。再因岛礁区海底崎岖，使水流比较复杂。

3. 浅水的礁盘在白天的特征

（1）礁盘所在的水天线附近，天空常有反光。晴天该处的水天线及其上空比别处明亮。若其上空适有白云，在云底呈淡青色。这种反光在面向太阳时不易看出，在背太阳时比较明显。如注意观察，距离 10 n mile 左右即可发现。

（2）稍有风浪,礁盘边缘即起白浪。由上风方向望去特别明显。能见度良好时,距离4～5 n mile即可看到沿礁缘呈一长条滚滚白浪。

（3）礁盘上水呈青绿色,礁盘边缘浅水区呈浅蓝色,与周围海水颜色有显著不同。游艇只要不接近变色海水就无危险。此种大片变色海水,在白天距离3～4 n mile即可看到。

珊瑚礁区航行时应注意以下几点。

（1）正确选择航线,使用最新的大比例尺海图

海图上测深点稀疏时,应尽量把航线画在测深点上,航线离礁距离至少在5～6 n mile以上,不宜过分接近岛屿或珊瑚礁。选定航线以后,还应根据航行时的气象条件和船位观测的难易程度,进行必要的修正。如有风时,应在礁盘的上风侧通过礁区,因为上风侧浪花大,容易发现礁盘。必须通过两礁间的水道时,应在两礁间最窄处的岛礁连线的垂直平分线上通过,这样比较安全。

（2）正确选择航行时间

礁区航行应选择白天,最好是中午前后。在低潮时,太阳在背后高照,海面又有微波,是发现珊瑚礁的最好时机。应避免太阳在岛礁方向且高度甚低,海面阳光反射强烈时去接近礁岛。如需夜间经过礁盘,则必须与礁盘保持有足够的距离,估计最大船位差也不至于触礁,因在夜间很难辨认礁盘。

（3）加强瞭望,必要时减速前进

在预计接近礁岛之前,应安排有经验者在桅顶或其他高处协助瞭望,因为在高处更容易发现礁岛上的特殊波纹和浪花。在高处瞭望,很远就能发现水中5～7 m的暗礁。太平洋的一些礁区岛屿海域,可参考水的颜色估计水深。水深1 m呈淡褐色,2 m以内呈绿中带棕色,5 m以内呈绿中带黄色,10 m呈绿中带青色,15 m呈青带白色,20 m呈青色,30 m以外呈紫青色等等。

即使是孤立的暗礁,只要注意瞭望,有些亦可根据浪花、水色发现暗礁的存在。夜航时,满月晴夜可与白天的观察几乎相同。

发现礁岛后应减速认真辨认。决不能在没有准确船位的情况下去接近礁岛。

（4）掌握准确船位

在珊瑚礁区航行,掌握准确船位是非常重要的,但陆标定位条件较差。因而即使有GPS这样的高精度定位系统,也不应忽略测天定位与其他方法定位,甚至单一位置线的利用,以确保航行安全。

注意推算的准确度,是掌握船位的重要依据,同时应根据准确的观测船位随时修正推算船位。要吸取在礁区失去推算船位,或单凭经验而忽视航向、航程的正确推算,致使发生触礁、沉船事故的沉痛教训。

（5）注意测深,观察水深的变化

岛礁区海底崎岖,水深往往从几百米迅速减至几十米,应注意经常测深,观察水深的变化。在水深急剧变浅时,应慢车、停车或倒车,仔细观察水色,以防触礁。

6.3.3 江河航行特点和注意事项

1. 江河航行的特点

（1）航道特点

①航道狭窄、弯曲。有时尽管河面较宽,但实际可航航道却很窄,尤其在枯水期更为

明显。

②水流变化大。天然江河中,水流分布不均匀,流速、流向与季节、河道深度和宽度及其走向有关。洪水季节,在河道窄而河槽坡度大的地方,流速很大;而枯水期和河道较宽的地方,流速则较小。

在河底和两岸附近流速较小。水面流速从两岸向最大水深处逐渐增大。

在弯曲的航道中,凸岸流速较小,凹岸流速较大,流向一般与航道中央线平行;沿岸可能形成回流,流向与主航道流向相反。

受潮流影响的河段,落潮比涨潮时的流速大。

③航道变迁大。由于洪水的冲刷和泥沙的沉淀,岸形和航道的宽度、深度经常发生变化,甚至整个航道的位置发生变迁,不仅可能年年有变,而且可能一年数变。

一般要求船的最高点与桥梁或架空电缆线的最低点之间,应有不小于 1.5 m 的剩余高度。

(2)航标特点

有关主管机关所设置的专用航标,用以标示江河航道的方向、界限与障碍物等。

1986 年我国制定了《内河助航标志》国家标准(GB 5836—86),并于 1986 年 11 月 1 日开始实施,1993 年又作了修改(GB5836—93)。该标准适用于我国江、河、湖泊、水库航道所配置的内河助航标志,规定了航行标志、信号标志和专用标志 3 大类近 20 种内河航标,以满足游艇在内河安全航行的特殊需要。

(3)航行特点

①游艇在深水进入浅水时,航速会突然下降;

②在浅水区,由于通过船底的流速增加,水压减小,使游艇吃水增加;

③自海上驶入江河,水的密度发生变化,也会相应地增加吃水;

④由于船底富裕水深有限,有时会发生舵效降低或失灵的现象;

⑤船首有向深水一侧偏转的现象;

⑥容易发生船吸现象。

2.航行注意事项

(1)要全面熟悉航道、航标、岸形、水深、水流、气象因素等航行条件并结合本船特点,确定航线。

(2)为便于随时查核,事先应将航线、航向、等深线、重要物标等绘画在江河航用图册上,熟记各段航线的航向、航程、重要导标的特征。

(3)对弯曲航道、浅滩、急流等困难航段,应特别注意。

(4)遵守避碰规则和有关的地方性规则,控制航速,加强瞭望,必要时备车备锚。

(5)利用浮标导航时,正横一个浮标后,力求及早发现下一个浮标,并警惕风流的影响,及时采取适当的措施,保持足够的距离通过,防止船被压向浮标。

6.4 雾中航行

所谓能见度不良,是指因雾、霾、下雪、降雨、烟雾以及沙尘暴等使能见度受到限制的情况。能见度不良时,视线受到阻碍,无法直接观察游艇周围的情况,定位、避让和游艇机动均受到限制,航行变得更加困难和危险。因此,雾中航行应严格按照雾中航行的有关规定,按章施放雾号和采用安全航速;同时要求驾驶人员发扬高度负责的精神和严谨的科学态度,确保游艇的航行安全。

6.4.1 雾中航行特点和注意事项

雾中航行的最大特点就是能见度不良,视线受到限制。因此,雾中航行应从这一特点出发,处理可能遇到的定位、导航、避让中的各种困难情况,确保游艇的航行安全。

在航海实践中,针对雾中航行,应注意下述几点。

1. 做好游艇进入雾航前的各项准备工作,具体包括:

(1)尽可能准确地测定船位,并记下视界内所有游艇的大概距离、方位和航向;

(2)通知机舱备车;

(3)按章采取安全航速和施放雾号;

(4)变自动操舵为人工操舵;

(5)开启雷达、VHF 和航行灯,必要时使用无线电测向仪和测深仪等助航仪器,以确保游艇的航行安全;

(6)及时报告船长,并派出必要的瞭望人员,关闭所有的水密舱门;

(7)要求全船保持肃静,以保证一切必要的听觉和视觉瞭望。

2. 雾航中,适当调整航线的离岸距离

如果按良好能见度设计的计划航线的离岸距离为 2~3 n mile,而在雾中航线与海岸之间应有 3~4 n mile 甚至 5 n mile 以上的距离,以保证船岸之间有足够的回旋余地。

3. 切实仔细地做好航迹推算

尽管雷达等无线电定位系统可以提供相应的观测船位,但测深仍是检查推算的重要方法之一,有时,某一等深线还可作为避险警戒线使用。各次测深的数据和时间,应记在海图上相应的推算船位附近,以供分析航迹推算情况和估计以后的趋势使用。对推算船位的准确度,要有恰当的估计,必要时应画出并设法缩小或然船位区。一旦仪器发生故障,推算船位就成为唯一的船位依据,如有忽视,势必造成束手无策的危险紧张局面。为了提高推算的准确度,在雾航中,非迫不得已不宜频繁改向变速。

4. 随时掌握能见度的变化和实际能见距离的变化

在航行中,应尽量掌握该能见度状况下的实际能见距离。这可根据目视发现某一物标求得,例如发现相遇船时,同时用雷达测出其距离的办法求得。如系雷达不易发现的其他物标,可于目视发现时记下计程仪读数,正横时再记下计程仪读数。两次计程读数差即大致等于当时的实际能见距离。当然,雾中的能见距离会根据雾的浓度有所变化,不可能是固定不变的,应予注意。

5. 注意倾听声号,充分利用听觉瞭望

雾中声号的作用系向游艇警告危险的所在,但不可仅凭声音的大小或有无来判断游艇航行安全的情况。因为声音在空气中并非直线传播,特别是在声源附近,呈不规则传播。因此,虽处声源附近,有些位置上有时也会听不到声号,即存在寂静区。总之,听见声号,应视游艇在危险区内,注意采取一切必要的避险措施;在应该听见的位置上如未听见声号,亦不应武断认定尚未进入危险区,因为也可能是雾号站尚未开始工作,等等。

在沿高而陡的岸边 2~3 n mile 距离航行时,根据本船声号的回音,也可粗略推算出船岸距离。即当开始施放声号时启动秒表,听见回声按停秒表,按声音的传播速度乘上秒表读数的 1/2，即得船岸的大概距离。实际应用时，可据下式概算离岸距离：

$$D = 0.09t$$

式中　D——船岸距离，单位：n mile；

　　　t——本船发出声号到听到回声之间的秒表读数，单位：s。

6. 利用一切必要的手段加强瞭望

认真加强瞭望，对雾航的安全关系极大。熟练的瞭望人员，必须能及时发现游艇周围的任何微小的变化，例如，风向风速稳定，突然波浪减弱，则说明游艇可能已接近上风的海岸或浅水区；反之，若风浪突然增大，则说明上风沿岸可能有大的湾口；航行条件没有变化，而风突然变小，则说明游艇可能已很接近高陡的岸边；海水颜色和透明度的变化，如果海水变得混浊，则说明游艇可能已接近泥底海岸或河口；在海上发现漂浮物，诸如海草、海藻等，这是接近海岸的迹象；如果海面发现渔具、垃圾和油迹等，则表明附近有船只；发现大量海鸟海兽，则表明接近陆地或冰山。

雾航时要正确使用雷达。目前雷达已成为雾航时不可缺少的助航设备，而且随着船用雷达技术性能的不断提高，它必将发挥越来越大的作用。为了在雾航中能够熟练而有效地使用雷达来导航和避让，必须在平时能见度良好时有足够的训练，充分掌握雷达的技术特性，善于辨别各种干扰回波和假回波，并能迅速地识别影像和进行观测。利用雷达进行瞭望，应选择适当的距离挡：大洋航行可用 12 ~ 24 n mile 距离挡；沿岸航行可用 6 ~ 12 n mile 距离挡；狭水道航行应远近距离挡兼用，以 3 ~ 6 n mile 为主。此外，使用雷达时应注意即使性能较好的雷达，毕竟不如目视那样直观、可靠，因此不可盲目地依赖雷达，忽视目视瞭望。为了不影响值班驾驶员的瞭望和工作，雾航时可安排专人负责雷达观测和绘算。

6.4.2　雾中航行的定位和导航

在能见度不良的情况下，由于无法观测到陆标和天体，因此无法运用陆标定位和天文定位，而只能运用电子导航系统来实施游艇在雾中的定位和导航，必要时还可运用测深辨位导航。

1. 利用电子导航系统定位导航

对于电子导航系统，包括雷达、罗兰和卫星导航等，应结合海区的定位和避让条件，分析系统本身的特点和准确度，区别对待，权衡使用。

沿岸航行则可根据覆盖情况使用无线电导航定位系统。卫星导航在沿岸航行中也可以使用，尤其是 GPS，由于其定位精度高，可连续定位，因此在雾航中的作用益发显著。当海岸在雷达作用距离之内时，雷达可兼起到定位、导航和避让的作用，这是雷达独有的优越性。在雾航中，各种定位方法可交叉使用，以利彼此核对。单一的方位或距离位置线，有时可起到很好的避险线作用。在雾航中应更经常地使用上述仪器定位，以起到检查推算船位的作用。

在狭水道雾中航行时，雷达的定位、导航以及避让作用更加明显。但是，应当指出，无论电子航海仪器怎样可靠，均不可与目视导航的直观性相比。良好能见度时完全可以通过的狭窄水道，在能见度不良时，即使使用最理想的导航仪器，其误差对导航精度的影响也是不可忽视的。例如，在良好能见度时，在狭窄航道上依靠浮标和目视导标导航完全没有困难。但是，在能见度变坏时，依靠浮标安全导航的可能性便有待具体分析。这时，如果在雷达荧光屏上可以连续保持位于船首和船尾方向上的两个相邻浮标的回波，一般可以获得较高的导航准确度。但是若两浮标相距较远,以致有时在荧光屏上只能保持一个浮标的回波,这时就只得靠该浮标的雷达方位进行导航,因而导航的准确度将大为降低。

此外,在设有差分全球定位系统(DGPS)的狭水道雾中航行时,也可利用该系统进行定位导航,但在有条件时,应对其精度随时进行验证。

在港口 VTS 覆盖区域,充分利用港口 VTS 的导航功能引导雾区游艇的安全航行,也能起到非常积极的作用。

2. 测深辨位和导航

利用回声测深仪进行测深辨位和导航是常用的雾航方法之一。在海图上推算船位附近沿航线选定数个水深点,并量出各相邻两点之间的大致距离。根据本船当时的船速,计算出相应的各相邻两水深点间所需要的航行时间,作为确定测深时间的依据。如此连续测深,记下时间、计程仪读数和水深数据,并将测得的水深改正到海图水深基准面:

$$海图水深 = 测深仪水深 + 吃水 - 潮高$$

然后按与海图相同的比例尺将计划航线和与各次测深时相应的推算船位画在透明纸上,并将改正潮高后的水深标注在相应的推算船位附近。将透明纸在海图上计划航线的区域内与计划航线保持平行移动,直至透明纸上的各水深点与海图上相应的水深点大体一致时为止。这时,最后的一个水深点位置即为最后一次测深的大概船位。

利用这种测深辨位方法的准确性,取决于测深和潮高改正的准确性、海图水深点的位置和海图水深的准确性,以及计划航线上水深变化的情况。如果计划航线上水深变化明显而且均匀,则结果较为准确;反之,如果计划航线上水深变化不明显或存在急剧的不规则变化,则辨位准确度较差。

如在航行区域有特殊水深点,设法测得这种特殊水深的位置,也是辨位的一种好方法。当船接近特殊水深区(点滩)时,可去寻找该特殊水深点。一旦测得这样的水深,即得知船位的所在。例如我国山东半岛东面有一条比较浅的脊背,而在成山头附近又有一条较深的深沟,均可于雾航时用以辨位导航。如图 6-9 所示,当船从老铁山水道南下时,经过 40 m 等深线后,所测水深均在 30 m 左右,表示安全。继续向前航行,应提高警惕。如果航行中测深大于30 m 时,说明船可能已驶入成山头东北的深沟内,离岸太近,应立即向左转向,离开深沟后再向东南航行。若在航行经过 40 m 等深线后不久即发现水深小于 27 m,则表明航线过于偏右,应立即向东转向,待驶入 30 m 水深后,再转向东南。

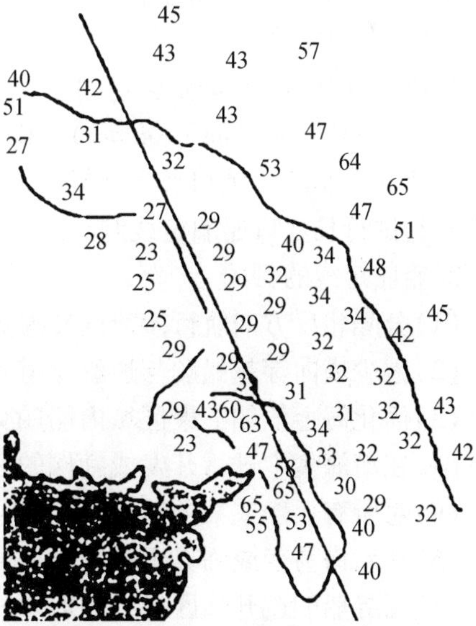

图 6-9　等深线导航示意图

3. 雾中航行方法

前已述及,雾中航行,在可能情况下应多使用雷达导航。这里仅扼要介绍一般航行方法及注意事项。

(1)逐点航法

如果在航区内有合适的灯塔、浮标、雾号站等物标,而其周围危险物又较少,可采用逐点航法。所谓逐点航法,就是由一个物标正对着下一物标航行的方法。根据航速和两物标之间的距离,预算到达下一个物标的时间。航行中要注意瞭望,如不能及时发现物标,则应抛锚待航,决不可盲目航行。逐点航法的优点是可以不断地控制和缩小推算误差,但其缺点是必须故意接近物标,这在能见度极差时具有较大的危险性。

(2)进出港航法

出港时,应尽可能取得最后的准确船位,作为推算的起始点。如果出港后是驶向宽阔的海面,则不必为求得准确船位,而冒故意接近物标的危险。

进港前一定要有准确的船位,否则必须加倍提高警惕,谨慎驾驶。应争取在接近港口时,采取一切办法求得船位,即使是概略船位,也是必要的,然后再减速,连续测深,加强瞭望,寻找一切机会测得船位。只有获得可靠船位后才能进港;否则,宁可抛锚等候,也不宜贸然航行。

6.5　船舶定线与船舶报告制

6.5.1　船舶定线

1. 船舶定线的历史沿革

船舶定线(ships' routing)是船舶交通管理系统的一个重要组成部分,它是由岸基部门用法规或推荐的形式指定船舶在海上某些区域航行时应遵循或采用的航线、航路或通航分道,以增进船舶的航行安全。

1977 年 IMO 第十届大会通过了 A·378(X)号决议,颁布了《船舶定线的一般规定》(General provision on ships' routing)。IMO 对该文件作了四次修改。到 1983 年年底,全世界实施分道通航制的海域和水道已超过 139 处。1992 年 6 月 1 日零时成山头海区,2002 年 9 月 1 日起试行长江口船舶定线制。

2. 船舶定线的目的

(1)分隔相反方向航行游艇的交通流,以减少船舶对遇;

(2)减少横向穿越船舶与通航分道内航行船舶之间发生碰撞的危险;

(3)简化海上船舶汇聚区域内船舶交通流的流向;

(4)在沿海集中进行开发或勘探的区域内,组织安全的船舶交通流;

(5)对所有船舶或某类船舶组织交通流,以避开航行危险区域;

(6)在水深易变或临界水深的区域内,为船舶提供特别指导,以减少搁浅危险;

(7)指导船舶避开渔区或组织船舶安全通过渔区。

3. 船舶定线制的种类 (图 6-10)

(1)分道通航制

分道通航制(traffic separation scheme,TSS)是用适当的方法建立通航分道,分隔相反方向的交通流的一种定线措施。它是船舶定线的最主要、最常用的形式。

(2)双向航路

双向航路(two - way route)是在指定的范围内所建立的一种双向通航,旨在为通过航行困难或危险水域的船舶提供安全通道的一种航路。该航路上不允许有第三方向的交通。

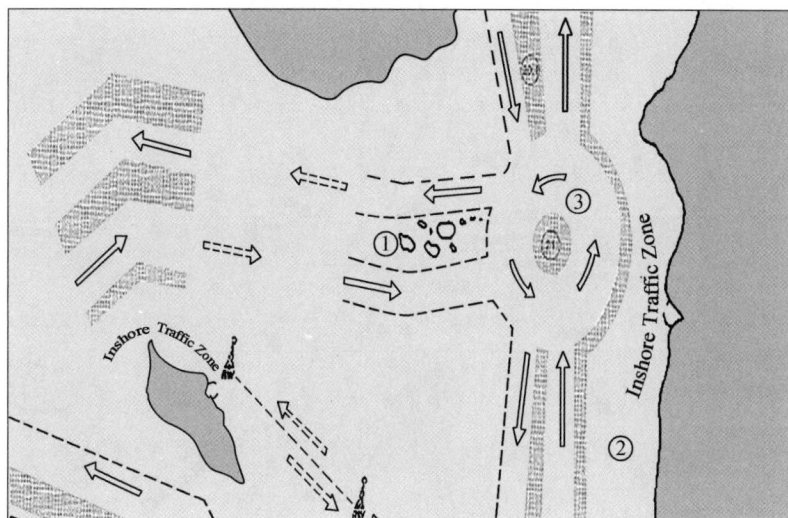

图6-10 分道通航制示意图

（3）推荐航路和推荐航线

推荐航路（recommended route）是为了方便船舶通过而设置的未指定宽度的航路，一般用航路中线浮标作为其标志。

推荐航线（recommended track）是经过专门测量，确保船舶无航行危险，并建议船舶沿该航线航行的一种航线。

（4）避航区

避航区（area to be avoided）是由一个区域构成的一种定线措施，在该划定区域内，或者是由于航行待别危险，或者是对于避免海难事故特别重要，所有船舶或某些级别的船舶必须避离的区域。

（5）沿岸通航带

沿岸通航带（inshore traffic zone）是由一个区域构成的一种定线措施，是指通航分道向岸一侧的边界线与相邻海岸之间的水域。

（6）环行航道

环行航道（round about）是由分隔点或圆形分隔区和一个规定界限的环行通航分道所组成的一种定线措施。在环行航道内，船舶按逆时针方向绕分隔点或圆形分隔区航行。

（7）警戒区

警戒区（precautionary area）是由一个区域构成的一种定线措施，在警戒区内，驾驶游艇必须要特别谨慎。在警戒区内可能有推荐的交通流方向。

（8）深水航路

深水航路（deep-water route）是在划定的界限内经过精确测量、海底或海图所标障碍物上的水深足够的航路，如大濠水道船舶定线制（图6-11）。

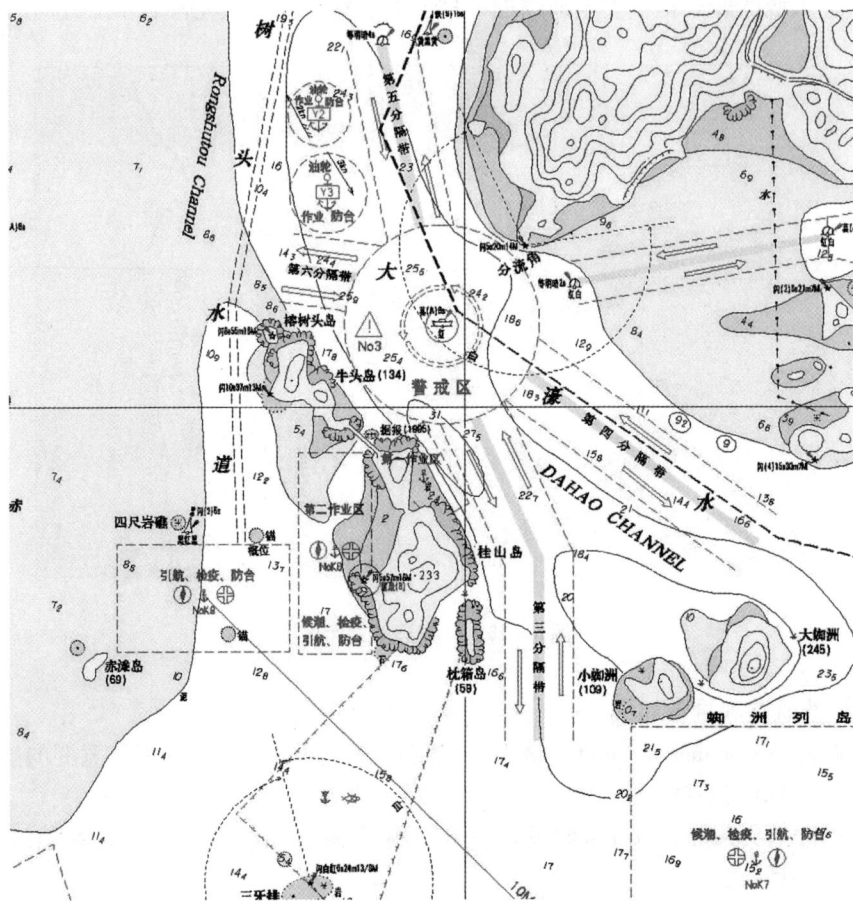

图 6 –11　大濠水道船舶定线制示意图

4.游艇在定线制区域的航行与操纵

（1）使用船舶定线制

游艇在任何时间、任何气象条件下均应使用船舶定线制中的指定航路及其航行方法，除非在冻冰区域和需要特殊操船行动或需要破冰船援助的薄冰区域内。

（2）指定航路适用所有游艇

除有特殊说明外，一般指定航路及其航行方法对所有游艇适用。当游艇利用指定航路时应考虑到水深问题，出现问题的后果由游艇承担。

（3）必须遵守避碰规则第十条的规定

在 IMO 认可的分道通航区或者其附近航行的游艇必须遵守国际海上避碰规则第十条的规定，且该规则的其他条款在所有情况下均适用。

（4）汇聚区域应十分谨慎

在游艇汇聚区域，完全的通航分隔实际上是行不通的。因此，在这种区域内游艇应十分谨慎，且任何游艇均无任何特权。

（5）使用深水航路的常识

深水航路是考虑到游艇吃水、水域内的水深，为有必要利用这种航路的游艇提供的。没有必要利用深水航路的游艇应尽可能不使用深水航路。

（6）双向航路靠右行驶

在双向航路（包括深水双向航路）上，游艇应尽可能地靠右行驶。

（7）指定的交通流方向是航迹向

海图上所标示的指定航路中的交通流方向箭矢仅表示交通流设定或推荐的大致方向，游艇没有必要严格按其所指方向航行。但游艇的航迹要与航路内交通流设定或推荐的方向保持一致。

（8）无必要时避离警戒区

不利用与通航分道或深水航路相连接的警戒区的游艇或进出附近港口的游艇，在可能情况下应当避离警戒区航行。

6.5.2　船舶报告制

船舶报告系统（vessel reporting systems，VRS）是通过无线电通信或其他手段提供、搜集和交换与船舶救助、交通管理、防污和天气预报有关的信息的系统。

1. 船舶报告系统概述

（1）船舶报告系统的种类

①以船舶救助为主要目的；

②以船舶交通管理为主要目的。

（2）以搜索救助为主要目的的船舶报告系统的任务

①缩短从与船舶失去联络至开始搜救活动的时间；

②迅速确定能及时提供救助支援的船舶；

③在有限区域内准确确定搜索区域；

④及时向无医生在船的船舶提供医疗援助或建议。

（3）参加以船舶救助为主要目的的船舶报告系统的方法

①加入——向报告系统提交了航行计划报告就被视为加入；

②例行报告——按照报告系统的规定程序、内容、方法、时间等准确无误地进行报告，尤其是要按时报告。

③退出——做出最终报告即被视为退出。

2. 中国船舶报告系统

（1）概述

中国船舶报告系统（China Ship Reporting System，CHISREP）是以船舶救助为主要目的，根据《1974 年国际海上人命安全公约》和《1979 年国际海上搜寻救助公约》要求"各缔约国须提供海上搜寻救助服务"而建立的。于 2002 年 11 月 16 日通过验收，正式对外运行。

（2）组成（图 6 - 12）

（3）功能

能够对船舶报告的航线、船位进行全自动的标绘和推算，对未报船舶自动预警，对遇难（险）船舶提供详尽资料和信息，及时启动应急搜寻救助，保护人命和财产安全。

（4）覆盖区域（图 6 - 13）

CHISREP 是免费的，其覆盖区域为 9°N 以北、130°E 以西海域（其他国家的领海和内水除外）。

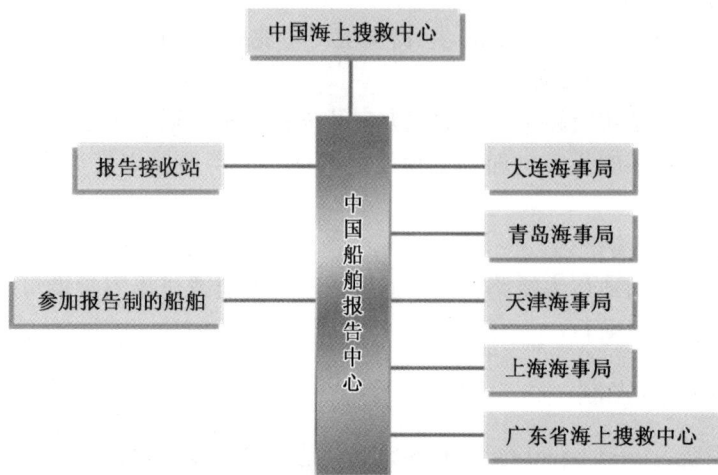

图 6 – 12　中国船舶报告系统组成示意图

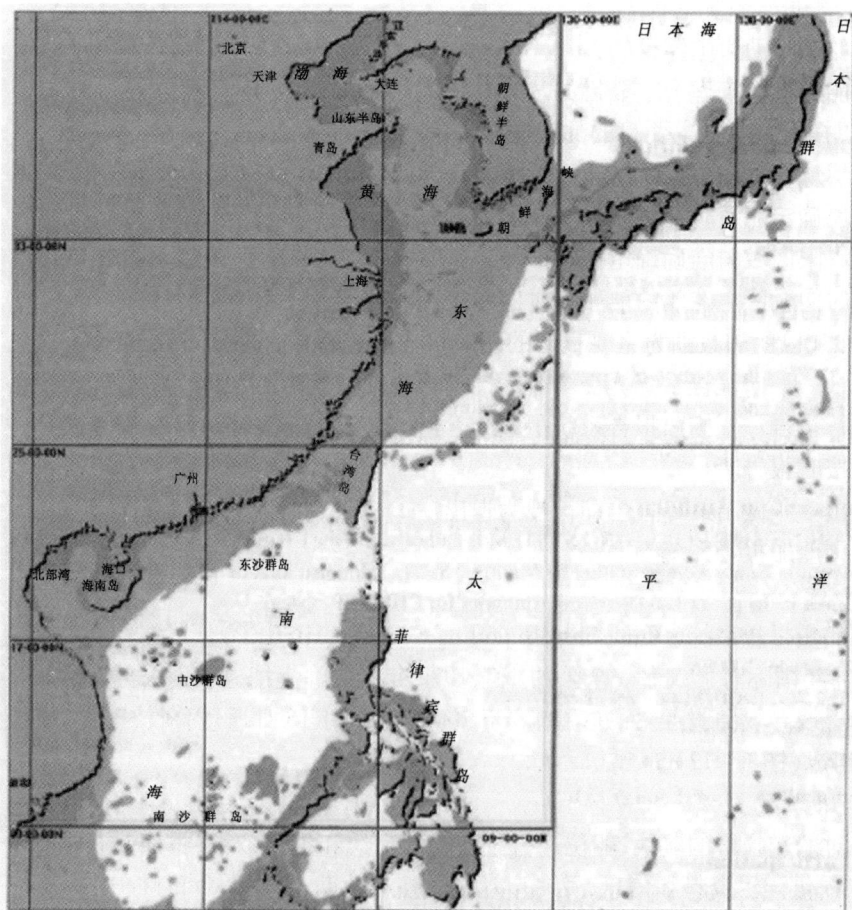

图 6 – 13　中国船舶报告系统覆盖区域示意图

(北纬 90°以北,东经 130°以西的海域)

（5）参加系统的规定

①强制参加

a. 航行于国际航线300总吨及以上的中国籍船舶；

b. 航行于中国沿海航线1 600总吨及以上的中国籍船舶；

c. 自2005年1月1日起航行于中国沿海航线的300总吨及以上、1 600总吨以下的中国籍船舶。

②志愿参加

a. 强制船舶中航程不足6 h的船舶；

b. 强制船舶以外的其他中国籍船舶；

c. 外国籍船舶。

3. 船舶报告的内容

（1）一般报告

①航行计划报告（sailing plan,SP）——船舶加入报告系统的第一次报告

意义：这是船舶将要进入报告系统覆盖区域，或在离开覆盖区域内某一港口之前发出的报告是船舶加入报告系统的标志。

内容：一般包括船舶资料、航行计划、报告时的位置与时间等。

②船位报告（position report,PR）——例行报告

意义：这是船舶保持报告系统有效而进行的在必要时刻做出的报告。

内容：一般只有船名、时间和船位。

③变更报告（deviation report,DR）

意义：在实际船位与已报告的预计船位相差甚远，或者改变航行计划，或者船长认为必要时做出的报告。

内容：当前的船位以及航行计划中改变的项目等。

④最终报告（final report,FR）——是船舶退出报告系统的标志

意义：船舶到达目的地（即在该系统区域内停止活动）或者离开报告系统覆盖区域时做出的报告。

内容：仅包括船名、时间。

（2）特殊报告

①危险货物报告（dangerous goods report,DG）

意义：这是当船舶运载的危险货物在距岸200 n mile范围内因故散失时所做出的报告。

内容：船名、时间、船位、船舶电台呼号、载货情况、船舶损失情况、污染物情况、天气、船舶代理、船舶的参数及其他内容。

②有害物报告（harmful substances report,HS）

意义：这是当散装的有毒液体货物（依据73/78,MARPOL附录Ⅰ）或燃油（依据73/78,MARPOL附录Ⅱ）因故散失或可能散失时做出的报告。

内容：船名、时间、船位、航向、航速、航线信息、船舶电台呼号，下次报告时间、载货情况、船舶损坏情况、货物散失情况、天气、船舶的代理、船舶参数及其他内容。

③海上污染报告（marine pollutants report,MP）

意义：这是国际海上危险货物运输规定中被定义为海洋污染物的有害物品因故散失或可能散失时做出的报告。

内容：与危险货物报告大致相同。

④其他报告（any other report）

这是按照报告系统的规定程序所必须做出的上述报告之外的任何其他报告。

习　　题

1. 拟定近岸线时，即使在最佳条件下，航线与可供定位和避险的精测危险物之间的距离也应在_____。

    A. 1 n mile 以上　　　B. 3 n mile 以上　　　C. 6 n mile 以上　　　D. 10 n mile 以上

2. 拟定沿岸航线时，一般不用考虑下列_____因素。

    A. 风流情况　　　　B. 交通密度　　　　C. 渔船渔栅　　　　D. 安全航速

3. 在能见度良好时，沿岸航线距陡峭海岸的最近距离为_____。

    A. 1 n mile　　　　B. 2 n mile　　　　C. 5 n mile　　　　D. 10 n mile

4. 沿岸航行，一般情况下，小船的航线应设计在_____。

    A. 10 m 等深线以外　　　　　　　B. 20 m 等深线以外

    C. 2 倍于本船吃水的海区　　　　D. A 和 C 中水深较大的海区

5. 拟定沿岸航线时，即使在最佳条件下，航线与危险物之间的距离也应在_____。

    A. 5 链以上　　　B. 1 n mile 以上　　C. 3 ~ 5 n mile　　D. 5 n mile 以上

6. 拟定航线的依据是_____。

    A. 现行版航海图书资料　　　　B. 水文气象条件

    C. 本船技术状态　　　　　　　D. 以上都是

7. 下列关于等深线用途的说法中，_____是错误的。

    A. 等深线可用于避险　　　　　B. 等深线可用于导航

    C. 等深线可用于缩小概率船位区　　D. 等深线可用来测定仪器误差

8. 游艇在近海、沿岸航行时通常都采用恒向线航法，这是因为_____。

    A. 恒向线在墨卡托海图上是直线，即两点间最短航程航线

    B. 游艇按恒向线航行，操纵方便，且航程增加不多

    C. 恒向线能满足海图的纬度渐长特性

    D. 墨卡托海图是等角投影海图，只能使用等角航线

9. 沿岸航行，大船的航线应设计在_____。

    A. 10 m 等深线以外　　　　　　B. 20 m 等深线以外

    C. 水深大于吃水的海区　　　　D. B + C

10. 拟定沿岸航线，确定航线离危险物的安全距离时可不考虑下列_____因素。

    A. 船上货物装载情况　　　　　B. 能见度的好坏

    C. 风流影响情况　　　　　　　D. 测定船位的难易

11. 沿岸航行，定位条件不好或能见度不良，应在_____海里以外航行，以策安全。

    A. 3 n mile　　　B. 6 n mile　　　C. 10 n mile　　　D. 15 n mile

12. 沿较平坦倾斜的海岸航行，一般情况下，小船的航线应至少设计在_____。

    A. 10 m 等深线以外　　　　　　B. 20 m 等深线以外

    C. 2 倍本船吃水的水深以外　　D. B 和 C 中水深较大的海区

13. 沿岸雾中航行中发现水深突然变浅,并与海图上所标水深不符,应采取_____
措施。

    A. 减速并测深   B. 立即转向   C. 立即停车   D. 以上都对

14. 下列关于游艇沿岸雾航的说法中,_____正确。

    A. 应尽可能使航线与岸线总趋势平行

    B. 主要使用雷达瞭望,目视瞭望是次要的

    C. 采用逐点航法能确保船舶航线安全

    D. 雾中航行,能否听到他船雾号,是判断是否存在航行危险的关键

15. 通常情况下,连续测深辨位的准确性主要取决于_____。

    A. 测深的准确性   B. 潮高改正的准确性

    C. 航线与等深线的交角   D. 测深次数的多少

16. 就航海条件而论,狭水道航行特点有_____。

    A. 航道狭窄而弯曲   B. 水深和水流变化较大

    C. 航海危险物较多   D. 以上都对

17. 利用设置在航道右侧的前后两浮标导航,如航行中发现本船位于两标连线的右侧,
表明本船_____。

    A. 行驶在航道内,应保持航向行驶

    B. 已进入航道左侧的浅水区

    C. 已进入航道右侧的浅水区,应立即向右转向

    D. 已进入航道右侧的浅水区,应立刻向左转向

18. 浮标导航,如航行中该浮标舷角逐渐增大,则表明_____。

    A. 游艇在通过该标前行驶在该浮标安全一侧

    B. 游艇正逐渐被压向该标,并将与之发生碰撞

    C. 游艇将偏离航道,进入航道一侧浅水区

    D. 以上都有可能

19. 浮标导航,如果看不见估计应该看见的下一浮标或该标位置不对,此时游艇
应_____。

    A. 继续按计划航线航行,直到看见该浮标为止

    B. 立即停车、抛锚,查明原因再续航

    C. 立即调头返航,驶往安全水域

    D. 立刻采取措施,谨慎驾驶,必要时停车、抛锚

20. 进港航行利用船首的方位叠标导航,如发现前标偏在后标的左面,表明游艇偏在叠
标线的_____(测者自海上观测叠标时的左右),应及时_____调转航向。

    A. 左面,向左   B. 左面,向右   C. 右面,向右   D. 右面,向左

21. 选择自然叠标时,要求前后标志尽可能_____,且两标志间的距离应尽可
能_____。

    A. 粗大,远   B. 粗大,近   C. 细长,远   D. 细长,近

22. 通常,方位叠标在狭水道中航行可用于_____。

    A. 导航   B. 确定转向时机   C. 测定罗经差   D. 以上都对

23. 利用雷达距离叠标导航,如雷达活动距标圈和两标回波同时相切,说明_____。

A.船保持在计划航线上　　　　　　　B.船偏左

C.船偏右　　　　　　　　　　　　　D.不能判定

24.用于雷达距离叠标导航的叠标,设在航道的_____。

A.左侧　　　　　B.右侧　　　　　C.左侧或右侧　　　　D.左右两侧

25.采用物标正横转向法,应选择_____附近,转向_____侧的孤立、显著的物标作为转向物标。

A.航线,同名　　　　　　　　　　B.航线,异名

C.转向点,异名　　　　　　　　　D.转向点,同名

26.物标正横转向,应结合本船操纵性能,水流的顺逆和游艇的偏航情况,适当提前或推迟转向,通常顶流航行,游艇应_____。

A.适当提前转向　　　　　　　　　B.适当推迟转向

C.正横时转向　　　　　　　　　　D.定位确认抵达预定转向点后转向

27.物标正横转向,应结合本船操纵性能,水流的顺逆和游艇的偏航情况,适当提前或推迟转向,通常顺流航行,游艇应_____。

A.适当提前转向　　　　　　　　　B.适当推迟转向

C.正横时转向　　　　　　　　　　D.定位确认抵达预定转向点后转向

28.某轮计划利用转向点附近某物标正横确定转向时机右转20°,如游艇接近转向点前发现本船偏右,则该轮应_____。

A.适当提前转向　　　　　　　　　B.适当推迟转向

C.物标正横时转向　　　　　　　　D.定位确认抵达预定转向点后转向

29.候潮过浅滩,最佳通过时机应选择在_____。

A.高潮时　　　　B.平潮时　　　　C.高潮前1 h　　　　D.高潮后1 h

30.狭水道航行,为了避开帆船和非机动船,通常应选择在_____时进出港。

A.涨潮　　　　　B.落潮　　　　　C.平潮　　　　　D.大潮

31.在狭窄且弯度较大的航道中,常采用的转向方法是_____。

A.逐渐转向法　　　　　　　　　　B.平行方位线转向法

C.导标方位转向法　　　　　　　　D.利用叠标转向法

32.当所选避险物标与危险物的连线与计划航线平行或接近平行时,宜采用_____。

A.方位避险　　　B.距离避险　　　C.水平角避险　　　D.垂直角避险

33.当所选避险物标与危险物的连线与计划航线垂直或接近垂直时,宜采用_____。

A.方位避险　　　B.距离避险　　　C.水平角避险　　　D.垂直角避险

34.岛礁区航行,应选择在低潮,背向太阳,且太阳高度_____时,从珊瑚礁的_____方向通过。

A.较高,上风　　　B.较高,下风　　　C.较低,上风　　　D.较大,下风

35.雾中航行采用的定位导航方法主要是_____。

A.陆标定位导航　　　　　　　　　B.天文定位导航

C.水上标志定位导航　　　　　　　D.雷达及无线电定位导航

36.雾中航行,每一游艇必须_____。

A.缓速行驶　　　　　　　　　　　B.减速行驶

C.以安全航速航行　　　　　　　　D.以能维持航效的最小航速航行

37. 岸雾航的说法中,_____正确。
    A. 应尽可能使航线与岸线总趋势平行
    B. 主要使用雷达瞭望,目视瞭望是次要的
    C. 开启雷达就能确保游艇航行安全
    D. 雾中航行,能否听到他船雾号,是判断是否存在航行危险的关键

38. 下列雾航措施中,_____是错误的。
    A. 通知机舱备车,采用安全航速　　　　B. 开启 VHF,按章施放雾号
    C. 开启雷达,必要时增派瞭望人员　　　D. 保持肃静,关闭所有驾驶台门窗

39. 下列_____情况下,测深辨位可得出比较准确的结果。
    A. 计划航线与等深线平行,等深线稀疏
    B. 计划航线与等深线平行,等深线密集
    C. 计划航线与等深线垂直,等深线密集
    D. 计划航线与等深线垂直,等深线稀疏

40. 雾中航行,每一游艇必须_____。
    A. 缓速行驶　　　　　　　　　　　　B. 减速行驶
    C. 以安全航速航行　　　　　　　　　D. 以能维持舵效的最小航速行驶

41. 为提高测深辨位的可靠性,有时需临时调整航向,使调整后的航线_____。
    A. 与岸线平行　　　　　　　　　　　B. 与岸线垂直
    C. 与等深线平行　　　　　　　　　　D. 与等深线垂直

42. 测深辨位时,测深仪所测得的水深应换算成相应的海图水深,其换算方法为_____。
    A. 海图水深 = 测深值 + 吃水 − 潮高　　B. 海图水深 = 测深值 + 吃水 + 潮高
    C. 海图水深 = 测深值 − 吃水 + 潮高　　D. 海图水深 = 测深值 − 吃水 − 潮高

43. 下列关于等深线用途的说法中,_____是错误的。
    A. 等深线可用于避险　　　　　　　　B. 等深线可用于导航
    C. 等深线可用来缩小概率船位区　　　D. 等深线可用来测定仪器误差

44. 雾中航行,采用逐点航法的优点是_____。
    A. 容易发现物标　　　　　　　　　　B. 能确保航行安全
    C. 能缩小推算误差　　　　　　　　　D. 容易确定航向

45. 船舶定线的目的_____。
①分隔相反方向航行船舶的交通流,以减少船舶对遇;
②减少横向穿越船舶与通航分道内航行船舶之间发生碰撞的危险;
③简化海上船舶汇聚区域内船舶交通流的流向;
④在沿海集中进行开发或勘探的区域内,组织安全的船舶交通流;
⑤对所有船舶或某类船舶组织交通流,以避开航行危险区域;
⑥在水深易变或临界水深的区域内,为船舶提供特别指导,以减少搁浅危险;
⑦指导船舶避开渔区或组织船舶安全通过渔区。
    A.①②③④⑤⑥⑦　　　　　　　　　B.②③④⑤⑥⑦
    C.③④⑤⑥　　　　　　　　　　　　D.②③④⑤⑥

46. 船舶定线制的种类包括_____。

①分道通航制;②双向航路;③推荐航路和推荐航线;④避航区;⑤沿岸通航带;⑥环行航道;⑦警戒区;⑧深水航路。

A. ①②③④⑤⑥⑧ B. ②③④⑤⑥⑦

C. ①③④⑤⑥⑦ D. 以上全是

第 7 章　气象和海洋学基础

当游艇航行在茫茫的大海上时,船长和驾驶员总是密切地注视着周围的天气和海况,考虑航线前方将会有风暴或浓雾袭来时应采取的对策,"天气不是我们的朋友,就是我们的敌人"。随着造船和航海技术的不断发展,航海活动的规模和安全程度在不断地提高。然而,在恶劣的天气条件下航行,即使是装备精良的现代化游艇也会严重失速,造成货损船损,有时甚至导致灾难性的后果。因此,一个优秀的航海者必须懂得如何避离不利天气和尽可能地利用有利天气,这样就必须对天气过程和天气观测有一个必要的认识。

气温、湿度、气压、风、云、能见度、雾、雷暴、雨、雪、冰雹等,都是表征天气状态的物理量或物理现象,统称气象要素。表层水温、海浪、海流、海冰等是水文要素,但也可看成广义的气象要素。天气是一定区域在较短时间内各种气象要素的综合表现。气候是区域内各种气象要素的多年平均特征,其中包括极值。天气表示大气运动的瞬时状态,而气候则表示长时间统计平均的结果。因此,要了解天气变化和气候规律,必须从研究气象要素入手。

7.1　气温和湿度

7.1.1　气温的定义和单位

1. 气温的定义

表示空气冷热程度的物理量。气温的高低与人类活动密切相关,它的变化与气压和风的变化密切相关,气温的分布和变化与大气稳定度及云、雾、降水等天气现象密切相关。

2. 温标

气温的数值表示法称为温标。气象上通常采用摄氏温标(℃)和绝对温标(K)来表示,有些英语国家习惯上还用华氏温标(℉)。

(1)三种温标对纯水冰点和沸点的定义:

	冰点	沸点	等分
摄氏温标(℃)	0	100	100
华氏温标(℉)	32	212	180
绝对温标(K)	273	373	100

(2)三种温标的换算关系

已知摄氏温度 X ℃,则对应的

$$华氏温标\ Y(℉) = \frac{9}{5}X + 32$$

$$绝对温标\ Z(K) = 273 + X$$

7.1.2　气温的日、年变化

1.日变化

一日内气温昼高夜低,有一个最高值和一个最低值。最低气温出现在接近日出前,日出后气温逐渐上升。一天中最高气温($T_{\max}$):陆地上在 13 ~ 14 时,海洋上在 12 时 30 分;最低气温($T_{\min}$):近日出前。一昼夜内最高气温与最低气温之差值,称为气温日较差,它的大小与纬度、季节、下垫面性质、地形、海拔高度及天气状况有关。

下垫面性质:陆地日较差 > 海洋日较差,沙漠日较差最大;

纬度:低纬日较差 > 高纬日较差;

季节:夏季日较差 > 冬季日较差;

天空状况:晴天日较差 > 阴天日较差;

海拔高度:低处日较差 > 高处日较差。

2.气温的年变化

一年之内,月平均气温也有一个最高值和一个最低值。通常,其年变化特点是:

一年中月平均最高气温($T_{\max}$)　北半球,陆地在 7 月,海洋在 8 月

南半球,陆地在 1 月,海洋在 2 月

最低气温($T_{\min}$)　北半球,陆地在 1 月,海洋在 2 月

南半球,陆地在 7 月,海洋在 8 月

气温的年变化幅度称为气温年较差,它是一年中最热月份的平均气温与最冷月份的平均气温之差。同样,气温年较差的大小也与纬度、下垫面性质、海拔高度等有关。气温的年较差随纬度的增加而变大。在赤道附近最小,两极地方最大;海洋上气温年较差小,陆地上则较大,从沿海至陆地气温年较差逐渐增大;海拔高度越高,气温年较差越小。赤道地区,气温的年较差很小,但一年中却出现了两个高值和两个低值,它们分别出现在春分、秋分和冬至、夏至前后。这是赤道地区在一年内接受太阳辐射能量的年变化造成的。

7.1.3　湿度的定义和表示方法

大气湿度简称湿度,是用来表示大气中水汽含量的多少或大气潮湿程度的物理量。湿度的表示方法很多,航海上常用下列几种。

1.水汽压(e)

大气中所含水汽引起的分压强,其单位与大气压相同,用百帕(hPa)或毫米水银柱高(mmHg)表示。空气中实际水汽含量越多,e 值越大;实际水汽含量越少,e 值越小。水汽压的大小直接表示了空气中水汽含量的多少。

空气有未饱和、饱和和过饱和之分。饱和空气的水汽压称为饱和水汽压(E),在一定的温度条件下,一定体积的空气中能容纳的水汽分子的数量有一个最大限度,超过这个限度时多余的水汽就会发生凝结现象。

2.相对湿度(f)

实际水汽压 e 与同温度下对应的饱和水汽压 E 之比称为相对湿度,用百分数表示:

$$f = \frac{e}{E} \times 100\%$$

式中　f——空气距离饱和的程度。

当气温一定时：

若 $e < E$，即 $f < 100\%$，则空气未饱和，f 值越小，空气距离饱和程度越远；

若 $e = E$，即 $f = 100\%$，表示空气饱和；

若 $e > E$，即 $f > 100\%$，则空气过饱和。

3. 露点 (t_d)

空气中的水汽含量不变且气压一定时，降低气温，使未饱和空气刚好达到饱和时的温度称为露点温度，简称露点。单位与气温相同。显然，水汽含量多，对应的 t_d 就高；水汽含量少，对应的 t_d 就低。

4. 绝对湿度 (a)

绝对湿度是指单位容积空气中包含的水汽质量，单位 $g \cdot cm^{-3}$ 或 $g \cdot m^{-3}$。实际上它代表水汽密度，反映空气中水汽的绝对含量。空气中的水汽含量越多，绝对湿度越大。

7.1.4 空气温度和湿度的观测

将两支构造完全相同的温度计放在同一环境中（如百叶箱），其中一支用来测定空气温度，称为干球温度表；另一支球部缠润湿的纱市，称为湿球温度表（图 7-1）。当空气中水汽含量未达到饱和时，湿球表面的水分不断蒸发，消耗湿球的热量而降温，同时又从流经湿球的空气中吸取热量。当湿球因蒸发而消耗的热量和从周围空气中获得的热量相平衡时，湿球温度就不再继续下降，这样就维持了相对稳定的干、湿球温度差。

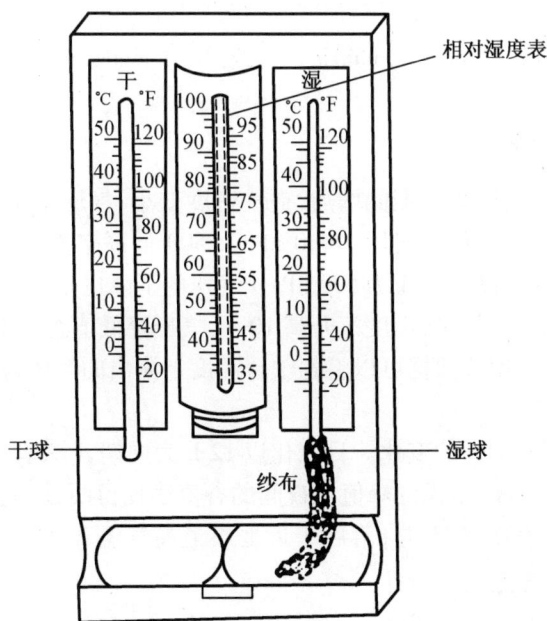

图 7-1 干、湿球温度计示意图

百叶箱应水平地固定在空气流通、远离热源的驾驶台上。干、湿球距离甲板高度 1.5 m，箱门方向不宜与船头相同，通常在驾驶台两侧各装一只。各种温度表、器测传感器应安装在百叶箱内。观测干、湿球温度表时，视线应与温度表水银柱顶端保持水平，屏住呼吸，遮住阳光，迅速读数，先读小数，后读整数。干球和湿球温度通常以摄氏度（℃）为单位，读到小数一位,温度在 0 ℃以下时,记录数值前加"-"号。温度读数按所附检定证进行器差订正。当湿球纱布冻结时,停止湿球温度的观测。使用器测传感器观测应按照仪器使用说明观测干球温度、湿球温度和相对湿度。

有了干、湿球温度,即可利用湿度查算表迅速查出各种湿度因子,如水汽压、相对湿度、露点温度等。

7.2　气　压

人们早就发现,气压和天气之间有着密切的联系。当气压降低时,天气往往变坏,出现阴雨、大风或低能见度等不良天气。当气压升高时,则天气往往转好。因此,气压表又有"晴雨表"之称。了解气压及其测量对掌握天气规律非常重要。

7.2.1　气压的定义和单位

单位截面上大气柱所受的重力称为大气压强,简称气压。显然,大气中任意高度上的气压,就是从该点起直至大气上界为止单位面积铅气柱所受的总重力。气压常用单位有百帕(hPa)、毫巴(mb)、毫米汞柱(mmHg)。

在标准情况下(气温 0 ℃、纬度 45°),海平面上,760 mmHg 高的大气压称为标准大气压 P_0。标准大气压 P_0 各单位之间有如下关系:

$$P_0 = 1\ 013.25\ \text{hPa}$$

$$1\ \text{hPa} = 1\ \text{mb} = \frac{3}{4}\text{mmHg} \qquad 或 \qquad 1\ \text{mmHg} = \frac{4}{3}\text{hPa}$$

7.2.2　气压的变化

根据气压的定义可知,随着高度的增加,空气密度变小,气压减小,在地面气压最大,气压随高度的升高而降低,海平面上气压 1 000 hPa,1 500 m 高空气压约 850 hPa,3 000 m 高空气压为 700 hPa,5 500 m 高空气压为 500 hPa。气压的下降也是不均匀的,近地面下降快,高空下降慢。在近地面层空气中,高度每升高 10 m,气压降低值约为 1.31 hPa(或高度每上升 8 m,气压降低 1 hPa),用该数据可以将驾驶台高度上测出的气压订正为海平面气压。

1.气压的日变化

气压也随时间存在周期性的变化。日变化以 12 h 为周期,1 天有 2 个峰值和 2 个谷值,呈现 2 个大致对称的半日波,白天的峰值比夜间的谷值表现得明显,上午的峰值比前半夜的峰值明显。白天的谷值表现在 16 时,落后于近地层最高气温 2~3 h;峰值出现在 10 时左右,落后于近地层最低气温 3~4 h。因此,可以认为下午的最低值是空气的增热作用造成的,下午的最高值是空气的冷却作用造成的,气压的日较差随纬度的增高而减小(图 7-2),低纬地区最大,可达 3~5 hPa,除

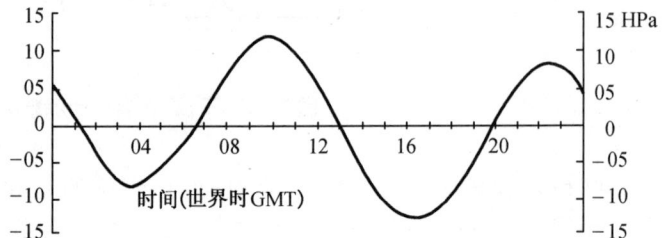

图 7-2　气压变化示意图

有热带气旋活动外,气压的日变化是十分显著的。

2.气压的年变化

根据气压的月平均值资料,可将气压的年变化概括为两种类型。

(1)大陆型

一年中气压最高值出现在冬季,最低值出现在夏季,年较差较大。例如,北京的气压年较差可达 26 hPa 以上。

(2)海洋型

与大陆型相反,海洋型一年中气压最高值出现在夏季,最低值出现在冬季。因为海洋气温的年较差比大陆小,所以海洋型气压的年较差也比大陆小。海洋型与大陆型是由于海陆分布造成的。冬季大陆比同纬度洋面冷,在冷区大气柱收缩,暖区大气柱膨胀,因此上空有空气从海洋流向陆地,使陆地上单位截面大气柱的质量增加,气压较高,而海洋上单位截面大气柱质量减小,气压较低;夏季则相反,大陆比同纬度洋面热,于是形成大陆上气压低、海洋上气压高的情况(图 7-3)。

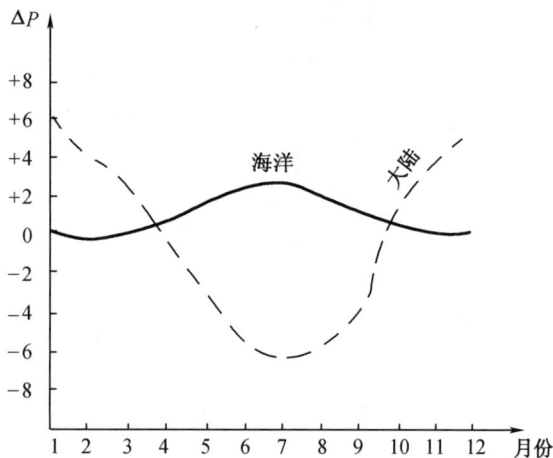

图 7-3 气压的年变化类型曲线

由于太阳辐射的年变化在高纬地区比低纬地区大,因此气压的年较差也随纬度的增高而增大,在中高纬度地区年较差最显著。海上气压的年较差较小,越深入内陆年较差越大。

7.2.3 气压的观测

船上观测气压通常使用空盒气压表(在国外称晴雨计)或器测传感器,国产空盒气压表的表面如图 7-4 所示。

气压表或器测传感器应水平放置,并固定在温度少变、没有热源、不直接通风的房间里,最好有减振装置,应避免阳光直接照射。

使用空盒气压表观测,观测前用手轻敲下气压表玻璃面,待指针静止时,读指针指示的气压使用值,读数时视线要通过指针并与刻度面垂直,将读数记在记录纸气压读数栏内。

将气压表读数进行刻度订正(由仪器检定证给出)、温度订正(取平均基值 25 ℃乘以由检定证给出的温度系数为温度订正值)、补充订正(由检定证给出)及高度订正(以空盒气压表安置位置的平均吃水线高度作为高度订正),此 4 项订正的代数和称为综合订正值。经上述订正后的气压值为海平面气压,记在相应栏内。

空盒气压表必须由指定部门定期(每隔 1~6 个月)与标准水银气压表进行比较,即进行检定,方可正常使用。

通常,空盒气压表的读数经过上述前 3 种订正后得到游艇驾驶台上的气压。

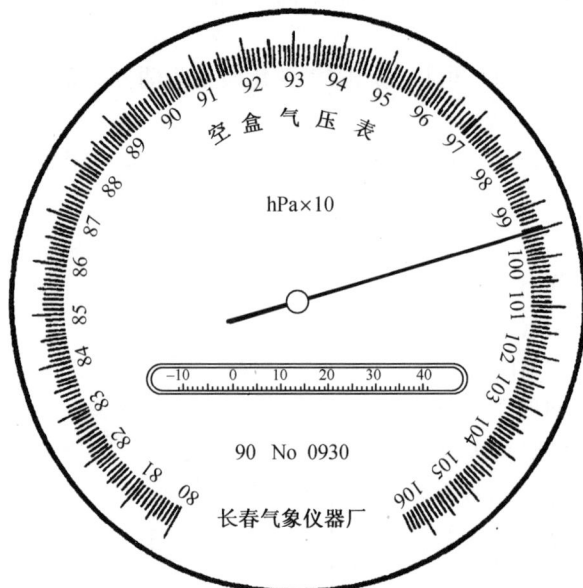

图 7-4 国产空盒气压表示意图

7.3 风

航海活动可以获得顺风的便利,也可能因狂风而蒙受损害。对游艇运动影响颇大的海浪和海流主要也是风直接引起的。在大风浪中航行会造成游艇严重失速,甚至停滞不前,螺旋桨可能露出水面空转,使主机负荷剧变而受损。游艇剧烈颠簸会引起舵效降低,难以保持航向。若是浅水区还可能使游艇触及海底。船体受巨浪冲击可能发生严重损伤,还会出现"中垂"或"中拱",使游艇结构变形,严重时能造成船体断裂。当游艇摇摆周期与波浪周期相同时,还会发生共振,使游艇摇摆周期越来越大,甚至有导致倾覆的危险。由风所引起的"风压差"和"流压差"还能使游艇偏航。此外,风对地球上的热量和水分的输送起着重要的作用,它直接影响天气的变化。

7.3.1 风的定义、等级和风速

1. 定义

空气相对于地面或海底所作的水平运动,称为风。它是一个矢量,有大小和方向。

2. 风速

单位时间内空气在水平方向上移动的距离即风速,常用的单位有:m/s,km/h,kn。它们之间的关系为

$$1 \ m/s \approx 2 \ kn$$

3. 风力

在日常生活和实际工作中,人们习惯于用风力表示风的大小。风力等级是根据风对地面或海面的影响程度来确定的。目前,国际上采用的风力等级是英国人蒲福(Francis

Beaufort)1808 年拟定的,故又称"蒲福风级"(Beaufort wind scale),从 0 ~ 12 共分 13 个等级。1946 年以后风力等级又有修改。如表 7 - 1 所示。

表 7 - 1 蒲福风级

风级	风名	相当风速			海面状况	海面浪高 /m		风压 /(kg/m²)
		/kn	/(m/s)	中数 /(m/s)		一般	最高	
0	无风 clam	<1	0 ~ 0.2	0	平如镜子 calm - glassy	—	—	0 ~ 0.004
1	软风 light air	1 ~ 3	0.3 ~ 1.5	1	微波 calm - rippled	0.1	0.1	0.009 ~ 0.225
2	轻风 light breeze	4 ~ 6	1.6 ~ 3.3	2	小波 smooth - wavelets	0.2	0.3	0.256 ~ 1.089
3	微风 gentle breeze	7 ~ 10	1.6 ~ 3.3	4	小浪 wavelets	0.6	1.0	1.156 ~ 2.916
4	和风 strong breeze	11 ~ 16	5.5 ~ 7.9	7	轻浪 sight	1.0	1.5	3.025 ~ 6.241
5	清风 fresh breeze	17 ~ 21	8.0 ~ 10.7	9	中浪 moderate	2.0	2.5	6.4 ~ 11.449
6	强风 strong breeze	22 ~ 27	10.8 ~ 13.8	12	大浪 rough	3.0	4.0	11.66 ~ 19.04
7	疾风 near gale	28 ~ 33	13.9 ~ 17.1	16	巨浪 very rough	4.0	5.5	19.32 ~ 29.24
8	大风 gale	34 ~ 40	17.2 ~ 20.7	19	狂浪 high	5.5	7.5	29.58 ~ 42.85
9	烈风 strong gale	41 ~ 47	20.8 ~ 24.4	23	狂涛 very high	7.0	10.0	43.26 ~ 59.54
10	狂风 storm	48 ~ 55	24.5 ~ 28.4	26		9.0	12.5	60.03 ~ 80.66
11	暴风 violent storm	56 ~ 63	28.5 ~ 32.6	31	非凡现象 phenomenal	11.5	16.0	81.2 ~ 106.28
12	飓风 hurricane	≥64	≥32.7			14.0	—	>106.28

4. 风向

风向是指风的来向,常用罗经点向位或方位度数(0°~360°)表示。前者多用于陆上,后者多用于海洋上或高空风。

5. 风压

风吹过障碍物时,在与风垂直的方向上单位面积所受到的压力称为风压。

7.3.2 风的动力特征

作用于空气微团上的外力是风形成的主要原因。有水平气压梯度力、水平地转偏向力、惯性离心力和摩擦力外力作用。其中水平气压梯度力与初始风速无关,是使空气产生运动的直接原动力。

当这四个力的合力等于零时,空气静止或作匀速运动,即为平衡运动。在自由大气中,可以忽略摩擦力,简单的平衡运动表现为匀速直线运动(地转风)和匀速圆周运动(梯度风)。

地转风风速与水平气压梯度成正比,在天气图上,等压(高)线越密,地转风越大;等压(高)线越疏,地转风越小。其风向根据白贝罗风压定律,风沿等压线吹,背风而立,北半球高压在右,低压在左;南半球正好相反。

梯度风风速与水平气压梯度、纬度的正弦、空气密度和曲率半径有关。反气旋区内,边缘风速较大,中心附近微风或者静风;曲率较小(曲率半径大)处,即等压线平直处,等压线密,风速大;曲率较大(曲率半径小)处,即等压线弯曲较大处,等压线疏,风速较小。风向与气压场之间满足白贝罗风压定律,北半球,高压中的风顺时针旋转,低压中的风逆时针旋转;南半球,高压中的风逆时针旋转,低压中的风顺时针旋转。

另外,风还受到地形的动力作用:当气流从开阔地区进入峡谷地形时,风速加大,风向被迫改变沿峡谷走向,这种现象称狭管效应,如台湾海峡中夏季西南大风,冬季东北大风。同时,当气流流经向海中突出的半岛或山脉尽头时,会造成气流辐合、流线密集,使风力大大加强,这种现象称岬角效应,如我国山东半岛成山头附近风力比周围海域大。

7.3.3 海上目力测风的方法

海上对风力的观测,可以采用专用的风速风向仪测定。实际航海中,航海人员也积累了丰富的经验。根据海面上的海况来判断风级是一种常规的方法。风向是指风的来向,可根据风浪的来向确定。风力大小可根据海况判断,如表7-1所示,不同风级对应着不同的海面征象(图7-5至图7-17),如果航海人员熟练应用,也能大致测定当时风力风级。

7.3.4 中国沿海季风的成因和特点

地球上不少地区的盛行风都是随季节变化而改变的。例如,我国东南沿海冬夏季节风作有规律的转换,冬季盛行西北风和东北风,夏季盛行东南风和西南风。这种大范围地区的盛行风向随季节而有规律改变的盛行风就是季风(monsoon)。冬季风或夏季风期间,低层风与高层风组成的环流,称为季风环流(monsoon circulation)。

图7-5　0级风:海面像镜子一样平静(无浪)

图7-6　1级风:海面有波纹,但还没有白色波顶

图7-7 2级风：波浪纹虽小，但已明显，波顶透明像玻璃，但不碎

图7-8 3级风：波较大，波顶开始分裂，泡沫有光，间断见到白色波浪

图7-9 4级风:小浪,波长较大,往前卷的白碎浪较多,有间断的呼啸声

图7-10 5级风:中浪,波浪相当大,白碎浪很多,呼啸声不断,间或有浪花溅起

图 7 – 11　6 级风:开始或大浪,波浪白沫飞布海面,呼啸声大作(可能有少数浪花溅起)

图 7 – 12　7 级风:海面像由波浪堆积而成,碎浪的白泡沫开始成纤维状,随风吹散,飞过几个波顶

图7-13 8级风:中高浪,波长更大,随风吹起的纤维状更明显,呼啸声更大

图7-14 9级风:高浪,泡沫纤维更加浓密,海浪卷翻,泡沫可能影响能见度

图 7 - 15　10 级风:大高浪,波浪成长形突出,纤维状泡沫更为浓厚,并成片状,
海浪颠簸好像追击,浪花飞起带白色,能见度受影响

图 7 - 16　11 级风:特高浪,中小型船在海上有时可能被浪所蔽,波顶边缘被风吹成泡沫,能见度大减

图7-17 12级风:空气中充满泡沫和浪花,海面因浪花的飞呈白色状态,能见度剧烈降低

1. 季风的成因

(1) 海陆季风

由于海陆热力性质差异而形成的季风,称为海陆季风。冬季大陆冷于海洋,大陆出现冷高压,海洋出现相应的低压,因此,大范围气流从大陆吹向海洋;夏季,海洋温度较低,而大陆温度较高,海洋出现高压或原有高压加强,大陆出现热低压,因此,大范围气流由海洋吹向大陆。

凡海陆之间温度差异较大的地方,就会有海陆季风产生。地球上季风最强的区域是在热带和副热带之间的范围内。这是因为赤道附近海陆温度差异终年都很小,随着纬度的增高,海陆温度差异增大,季风势力增强。但到中纬度以上,气旋活动增多,风向变化多端,季风又不明显了。

(2) 行星季风

由于行星风带随季节的南北位移,使风带边缘地区的风向发生季节性转变而形成的季风,称为行星季风。

7月,太阳直射位置北移,整个行星风带跟着北移,赤道辐合带全部在赤道以北,一般位于10°N~15°N以北,尤其在南亚地区,由于受大陆温度特高的影响,赤道辐合带甚至移到25°N以北。这样,南半球的东南信风吹过赤道转向成为西南季风。因此,北半球10°N~15°N以南地区一般盛行西南季风。1月,整个行星风带南移,除大西洋部分外,赤道辐合带移到赤道以南,在大陆部分南移最多,约到10°S~15°S。这样,冬季在赤道以南大约5°~10°为一狭长地带的大部地区,盛行从东北信风转向而成的西北季风。

这种季风可以发生在沿海、陆地和海洋中心部位。就纬度来说,多见于赤道和热带地区。所以常称它为赤道季风或热带季风。

（3）青藏高原等大地形的作用

青藏高原的平均海拔高度是 4 km，东西长约 3 000 km，南北宽约 1 600 km。这样一个面积庞大的高原突出在自由大气层中，除引起动力作用外，它在夏季的热源作用和冬季的冷源作用都是不可忽视的。模拟实验表明，如果不存在青藏高原，南亚季风现象就会明显减弱。它的存在对维持和加强南亚夏季风起了重要作用，是西南季风较强的重要原因之一。冬季由于大地形阻挡作用，冷空气进入南亚后强度明显减弱，因此南亚冬季风的强度较弱。

实际上，某一地区的季风往往是由特定的海陆分布、行星风带的季节性位移和地形等多种因素共同作用的结果。例如，温带和副热带季风的形成除海陆热力差异外，往往还包含行星风带季节性位移的作用；而赤道和热带季风的形成除行星风带季节性位移外，也包含海陆热力差异的作用。较大的地形常常是改变季风强度和方向的不可忽视的因素。此外，各地区由于所处纬度和地理条件等的不同，季风的强度、特点也各有所异。

2. 我国的季风

我国的季风是东亚季风，主要是海陆热力差异而形成的。这里位于世界上最大的大陆——亚欧大陆的东南部和世界上最大的海洋——太平洋之间，气温和气压梯度的季节变化比其他任何地区都显著，所以这一地区发生的季风是海陆热力差异引起的季风中最强的。它的范围包括我国东部、朝鲜、日本等地区和附近海域。

如图 7-18 所示，冬季，西伯利亚高压盘踞着亚洲大陆，寒潮和冷空气不断爆发南下，高压前缘的偏北风就成为亚洲东部的冬季风。由于所处高压部位的差异，各地冬季风的方向由北向南依次为西北风、北风和东北风。例如，渤海、黄海、东海北部和日本海附近海面多为西北风；东海南部和南海多为东北风，东北信风也因而加强。西伯利亚高压强盛，气压梯度较大，所以风力较强，风向稳定。通常，渤海、黄海和东海的风力在 5~6 级左右，寒潮南下时，最大风力可达 8~9 级以上。

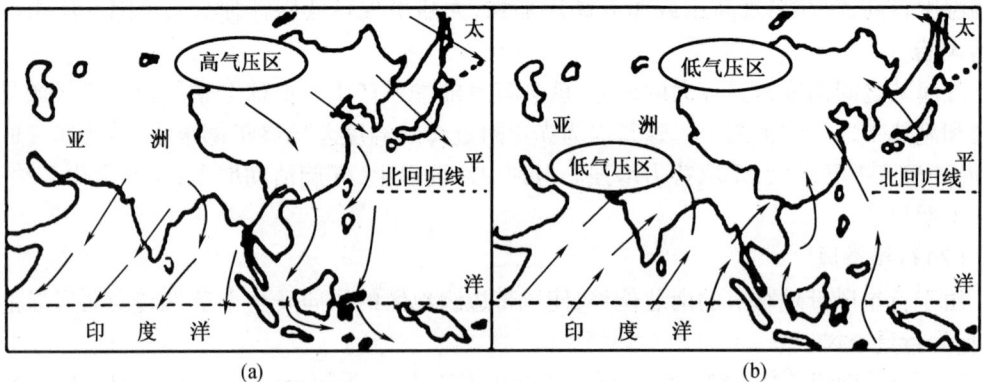

图 7-18 东亚和南亚季风示意图
(a)冬季；(b)夏季

夏季，亚洲大陆为热低压，同时西太平洋副热带高压北上西伸，这两个高、低压之间的偏南风便成为伸向亚洲东部的夏季风。它的风向，在中国东部和日本附近洋面（约 50°N 以南）吹东南风，但在华南沿海、南海和菲律宾附近洋面上多为西南风。因为夏季气压梯度比冬季小，所以夏季风强度比冬季风弱，海上风力一般在 3~4 级左右。这是东亚季风的一个重要特点。

东亚季风对我国、朝鲜和日本等地的天气和气候影响很大。冬季风盛行时,这些地区具有低温、干燥和少雨的气候特征;当夏季风盛行时,则表现为高温、潮湿和多雨。

我国冬季则受北方冷空气的强烈影响,冬季风强于夏季风。我国夏季风到来很慢,4月初,夏季的东南季风已见于广东沿海,但到6月底才到达华北北部和东北地区;相反,我国冬季风却来得快,大约不用一个月,就能从渤海扩展到南海。

7.3.5 地方性风

1. 海陆风

在海滨地区,只要天气晴朗,白天风总是从海上吹向陆地;到夜里,风则从陆地吹向海上。从海上吹向陆地的风,叫做海风(sea breeze);从陆地吹向海上的风,称为陆风(land breeze)。气象上常把两者合称为海陆风。

海陆风和季风一样,都是因为海陆分布影响所形成的周期性的风。不过海陆风是以昼夜为周期,而季风以一年为周期,同时海陆风影响的范围小,强度相对也较弱,而季风涉及的范围广,强度较强。那么海陆风是如何形成的呢?

白天,陆地上空气增温迅速,而海面上气温变化很小。这样,温度低的地方空气冷而下沉,接近海面上的气压就高些;温度高的地方空气轻而上浮,陆地上的气压便低些。陆地上的空气上升到一定高度后,它上空的气压比海面上空气压要高些。因为在下层海面气压高于陆地,在上层陆地气压又高于海洋,而空气总是从气压高的地区流到气压低的地区,所以,就在海陆交界地区出现了范围不大的垂直环流。陆地上空气上升,到达一定高度后,从上空流向海洋;在海洋上空,空气下沉,到达海面后,转而流向陆地。这支在下层从海面流向陆地,方向差不多垂直海岸的风,便是海风。

夜间,情况正好相反。陆地上,空气很快冷却,气压升高;海面降温比较迟缓(同时深处较温暖的海水和表面降温之后的海水可以交流混合),因此比起陆面来仍要温暖得多,这时海面是相对的低气压区。但到一定高度之后,海面气压又高于陆地。因此,在下层的空气从陆地流向海上,在上层的空气便从海上流向陆地。在这种情况下,整个垂直环流的流动方向,也变得和前面海风里的垂直环流完全相反了。在这个完整的垂直环流的下层,从陆地流向海洋,方向大致垂直海岸的气流,便是陆风。

一般海风比陆风要强。因为白天海陆温差大,加上陆上气层较不稳定,所以有利于海风的发展。而夜间,海陆温差较小,所波及的气层较薄,陆风也就比较弱些。从风速来说,海风最大可达 5~6 m/s,陆风一般只有 1~2 m/s。以水平范围来说,海风深入大陆在温带约为 15~50 km,热带最远不超过 100 km,陆风侵入海上最远 20~30 km,近的只有几千米。以垂直厚度来说,海风在温带约为几百米,热带也只有 1~2 km;只是上层的反向风常常要更高一些。至于陆风则要比海风浅得多了,最强的陆风,厚度只有 200~300 m,上部反向风仅伸达 800 m。在我国台湾省,海风厚度较大,约为 560~700 m,陆风为 250~340 m。

海陆风交替的时间随地方条件及天气情况而不同。白天,陆地温度高于海洋;夜里,海洋温度高于陆地。陆地温度高于海洋的时间,一般为下午 2—3 时,这时候的海风最强。此后温度逐渐下降,海风便随着减弱,约在晚上 9—10 时,海陆温差没有了,海风也就停止了。夜里,陆地温度降得快,海洋温度比陆地下降得慢些,因此,在晚上 9—10 时以后,陆上变冷了,海上反而暖些。海陆温差的趋向改变了,海陆风的方向也改变了。从晚上 9—10 时的一度平静无风之后,接着微弱的陆风就开始了;这以后,海陆温差逐渐增大,陆风也越来越强;大约夜里2—3时左右,温差最大,这时的陆风也最强。天亮后,陆地渐渐暖起来,海陆温差越来越小,陆风逐渐减弱;约在上午9—10时左右,海陆温差又消失了,陆风随即终止。

就这样,随着海陆昼夜温差的不断改变,白天出现的海风,下午2—3时最强,夜间出现的陆风,夜里2—3时最强;上午9—10时和晚间9—10时,海陆温度几乎相同,温度差别消失,海风和陆风便消失了。海风和陆风消失的时间,也正是从海风转为陆风(晚上9—10时)或从陆风转为海风(上午9—10时)的过渡时间。

海陆风必须在静稳的天气条件下才可以看得到,如果有强烈的天气系统,如飑线、风暴一类的天气系统出现时,就看不到海陆风的现象了。此外,如果是阴天,陆风吹刮的时间往往拖延很长,而海风出现的时间便一直推后下去,有时甚至推迟到12时左右才开始。

海陆风的强度与温度日较差的大小以及昼夜海陆温度差有密切的关系。在气温日变化比较大的热带地区,全年都可见到海陆风;中纬地区海陆风较弱,而且大多在夏季才出现;高纬地区,只有夏季无云的日子里,才可以偶尔见到极弱的海陆风。我国沿海的台湾省和青岛等地,海陆风很明显,尤其是夏半年,海陆温差及气温日变化增大,所以海陆风较强,出现的次数也较多。而冬半年的海陆风就没有夏半年突出,出现机会比较少。

2. 山谷风

住在山区的人都熟悉,白天风从山谷吹向山坡,这种风叫谷风(valley breeze);到夜晚,风从山坡吹向山谷,这种风称山风(mountain breeze)。山风和谷风总称为山谷风。

山谷风的形成原理跟海陆风类似。白天,山坡接受太阳光热较多,成为一只小小的"加热炉",空气增温较多;而山谷上空,同高度上的空气因离地较远,增温较少。于是山坡上的暖空气不断上升,并在上层从山坡流向谷地,谷底的空气则沿山坡向山顶补充,这样便在山坡与山谷之间形成一个热力环流。下层风由谷底吹向山坡,称为谷风(图7-19)。到了夜间,山坡上的空气受山坡辐射冷却影响,"加热炉"变成了"冷却器",空气降温较多;而谷地上空,同高度的空气因离地面较远,降温较少。于是山坡上的冷空气因密度大,顺山坡流入谷地,谷底的空气因汇合而上升,并从上面向山顶上空流去,形成与白天相反的热力环流。下层风由山坡吹向谷地,称为山风。

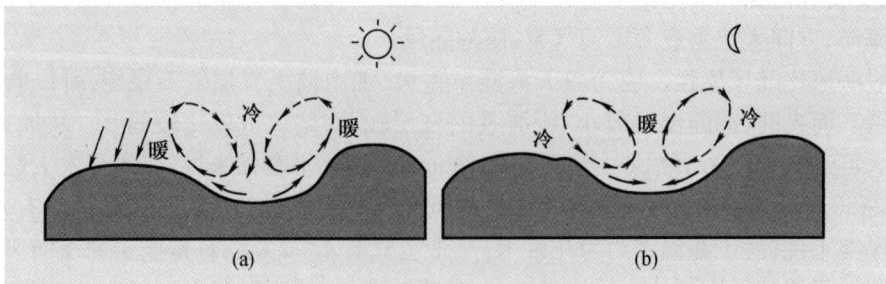

图 7 - 19　山谷风形成示意图
(a)谷风;(b)山风

谷风一般强于山风。谷风的平均速度约 2 ~ 4 m/s,有时可达 7 ~ 10 m/s。谷风通过山隘的时候,风速加大。山风比谷风风速小一些,但在峡谷中,风力加强,有时会吹损谷地中的农作物。谷风所达厚度一般约为谷底以上 500 ~ 1 000 m,这一厚度还随气层不稳定程度的增加而增大,因此,一天之中,谷风以午后的伸展厚度为最大。山风厚度比较薄,通常只及 300 m 左右。

谷风一般在 9—10 时开始,午后最强;山风于日落后开始,逐渐增强,日出前达最强。山谷风在夏季较明显,冬季较弱。

在我国沿海,不少港口都能观测到明显的海陆风,有一些港口因受地形影响,常同时出现海陆风和山谷风。由于两者叠加的结果使向岸风(海风加谷风)和离岸风(陆风加山风)都相当显著,例如我国的连云港和秦皇岛就是如此。

7.4 云、雾与能见度

7.4.1 云

1. 云的定义及分类

云是大气中最常见的天气现象,它的出现和演变不仅反映了当时的大气运动状态,而且也能预示未来的天气变化。

云(cloud)是由大量的小水滴、小冰晶或两者的混合物组成的悬浮在空中的可见聚合体。

云主要是由于空气产生上升运动形成的。但由于上升运动的形式不同,使形成的云千变万化,形态各异。尽管如此,云还是有许多共同特征的。根据它们的共同特征,仍可对云进行区分。

1956 年世界气象组织按云底高度和云的外形特征,将云分为高、中、低和直展云 4 族共10 属。1984 年我国出版的《中国云图》按云底高度将云分为高云、中云、低云 3 族,然后按外形特征、结构和成因再将云划分为 10 属及若干类,见图 7 – 20 和表 7 – 2。

图 7 – 20 云的分类示意图

表7-2　云的分类

云族	云底高度	云属		云类	
		学名	国际简写（全称）	学名	国际简写
高云	>5 000 m	卷云	Ci（cirrus）	毛卷云	Ci fil
				密卷云	Ci dens
				伪卷云	Ci not
				钩卷云	Ci unc
		卷层云	Cs（cirro - stratus）	薄幕卷层云	Cs nebu
				毛卷层云	Cs fil
		卷积云	Cc（cumulo - cirrus）	卷积云	Cc
低云	<2 500 m	层积云	Sc（cumulo - stratus）	透光层积云	Sc tra
				蔽光层积云	Sc op
				积云性层积云	Sc cug
				堡状层积云	Sc cast
				荚状层积云	Sc lent
		层云	St（stratus）	层云	St
				碎层云	Fs
		雨层云	Ns（nimbus）	雨层云	Ns
				碎雨云	Fn
		积云	Cu（cumulus）	淡积云	Cu hum
				碎积云	Fc
				浓积云	Cu cong
		积雨云	Cb（cumulo - nimbus）	秃积雨云	Cb calv
				鬃积雨云	Cb cap

2. 各属云的主要特征(表7-3)

表7-3 各属云的主要特征

云族	云属	云的组成	云的主要特征	降水
高云	卷云	由冰晶组成	具有丝缕状结构、柔丝般光泽的分离散乱的云,云体通常白色无暗影,呈丝条状、羽毛状、马尾状、钩状、团簇状、片状、砧状等。卷云可以从卷层云演变而来,有的是积雨云顶部残留下来的	无
	卷层云	由冰晶组成	云体均匀成层,透明或呈乳白色,透过云层日月轮廓清楚,地物有影,常有晕。晕是环绕日月的大光圈。月晕多白色,日晕呈五彩,色带排列内红外紫	无
	卷积云	由冰晶组成	云块很小,呈白色细鳞片状,常成行、成群排列整齐,很像微风吹拂水面所引起的小波纹	无
中云	高层云	由水滴、冰晶和雪花共同组成	云体均匀成层,呈灰白色或灰色,云底带有条纹结构,常布满全天。云层较薄的部分,可以看到昏暗不清的日月轮廓,看上去好像隔了一层毛玻璃。厚的高层云,则底部比较阴暗,看不到日月	可下小雨,冬季可下较大的雪
	高积云	通常由水滴组成,在冬季高纬地区出现的高积云,可由冰晶组成	云块较小,轮廓分明,在厚薄、形状上有很大差异,薄的云块呈白色,能见日月轮廓,厚的云块呈暗灰色,日月轮廓分辨不清。常呈扁圆形、瓦块状、鱼鳞片或水波状的密集云条。常成群、成行、成波状排列。在地平线30°以上,大多数云的视宽角为1°~5°。有时可出现在两个或几个高度上。日、月光透过薄的高积云,常形成环绕日月的外红内蓝的华环。	有时可出现降水现象
低云	层积云	由水滴组成	云块一般较大(其视宽角多数大于5°),在厚薄、形状上有很大差异,常成群、成行或波状排列。云的结构比较松散,呈灰白色或灰色,透过薄的云块,太阳位置可辨,厚的云块比较阴暗	低而厚的层积云往往产生间歇性降水
	层云	由水滴组成	云体均匀成层,呈灰色或灰白色,很像雾,云底很低但不接触地面或海面	有时会下毛毛雨
	雨层云	由水滴、冰晶和雪花共同组成	低而漫无定形,云体均匀成层,常布满全天,呈暗灰色,能完全遮蔽日月,云底常伴有碎雨云	连续性降水
	积云	由水滴组成	云体顶部呈圆弧形或圆弧形重叠凸起,底部几乎成水平。云块边界分明,云体之间多不相连	无
	积雨云	由水滴、冰晶和雪花共同组成	云体浓厚庞大,垂直发展极盛,远看很像耸立的高山。顶部已开始冻结,呈白色,轮廓模糊,有毛丝般的丝缕结构,常呈铁砧状或马鬃状。底部阴暗混乱,起伏明显,有时呈悬球状结构。	雷阵雨、冰雹

3. 看云识天气

云对未来天气的变化有预报指示意义。人们总结了很多关于观云测天的经验和云与天气的谚语,这里列出几条,可供学习参考。但应注意,看云识天气要结合天气形势,同时要综合其他气象要素加以分析,不能单凭一句谚语。

(1)清早宝塔云,下午雨倾盆

宝塔云是指云底水平,顶部并列着突起的小云塔,形状像远方的城堡或锯齿的云(图7-21)。它是在波状云形成后,其上的逆温层不太厚,而其下空气的对流和乱流都发展较强时,上升气流穿过逆温层,使云体突起成间断的有圆弧形顶部的云朵。因此,宝塔云的出现常预示着午后的雷雨。

图7-21　宝塔云的形状示意图

(2)棉花云,雨快临

棉花云是指云块个体破碎,状如破棉絮团的云。它是在潮湿气层中因乱流发展强烈而形成的,它的出现是空气不稳定的表现,因而是午后雷雨出现的征兆。

(3)鱼鳞天,不雨也风颠

这里的鱼鳞指卷积云,卷积云如果与卷云、卷层云相伴出现,并且系统地发展,表示将有天气系统影响本地,常常带来阴雨或大风天气,故谚语有"鱼鳞天,不雨也风颠"这种说法。

(4)山云起,雷雨临

由于大气发生对流运动,上升气流由淡积云逐渐发展成浓积云,随着对流运动的猛烈进行,浓积云继续向上发展,到达冻结高度时,云顶开始产生冰晶,原来清晰的圆弧形云顶变得模糊起来,这时浓积云变成了庞大有如巍巍高山的秃积雨云了,即所谓的"山云起",当秃积雨云继续发展,从云顶模糊的边缘上滋长出毛丝般的结构并向四周扩展开来的铁砧状伪卷云时,雷电交加、暴雨倾盆的冰晶雨云便产生了,于是大雨即将来临。

(5)馒头云,晒死人

馒头云,是指淡积云。淡积云是积状云发展的最初阶段,是当空气对流的高度稍稍超过凝结高度时形成的,状如馒头,常在晴天时出现。因此有"馒头云,晒死人"这种说法。

(6)梭子云,定天晴

梭子云是指中间厚,边缘薄,状如豆荚的云。它是由局部上升和下降气流相汇合而形成的。它的出现表示该高度以上气层稳定,有下降气流,天气不会转坏。谚语"天上豆荚云,地上晒煞人"也指这种情况。

（7）悬球云，大雨临

悬球云是指从积雨云底部下垂的云团，它多出现于积雨云的底部上升气流最强的前方，主要是云底水滴下降时，被较强的上升气流托住而形成的。因此，它的出现通常预示很短时间内即有降水产生。

（8）天上鲤鱼斑，晒谷不用翻

鲤鱼斑是指薄而稳定的透光高积云，它是因波状运动和乱流使空气绝热冷却而形成的，常发生在稳定层结中，如有逆温和风切变时。因此当这种云出现时预示天气未来少变。但当这种云不断增厚，融合成层，表示天气将有变化，甚至产生降水。

（9）天上钩钩云，地上雨淋淋

钩卷云是卷云中的一种，它常出现在锋面的缓慢滑升区以及迎风坡上。其中，以出现在暖锋面上最典型。暖锋上的云系排列比较有规则，一般是卷云、卷层云、高层云、雨层云。因此，见到钩卷云、卷层云时，便知道不久要下雨。谚语"马尾云，雨必临"也是这个意思。

（10）日晕三更雨，月晕午时风

晕是太阳光投身到大气中的冰晶上经冰晶两次折射后形成的。晕的出现，表示空气中有大量的冰晶。大量的冰晶构成了卷层云，而卷层云又是锋面云系的前缘，因此晕就和锋面天气紧密联系在一起。锋面过境前后往往出现降水和大风等天气，所以，有了晕就是天气有变的前兆。

（11）上天同云，雨雪纷纷

同云是指满天一色的阴云，呈暗灰色，即气象上所称的雨层云。这种云云底较低，云层很厚，常带来连续性的雨雪天气。

7.4.2 雾

雾是影响海面能见度的首要因素。不论在海上还是在港口，雾对游艇的活动都有直接的影响。在雾中航行，即使备有雷达等现代化导航仪器，仍有偏航、搁浅、触礁和碰撞的危险。因此，游艇驾驶人员必须具备有关海上雾的知识，掌握雾的生消规律。

1.雾的定义

雾（fog）是指近地面层中悬浮的小水滴、小冰晶或两者的混合物使水平能见度小于1 km（或0.5 n mile）的天气现象。水平能见度在1～10 km之间时，则称为轻雾。

雾与云在本质上是一样的，都是发生在大气中的水汽凝结现象。雾和云的区别在于：雾的下层贴近地面，是发生在低空的水汽凝结现象，而云是发生在高空的水汽凝结现象，二者存在的高度是不同的。

雾形成的根本原因是空气中所含有的水汽量超过了当时温度条件下的饱和水汽量，多余的水汽就凝结出来变成小水滴或小冰晶。

2.雾的分类及各类雾的特点

按照雾的形成原因，一般把海洋及沿海常见的雾分为平流雾、蒸发雾和辐射雾三类。

（1）平流雾

暖湿空气流经较冷的下垫面（水面或陆面）时，贴近下垫面的空气冷却，达到并维持饱和状态，水汽凝结而形成的雾，称为平流雾。平流雾又称为海雾，是对航海威胁最大的一种雾。其特点是：

①浓度和厚度大。平流雾的浓度往往很大，能见度恶劣，甚至会出现水平视程小于

50 m 的情况;雾的厚度常可达几十米到几百米以上,遮天蔽日,严重影响天文、地文定位。

②水平范围广。平流雾的形成,与大型天气过程及天气系统的活动有着一定的关系,因此其雾区范围可以很大,通常可达数百甚至数千千米。

③持续时间长。平流雾维持五六个小时不消散很常见,特别是当暖湿空气较强,流场稳定少变时,可维持几天甚至一周以上。

④一日之中任何时刻都可能产生,在大洋中日变化不明显。

⑤常伴有平流低云。平流雾来临之前,往往先见到低云。这种云破碎不堪,很不规则,移速很快,当雾越来越近时,碎云变成大片云层,随后就是贴近海面的大雾涌上岸来。

平流雾是低层大气与海洋之间相互作用的产物,是在特定的海洋水文气象条件下产生的。下列条件有利于海上平流雾的形成:冷的海面和适当的海气温差,还应有适宜的风场,一般在中等风力(2~4级)条件下,有充沛的水汽,度要大,并且低层有逆温层结时易于形成平流雾。平流雾的生成和维持是以一定条件为依托的,一旦这些条件发生逆转或遭到破坏时,海雾即趋于消散。主要是流场改变,暖湿平流中断,如冷锋过境或风向有较大角度的转变,以及低层空气增温或风速过大、近地(海)面层大气稳定状态遭到破坏时,雾就会消失或抬升为低云。

(2)蒸发雾

较暖的水面或水滴不断蒸发水汽,进入低层较冷的空气中,使空气达到饱和而形成的雾,称为蒸发雾。常见的蒸发雾有锋面雾和蒸汽雾两种。

①锋面雾

从锋面以上暖空气中下降的水滴降落到冷空气中后,如果水滴温度远高于其周围的冷空气温度,则水滴将会不断蒸发,使锋面以下的低层冷空气中的水汽含量增加,达到饱和而形成雾(图7-22)。这种雾称为锋面雾,又称雨雾或降水雾。

图 7 – 22　锋面雾形成示意图

锋面雾对航海的威胁仅次于平流雾。锋面雾最常出现在锢囚气旋中暖锋接近中心的部分。紧靠冷锋后的雨区边缘也可出现。不过浓度较大、范围较广的锋面雾,还是以锢囚锋两侧和暖锋前出现的机会较多。锋面雾产生的典型部位是暖锋前、第一型冷锋后和锢囚锋两侧。

锋面雾随着锋面和降水区的移动而移动。它出现的时刻和强度变化均不受气温日变化的影响。

②蒸汽雾

冷空气流经暖水面时,因水温高于气温,水面不断蒸发水汽进入低层空气,使空气达到饱和状态而形成的雾,称为蒸汽雾。它看起来像从水面冒出的热气。

蒸汽雾在深秋和冬季较为常见。其特点是浓度不大,厚度较薄,持续时间不长,范围也不广,日变化比较明显。

蒸汽雾一般多出现在清晨,日出后随气温上升而慢慢消散。它的发生与风速无关,在5~40 m/s 的风速中均观测到过蒸汽雾的发生;风向改变可使蒸汽雾消散。蒸汽雾多出现于高纬沿海、冰缘和冰间水面较狭窄的水带,稍远的地方就没有这种雾。

（3）辐射雾

由地面辐射冷却而形成的雾,称为辐射雾。

晴夜、微风和近地面气层中水汽比较充沛是形成辐射雾的三个主要条件。

辐射雾是一种典型的"陆雾",主要出现在内陆和港内,大洋上极少产生。与平流雾或锋面雾相比,辐射雾的范围不广,雾层也不厚。

辐射雾的产生有明显的日变化规律。它形成于夜间,日出前最浓,日出后随气温升高逐渐减弱消散。通常,在日出前所产生的辐射雾最容易消散;子夜产生的雾,日出后若干小时才能消散;日落后即产生的雾最不容易消散。除冬季阴天外,辐射雾午后仍不消散的只是少数。

一年四季都可能形成辐射雾,以秋冬两季最频繁,夏季辐射雾较少。如果夏季形成辐射雾,并移至海面,却不易消散,那是因为此时的表层海水温度常低于气温。

形成辐射雾的有利风力是 3~4 级,强风时辐射雾容易消散,静稳时不利于消散。晴天是产生辐射雾的有利条件,但晴天也有利于辐射雾的消散。冬季辐射雾消散慢,夏季消散快。

3. 中国沿海雾的分布

我国海域是太平洋的多雾区之一,有平流雾、锋面雾、辐射雾等。其中以平流雾最为典型。

（1）地理分布

我国近海雾在地里分布上呈现如下几个特点（图 7-23）：

①雾区范围南窄北宽。北起渤海湾南至北部湾,雾区大致呈带状分布,并具有南窄北宽的分布特点。南部宽约 100~200 km,舟山群岛一带宽约 400 km,北部更宽些,如黄海 6—7 月几乎全部是雾区。

②发生频率南少北多。琼州海峡和北部湾西北部冬春季雾多,年雾日（一日中任何时候出现雾,不论持续时间长短,均记为一个雾日）20~30 天;台湾海峡和福建沿海年雾日 20~35 天（台湾海峡东部、澎湖列岛一带却很少,只有 4~5 天）;闽浙沿海到长江口一带,年雾日增加到 50~60 天;黄海中部水域年雾日达 50~60 天以上;山东半岛南部成山头和石岛

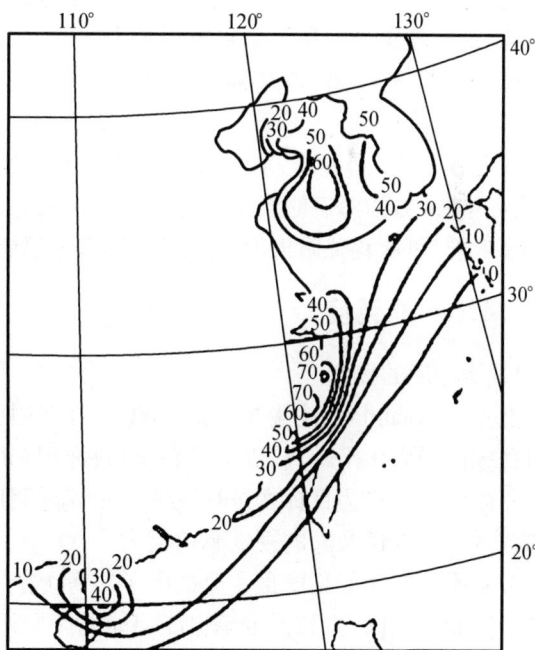

图 7-23　我国近海雾地理分布示意图

一带海面雾最频,年雾日超过 80 天,最长连续雾日超过 25 天,有"雾窟"之称。从鸭绿江口到济州岛的朝鲜西部沿海雾也比较多,年雾日达 50 多天,有时与山东南部沿海的雾区连成一片。

③有 3 个相对多雾中心和 3 个相对少雾中心。我国近海雾在具有南窄北宽、南少北多

这个基本分布特点的基础上,出现3个相对多雾中心和3个相对少雾中心。3个相对多雾中心分别是黄海中、南部,长江口至舟山群岛和北部湾。3个相对少雾中心分别是渤海(暖流不易到达,也不存在水温不连续带,因而雾很少)、台湾海峡(风较大,不利于雾的形成)和南海南部(终年受暖流控制,缺乏冷却条件,因而基本无雾)。

(2)季节变化

我国近海的海雾,以南海北部沿岸出现最早,始于头年12月,12—4月为雾季,2—3月雾最多。东海的雾始于3月,3—7月为雾季,其中浙江沿海至长江口4—6月最盛。黄海的雾始于4月,4—8月为雾季,6—7月最盛。8月,除黄海北部外,我国整个沿海的雾骤然减少。

以上情况表明,我国近海的雾在时间上从春至夏,由南向北推延表现出南早北晚的特点。

(3)成因

我国海域有两支海流系统:一支是著名的黑潮暖流及其支流(包括台湾暖流、对马暖流和南海暖流),称为外海流系;另一支是沿岸流,是由江河径流的淡水组成,包括渤海、黄海、东海和南海沿岸流。沿岸流的范围和流向直接受大陆径流和季风的影响,随季节而变化。冬半年受大陆低温和融化的冰雪影响,具有明显的冷流性质,势力较强。由春至夏受大陆增温影响,冷流逐渐减弱北缩,进入盛夏以后,沿岸流的低温性质便隐而不见了。

以上这种海流的分布情况,在适宜的风场配合下,为平流雾的产生提供了必要的下垫面条件。春、夏季节正是东亚夏季风控制的季节,东南气流源源不断地将黑潮上空的暖湿气流输送到我国沿海,当这种气流抵达变性北缩的沿海冷流水面上时,便在该水域形成雾区。

除上述外,我国春季,从大陆吹往海上的空气,气温可能略高于水温,这时也能形成平流雾,冬季,北方沿海有时会出现蒸汽雾。在秋冬季,河口、港湾或低温平原的沿海,夜间常产生辐射雾,可能移往附近海面。锋面雾四季都能产生,但以春夏季居多。

7.4.3 能见度

1. 能见度的概念

能见度(visibility)是指视力正常的人,在当时天气条件下,能够从天气背景中看到和辨认出目标的最大水平距离,以千米(km)或海里(n mile)为单位表示。在海洋上,海上能见度通常以水天线作为目标物进行观测。大气透明度是影响能见度的直接因子,其次是目标物和背景的亮度以及人的视觉感应能力。

雾是影响海面能见度最主要的因子。海上能见度恶劣时,将影响游艇的安全航行。其他如沙尘暴、烟、雨、雪和低云等也能使能见度变得恶劣。

2. 能见度的等级

根据能见距离的大小,将能见度分为0~9共10个等级,如表7-4所示。能见度好等级大,能见度差等级小。但在气候资料和世界各国发布的气象报告中,能见度通常不用等级,而以能见度恶劣(visibility bad)、能见度不良(visibility poor)能见度中等(visibility moderate)、能见度良好(visibility good)、能见度很好(visibility very good)和能见度极好(visibility excellent)等用语来表示。

表7-4 能见度等级表

能见度特征	等级	能见距离		海面可能出现的天气现象
		n mile	km	
能见度低劣	0	< 0.03	< 0.05	浓雾
	1	0.03 ~ 0.1	0.05 ~ 0.2	浓雾或雪暴
	2	0.1 ~ 0.3	0.2 ~ 0.5	大雾或大雪
能见度不良	3	0.3 ~ 0.5	0.5 ~ 1	雾或中雪
	4	0.5 ~ 1	1 ~ 2	轻雾或暴雨
能见度中等	5	1 ~ 2	2 ~ 4	小雪、大雨、轻雾
	6	2 ~ 5	4 ~ 10	中雨、小雪
能见度良好	7	5 ~ 11	10 ~ 20	小雨、毛毛雨
能见度很好	8	11 ~ 27	20 ~ 50	无降水
能见度极好	9	> 27	> 50	空气澄明

3. 能见度的观测

通常,海面能见度的观测使用有效能见度,即正常视力在四周二分之一以上的视野范围内都能看到的最大水平距离,以海里(n mile)为单位。所谓能见,在白天,目力能辨认出目标物的形体和轮廓;在夜间能清楚地看见目标灯的发光点。

沿岸航行时,以陆标或船只为参照物,在航行中,当前方陆标或船只刚好"能见"时,用雷达或六分仪测出目标距本船的距离,就是当时的能见距离。在夜间,应注意要站在不受灯光影响的地方,在黑暗处至少停留 5 min,待眼睛适应环境后,再进行观测。夜间因无星光和月光而无法观测时,相应栏记"—"。主要以灯光为参照物,有时以水天线为参照物。

7.5 海 浪

海浪是影响游艇运动的首要航海环境因素。在大风浪中航行会造成游艇失速、船体受巨浪冲击受损,严重时会造成船体断裂、游艇倾覆等危险。因此,掌握海浪的有关知识,对航海者来说是至关重要的。

7.5.1 海浪要素

海浪是发生在海洋中的周期性波动现象,又称波浪。为讨论方便,我们先来定义几个名词,叫海浪要素。图7-24为海浪发生时海面的理想化轮廓。波面的最高点称为波峰;波面的最低点称为波谷;相邻的波峰与波谷的垂直距离称为波高(H);相邻的两个波峰(或波谷)间的水平距离称为波长(λ);波形的传播速度,即波峰(或波谷)在单位时间内的水平位移称为波速(c);相邻的波峰(或波谷)相继通过一固定点所需的时间称为周期(T);波高与波长之比称为波陡(δ);沿垂直于波浪传播方向通过波峰的线称为波峰线;垂直于波峰线的线称为波向线。

根据定义,波长、波速、周期三者间有如下关系:

$$\lambda = cT$$

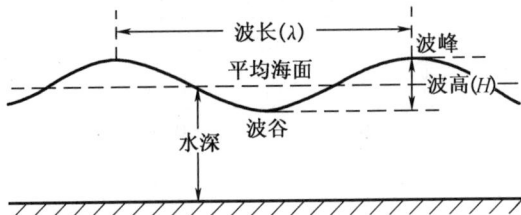

图 7-24 海浪示意图

7.5.2 海洋波浪的分类

海洋波浪分类方法较多。若按成因分类,则可将海洋波浪分为风浪、涌浪、近岸波(又称近岸浪、拍岸浪)、风暴潮(又称气象海啸、风暴海啸)、海啸(又称地震海啸)、潮汐波、气压波和内波;按波长和水深的关系,可将波浪分为深水波(波长远小于水深的波,深水波的波长不超过水深的 4 倍)和浅水波(波长远大于水深的波,浅水波的波长至少是水深的 20 倍)。海洋波浪的其他分类方法这里不一一列举。人们习惯上将风浪、涌浪以及由它们形成的近岸浪统称为海浪。

1. 风浪

(1)风浪的定义和特点

风浪是风直接作用于水面引起的,而且直到观测时还处在风力作用下的波浪。其特点是波峰较尖,波长较短,背风面比迎风面陡,波向与风向一致,而且常有浪花出现。

(2)风浪的成长与风力、风区和风时的关系

很早以来,人们就有"风大浪亦大"的经验。在海浪预报方法出现和应用之前,人们就根据风速的大小来估计风浪的大小。但实际上有时风大不一定浪大。如同样的风速,在范围较小的水池内不可能吹起像广阔海洋上那样的大浪。再如风力很大的风吹刮在广阔的海洋上,如果吹刮时间较短的话,亦不可能吹起很大的浪。观测表明,风浪的大小除了与风力的大小有关外,还与风区和风时有密切的关系。此外,它还受到海水深度及海域特征等其他因素的影响。所谓风区是指风向和风速近似一致的风所吹刮的距离。风区越长,浪在风区内移行得越远,风浪就越发展。在离岸风的作用下,海岸附近产生的波浪较小,是风浪的发展受风区限制的典型例子。所谓风时是指近似一致的风向和风速连续作用于风区的时间。很显然,风作用于海面的时间越久,海水所获得的动能越大,风浪也就越大。

(3)风浪的充分成长

以上分析表明,风力越大,风区越长,风时越久,风浪就越发展。但风浪的发展不是无限制的,当波陡接近 1/7 时,波浪开始破碎,波高停止发展。这是因为风传递给风浪的能量,除用于增大波高外,还有相当一部分消耗于涡动引起的摩擦上。当风浪能量的收支达到平衡时,风浪就不再继续增长,而达到极限状态,这种状态的风浪称为充分成长的风浪。在风速一定时,风浪充分成长需要一定的临界风时和风区。风速越大,风浪充分成长所需要的最小风时和最小风区也越大。例如当风速为 20 kn 时,最小风区为 75 n mile,最小风时为 10 h;当风速为 30 kn 时,最小风区和最小风时分别增加到 280 n mile 和 23 h。

(4)浅水中风浪的成长

在风速、风时、风区相同时,浅水区中风浪的波高要比深水区中的小。浅水区中风浪充

分成长所需的时间也要比深水区中短。这是因为风浪成长至足够的浪高后,水底摩擦将引起能量消耗,从而影响风浪的继续成长。

2. 涌浪

(1) 涌浪的定义和特点

涌是当风已平息、减弱或改变方向后所遗留下来的波浪,或者从观测海区外传播到当地的波浪。其特点是波形圆滑,波峰线较长,波向明显,波长较长,波速较大,波向与风向常不一致。

(2) 涌浪的传播特征

涌浪在传播过程中,随着传播距离的增加,波高不断减小。导致涌浪衰减的原因有两个:一是涡动黏滞性引起的能量消耗,即风浪离开风区后不再得到能量,但在传播过程中受到海水的涡动黏滞摩擦、空气阻力等影响,本身能量不断消耗,从而使波高减小;二是散射作用,风浪离开风区后,向较宽阔的水域散开,能量散布于较大的水域。涌的这种消衰是有选择性的,波长长的涌浪波高衰减慢,波长短的涌浪波高衰减快。涌浪在波高衰减的同时,其周期和波长都在逐渐加大,所以,随着传播距离的加大,波长较长、周期较大的波越来越显著,因此涌浪又有长浪之称。

3. 近岸浪

风浪或涌浪传至浅水或近岸区域后,因受海底地形的影响,其波向、波长、波高等将会发生一系列变化,这些变形的波浪统称为近岸浪。

(1) 波向折射和绕射

当波浪传至近岸区域时,由于水深变浅,波速变慢,波向就会不断发生折射,折射的结果是使波峰线越来越趋于与等深线平行(图7 – 25)。因此,外海传来的波浪,当它接近海岸时,通常波峰线总是与海岸平行。

当海岸线有曲折时,在凸出处出现波向辐合,此处波高变大,波浪的冲击力很强;凹进处出现波向辐散,此处波高变小,波浪的冲击力较小(图7 – 26)。因此,岬角受到海浪冲击和破坏较大,而海湾内风浪较小,适合游艇避风。

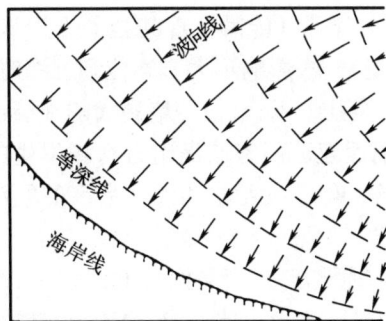

图 7 – 25　波向的折射示意图　　　　图 7 – 26　波向的辐合、辐散示意图

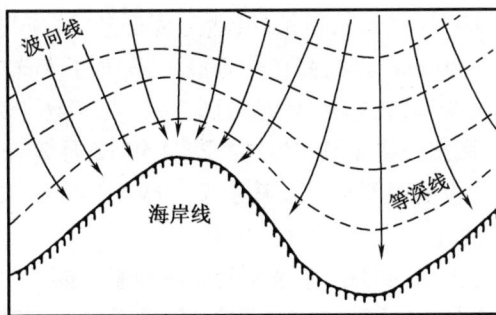

海浪可以绕过障碍进入被岛屿、海岬或防波堤等遮蔽的水域。绕射进入防波堤后,波高要减低。

(2) 波高增大,波长变短

当波浪由深水传至浅水时,能量集中在越来越薄的水层内,于是波高增大,波长变短,波浪就会变得不稳定并发生破碎。

（3）波浪卷倒和破碎

在浅水区，当波高接近水深时，波谷处的水质点受海底摩擦的影响，其速度比波峰处水质点的速度要慢些，使波前不断变陡，当波前几乎成垂直时，就造成波浪卷倒和破碎。这种现象如发生在海中的暗礁或浅滩时，称为破浪。如果发生在海岸附近，这种卷倒和破碎的波浪以奔腾之势冲向海岸，则称拍岸浪。航行游艇应注意由于海底地形引起的这种波浪变形效应，以防止触礁或搁浅。

4. 风暴潮

风暴潮（storm surge）是由于剧烈的大气运动如强风和气压骤变而引起的海面异常升高现象，又名风暴、海啸、气象海啸，俗称"风潮"。在浅水区，作用于水面的风对诱发风暴潮的作用一般大于气压变化的作用。在大洋中风暴的气压变化是诱发风暴潮的主要气象强迫力。

风暴潮通常分两类：一类是由温带气旋引起的温带风暴潮，其特点是增水过程比较平缓，增水高度相对较低；另一类是由台风引起的台风风暴潮，其特点是来势猛、速度快、强度大、破坏力大。温带风暴潮，多发生于春秋季节，夏季也时有发生。主要发生在中纬度沿海地区，以欧洲北海沿岸、美国东海岸以及我国北方海区沿岸为多。台风风暴潮，多见于夏秋季节。凡是有台风影响的海洋国家、沿海地区均有台风风暴潮发生。我国一直是世界上遭受风暴潮灾害最严重的国家之一。我国风暴潮多发区有莱州湾、渤海湾、长江口至闽江口、汕头至珠江口、雷州湾和海南岛东北角一带。其中汕头至珠江口和莱州湾是严重多发区。

当风暴潮波峰与天文潮的高潮重合会使潮位异常升高，叠加在潮水之上的狂风巨浪冲击海堤江堤，吞噬码头、工厂、城乡和乡村，使物资不得转移，人畜不得逃生，从而酿成巨大灾难；而当风暴潮波谷与某地天文潮低潮相重合时，就会严重影响游艇航行，甚至使巨轮搁浅。风暴潮甚至会使潮时推后或提前。尽管这种现象不常发生，但危害极大。

5. 海啸

海啸（tsunami）是由海底地震、火山爆发、沿海山崩或滑坡等引起的能量极大的巨浪，又称地震波。

海啸波的波长很长，可达几百千米，波速很大，每小时可以传播几百甚至上千千米，周期 15～60 min，其波高在外海不显著，对于大洋中的游艇来说，影响不大。当传到近海时，由于水深变浅，波高陡然增高（图 7 - 27），可达十余米，甚至几十米，就像一堵高大的水墙冲向海岸，横扫一切建筑和生物。2004 年 12 月 26 日印度尼西亚苏门答腊岛附近海域发生的里氏 8.7 级的强烈地震及其引发的印度洋大海啸，造成约 30 万人死亡和天文数字的经济损失，震惊了全世界。

值得指出的是，不是所有海底地震都能产生海啸。据研究，只有震级在 6 级以上，震源深度不足 4 km 时，才能产生海啸；灾害性的海啸，震级在 7～8 级。此外，在震源上方航行的游艇，由于海水上下震动（纵波），游艇会有触礁感觉，称为海震。

全球各大洋都有海啸发生，以太平洋最多，占 90%。在太平洋地区，日本是海啸发生最频繁、最严重的国家，阿拉斯加、堪察加—千岛群岛、新几内亚—所罗门群岛、美国西海岸、中美洲西海岸也都有多次破坏性海啸发生，而中国沿海由于受一系列的岛屿保护，海啸灾害发生频率较低。

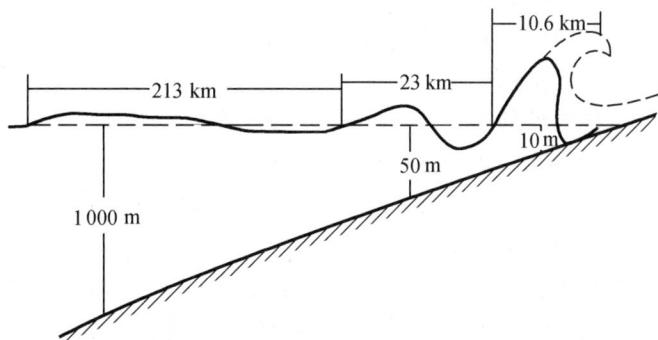

图 7-27 海啸波高变化示意图

6. 内波

内波(internal wave)是指密度有显著差异的两个水层界面上产生的波动。内波在各种深度的海洋中都可产生,其波高比表面波大十多倍,能达到几十米,甚至近百米。游艇遇到内波时经常会出现以下两种情况:一是共振。当游艇的固有周期与前进内波周期重合时,便出现这种现象,使游艇摇摆增大。二是"死水"。游艇运动时带动了上部密度较小的水层,使整个水层在下部密度较大的水层上面滑动,从而形成了内波,游艇的运动能量就消耗在这种内波的形成上,游艇虽然开足了马力,却几乎是原地不动,船员称这样的海面为"死水"。为有效地克服共振和"死水"现象,游艇应改变航向,必要时还可改变游艇的航行速度。

7.5.3 中国近海风浪

我国位于世界最大的大陆——亚欧大陆的东南部,濒临世界最大的海洋——太平洋,海陆分布对我国气候的影响强烈,使我国的气候具有明显的季风气候特点。每年9—10月至次年3—4月间,干冷的冬季季风从西伯利亚和蒙古高原南下,向南方逐渐减弱,造成我国冬季寒冷干燥、南北温差大的特点,盛吹西北—东北季风,风向较稳定,风力较强。每年4—9月,由于受热带海洋气团的影响,普遍高温多雨,盛吹西南—东南季风,风力较弱,风向也不如冬季季风稳定。

风向:冬季,我国海区盛行偏北风,风力较强,自北向南风向有由西北向东北顺转之趋势,即渤海、黄海多西北风和北风,东海主要是偏北风和东北风,南海多东北风。夏季,我国沿海盛行偏南风,风力不如冬季强。渤海、黄海及东海北部为东南季风,东海南部及南海为西南季风。春秋季为季风过渡时期,盛行风不稳定,风向较紊乱。一般说来,由夏季风转为冬季风要比由冬季风转为夏季风来得快。

平均风力:秋末和冬季风力较大,达到全年最大值,南海沿岸平时一般风力较小。春季是渤海、黄海海区平均风力最大的季节,东海北部风力也较大,但次于冬季。夏季,沿海盛行风的风力比冬季小得多。在此季节内,热带气旋在中国沿海尤其在东海和南海北部活动频繁,热带气旋侵袭时风力很强。

年平均大风(风力≥8级)日数:东海沿岸最多,黄海、渤海沿岸次之,南海沿岸最少。此外,台湾海峡大风较多。

中国近海的海浪主要受季风制约。冬季,长江口以北海域盛行偏北季风,渤海和黄海多西北浪和北向浪;东海和南海盛行东北季风,以东北浪居多;台湾海峡东北浪占优势,频率高达62%。在寒潮大风的影响下,渤海海峡北向浪最大波高达8.0 m,山东半岛东部成山头一带最大波高6.4 m,山东半岛南部沿海一般大浪较少,苏北和浙闽沿海的最大波高在2.9~4.1 m,台湾海峡最大波高达9.5 m,在广东沿海最大波高在3.3 m以下,西沙群岛附近最大波高为4.4 m,南沙群岛附近最大波高可达9.5 m。

从总的情况看,冬季山东半岛成山头附近、朝鲜济州岛以南海域、日本琉球岛西侧的海域、台湾海峡及台湾以东的近海海面,均属大浪区。

夏季,受东南季风和西南季风的影响,以偏南向浪为主,如渤海东南浪较大,黄海、东海以南向和东南向浪为主,南海多南向浪。夏季风浪较小,但是在有热带气旋活动时,可造成巨浪和强的涌浪。

春季,由于气旋和反气旋活动频繁,风向不稳定,浪向也多变,盛行浪向不明显。

从海区角度而言,东海和南海水域辽阔,风向稳定,有利于风浪的充分成长,风浪较大;黄海和渤海海浪的成长受到区域的限制,风浪较小;黄海南部,除风浪外,涌浪也较多;东海和南海也经常有涌浪出现。

习　题

1. 一定区域在较短时间内各种气象要素的综合表现称为_____。
   A. 天气　　　　　　　B. 气候　　　　　　　C. 云　　　　　　　D. 气温

2. 某一区域各种气象要素的多年平均特征,其中包括极值称为_____。
   A. 天气　　　　　　　B. 能见度　　　　　　C. 气候　　　　　　D. 气压

3. 对流层中通常气温随高度的升高而_____。
   A. 升高　　　　　　　B. 降低　　　　　　　C. 不变　　　　　　D. 以上都不是

4. 温度的数值表示法称为温标,下列哪个不属温标_____。
   A. 摄氏　　　　　　　B. 华氏　　　　　　　C. 应氏　　　　　　D. 绝对

5. 海洋上的气温日较差比陆地气温的日较差_____。
   A. 大　　　　　　　　B. 小　　　　　　　　C. 不变　　　　　　D. 以上都不是

6. 农谚所说的"南风吹暖,北风送寒"是热量的哪种交换方式_____。
   A. 辐射　　　　　　　B. 对流　　　　　　　C. 平流　　　　　　D. 热传导

7. 一个标准大气压的值为_____。
   A. 1 013.25 hPa　　　B. 101 325 hPa　　　C. 101.325 hPa　　　D. 10 132.5 hPa

8. 随着高度的增加,气压_____。
   A. 变小　　　　　　　B. 变大　　　　　　　C. 不变　　　　　　D. 以上都不是

9. 单位时间内空气在水平方向上移动的距离称为_____
   A. 风压　　　　　　　B. 风速　　　　　　　C. 风力　　　　　　D. 风向

10. 云形成的主要条件是空气_____。
    A. 上升运动　　　　　　　　　　　　B. 下沉运动
    C. 水平运动 + 水汽　　　　　　　　D. 上升运动 + 水汽

11. 大气中的水汽越多,水汽压也就_____。
    A. 越小　　　　　　　B. 越大　　　　　　　C. 不变　　　　　　D. 以上都不是

12. 影响我国东南沿海的气团表述不正确的是_____。

    A. 气团多为变性气团   B. 冬季主要为极地变性大陆气团

    C. 夏季为变性热带海洋气团   D. 夏季为赤道气团

13. 根据风压定律,由风向则可判断出高压和低压的大致方位,背风而立,在北半球,高压在_____。

    A. 前   B. 后   C. 左   D. 右

14. 国家气象局把冷空气强度由强到弱的排列是_____。

    A. 全国性寒潮、区域性寒潮、强冷空气、一般冷空气

    B. 一般冷空气、强冷空气、区域性寒潮、全国性寒潮

    C. 全国性寒潮、强冷空气、区域性寒潮、一般冷空气

    D. 一般冷空气、区域性寒潮、强冷空气、全国性寒潮

15. 与冷暖气团活动直接有关而形成的雾是_____。

    A. 辐射雾   B. 平流雾   C. 锋面雾   D. 蒸汽雾

16. 辐射雾的范围不广,一般不见于_____。

    A. 峡谷   B. 洼地   C. 洋面   D. 沿海地区

17. 往往沿海陆上有雾,而海上没雾,或港内雾很浓,离港后就见不到雾,这种雾属于_____。

    A. 辐射雾   B. 平流雾   C. 锋面雾   D. 蒸汽雾

18. 产生辐射雾最多见于_____。

    A. 雨天   B. 阴天   C. 晴天   D. 暴雨天

19. 对航海影响最大的雾是_____。

    A. 辐射雾   B. 平流雾   C. 锋面雾   D. 蒸汽雾

20. 持续时间有可能几天甚至一周以上的雾是_____。

    A. 辐射雾   B. 平流雾   C. 锋面雾   D. 蒸汽雾

21. 具有明显的热变化规律的雾是_____。

    A. 辐射雾   B. 平流雾   C. 锋面雾   D. 蒸汽雾

22. 伴有降水过程的雾是_____。

    A. 辐射雾   B. 平流雾   C. 锋面雾   D. 蒸汽雾

23. 年雾日最多的是_____。

    A. 琼州海峡   B. 台湾海峡   C. 长江口   D. 山东半岛成山头

24. 我国沿海雾区的特点是_____。

    A. 南宽北窄   B. 南窄北宽   C. 南多北少   D. 南无北有

25. 我国沿海最早出现海雾的是_____。

    A. 黄海   B. 长江口   C. 东海   D. 南海

26. 我国近海雾最多的地区是_____。

    A. 江口附近海面   B. 珠江口附近海面

    C. 闽江口附近海面   D. 成山头附近海面

27. 我国近海雾日的地理分布表现为3个相对的多雾中心,其中有_____。

    A. 黄海中、南部   B. 长江口至舟山群岛

    C. 北部湾   D. 以上都是

28. 我国成山头附近海域的雾季约在_____。

    A. 2—3 月　　　　B. 4—5 月　　　　C. 6—7 月　　　　D. 12—1 月

29. 广东沿海的雾季约在_____。

    A. 2—3 月　　　　B. 4—5 月　　　　C. 6—7 月　　　　D. 12—1 月

30. 所谓"能见"是指_____。

    A. 在白天,目力能辨认出目标物的形体和轮廓

    B. 在夜间,能清楚地看见目标灯的发光点

    C. AB 都对

    D. AB 都错

31. 所谓"不能见"是指_____。

    A. 在白天,看不清目标物的轮廓,分不清其形体

    B. 在夜间,目标灯的发光点模糊,灯光散乱

    C. AB 都对

    D. AB 都错

32. 观测海面能见度时_____。

    A. 应选择船上较高、视野开阔的地方

    B. 白天观测应根据海天交界线的清晰程度判断海面有效能见度

    C. AB 都对

    D. AB 都错

33. 能见度分成_____。

    A. 8 个等级　　　　B. 9 个等级　　　　C. 10 个等级　　　　D. 11 个等级

34. 天气预报中能见度最差的预报等级是_____。

    A. 能见度恶劣　　B. 能见度不良　　C. 能见度中等　　D. 能见度坏

35. 不是辐射雾特点的是_____。

    A. 四季能产生　　　　　　　　　　B. 有明显日变化规律

    C. 有云时不利于产生　　　　　　　D. 冬季消散快,夏季消散慢

36. "蒲福风级"共分_____。

    A. 10 个等级　　　　B. 11 个等级　　　　C. 12 个等级　　　　D. 13 个等级

37. 季风的主要特点是随着季节的变化_____。

    A. 风力随之变化　　　　　　　　　B. 风压随之变化

    C. 风向随之变化　　　　　　　　　D. 风压梯度力随之变化

38. 冬季风风向的特点是_____。

    A. 海洋吹向陆地　　　　　　　　　B. 陆地吹向海洋

    C. 白天海洋吹向陆地　　　　　　　D. 夜间海洋吹向陆地

39. 夏季风风向的特点是_____。

    A. 海洋吹向陆地　　　　　　　　　B. 陆地吹向海洋

    C. 白天海洋吹向陆地　　　　　　　D. 夜间海洋吹向陆地

40. 凡海陆之间温差较大的地方,则海陆季风_____。

    A. 较弱　　　　　　B. 较强　　　　　　C. 不变　　　　　　D. 以上都不是

41. 我国渤海、黄海、东海北部附近海面的冬季风多为_____。

A. 北风   B. 西北风   C. 东北风   D. 西南风

42. 我国华南沿海、南海附近海面夏季风多为_____。

A. 东南风   B. 南风   C. 西南风   D. 西北风

43. 一般冬季风比夏季风要_____。

A. 弱   B. 强   C. 相等   D. 以上都不是

44. 冬季风是_____。

A. 由陆地吹向海洋的风   B. 由海洋吹向陆地的风

C. 风向不定   D. 东北风

45. 夏季风是_____。

A. 由陆地吹向海洋的风   B. 由海洋吹向陆地的风

C. 风向不定   D. 东北风

46. 影响我国的季风主要是_____。

A. 东亚季风   B. 南亚季风   C. 印度季风   D. 以上都错

47. 影响我国沿海的冬季风一般是_____。

A. 偏南风   B. 偏北风   C. 偏东风   D. 偏西风

48. 影响我国沿海的夏季风一般是_____。

A. 偏南风   B. 偏北风   C. 偏东风   D. 偏西风

49. 风浪的大小取决于以下哪些因素_____。

A. 风力   B. 风速   C. 风时   D. 以上都是

50. 俗话说"无风不起浪"指的是_____。

A. 涌浪   B. 风浪   C. 海浪   D. 潮流

51. 俗话说"无风三尺浪"指的是_____。

A. 涌浪   B. 风浪   C. 海浪   D. 潮流

52. 在离岸较远的海洋上,风浪的来向与风向_____。

A. 相反   B. 相同   C. 不确定   D. 以上都不是

53. 当波浪由深水区传至浅水或近岸区时,其变化为_____。

A. 波长变长   B. 周期变长

C. 波高增高   D. 波陡变缓,移速加快

54. 海啸主要是由_____。

A. 浅源地震引起的   B. 强风暴引起的

C. AB 都对   D. AB 都错

55. 当波浪由深水区传至浅水或近岸区时,其变化为_____。

A. 波长变长   B. 周期变长

C. 波高增高   D. 波陡变缓,移速加快

56. 海啸的特点是_____。

A. 波浪周期长   B. 波速大

C. 传至近岸时波高剧增   D. 以上都对

57. 风暴潮是_____。

A. 由强烈的大气扰动引起的海面异常上升现象

B. 是由异常潮汐引起的

C. 是由太阳风暴引起的

D. 是由浅海地型变化引起的

58. 风暴潮主要是由海面气压下降引起海面的上升, 气压每下降 1 hPa, 海面将上升_____。

　　A. 1 cm　　　　　　B. 2 cm　　　　　　C. 3 cm　　　　　　D. 5 cm

59. 风浪的特征是_____。

　　A. 周期短　　　　B. 波峰较尖　　　　C. 波面不规则　　　D. 以上都对

60. 涌浪的特征是_____。

　　A. 波峰尖　　　　B. 波长短　　　　C. 波形规则, 移速快　　　D. 周期短

第 8 章　主要天气系统

8.1　主要天气系统的特征

8.1.1　主要的天气特征

1. 雷暴

雷暴是某些港口春季和夏季常见的天气现象。有些港口从 4 月到 9 月,平均每月有 5 日录得雷暴。

大多数雷暴由积雨云组成。每块积雨云覆盖范围一般直径只有数千米,高度约十余千米,远看就如空中的一座塔。单块积雨云的寿命一般只有一两个小时。

在活跃天气系统如低压槽等附近,积雨云可以连绵不绝地产生,雷暴影响的范围较大且持久。有些积雨云更会结合形成特大的强雷暴。

在夏天原本天晴的日子,日间太阳的热力亦可能会激发积雨云产生,形成雷暴。这些雷暴影响范围较小且短暂,离雷暴不远处可能仍是一片晴天。积雨云有时会随风飘移影响其他区域,积雨云产生的地区也可能会随时间而改变。

闪电和响雷是雷暴的特征。在不稳定及潮湿的大气中,云层内的水滴及冰粒在对流活动中产生电荷。当电荷累积而形成的电压过大时,云与云之间或云与地之间就会出现闪电放电现象,放电通道周围的空气会急剧膨胀而产生隆隆雷声。简单来说,在看见闪电后 3 s 才听到雷声,表示雷暴距离观察者约 1 km,真正的距离依时间长短按比例计算。

大雨、闪电及狂风经常伴随雷暴发生。突如其来的大雨,会对户外活动人员构成危险。闪电可能对电力设施造成损毁,引起火警;又或因雷击导致人命伤亡。除直接雷击外,接触受雷电影响的导体或电器,亦会因电震而受伤。雷暴中常出现狂风或猛烈阵风,风速骤然增强或风向突然改变。另一方面,雷暴狂风引致的风切变,亦对飞机升降的安全构成威胁。

在某些有利环境里,雷暴可能伴有强劲的柱状涡旋,以漏斗云的形态出现,涡旋接触地面时叫陆龙卷,接触海面时叫水龙卷。涡旋中心附近的气压非常低,并且风力强大。龙卷风经过时,单薄的建筑物可能会抵受不住强大风力及室内室外的气压差而损毁,树木及汽车等会被吹起。在海上曾经有小型船只遇到水龙卷而沉没。

雹是坚硬的冰丸,通常直径只有几毫米,偶尔也会有较大的冰雹出现。雹在雷暴中充分发展的积雨云内生成,主要在春天出现。较大的冰雹会破坏农作物,打破窗户、温室玻璃和汽车挡风玻璃。

2. 寒潮

在冬半年里,由于高纬度地区接受太阳热量很少,北极和高纬地被大量冰雪覆盖,地表面反射的热量也很大。因此,北极和高纬地带的气温很低,干冷空气在那里堆积,形成了密度大的冷空气团。当这些冷空气堆积到一定程度时,就要从发源地向较低纬度流动,这种流动称为冷空气的活动,当很强的冷空气团从高纬向低纬移动时,就形成了一次寒潮天气过程(图8-1)。

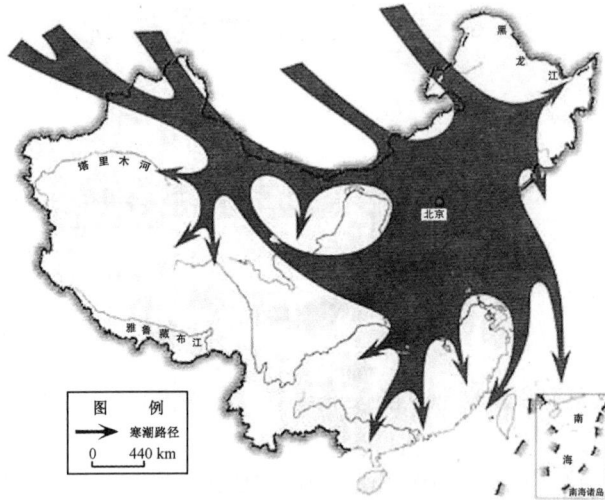

图8-1 寒潮侵袭示意图

寒潮天气是在冬半年里高纬度特定的环流形势下发生的一种大范围剧烈降温现象,冷空气所经之处,将相继出现降温、大风、雨雪或冰冻天气,受影响的范围广。大雪、冰冻、雨凇等使交通堵塞,电信中断;沿海地区大风造成风暴潮及海上翻船事故;强降温对农作物、瓜果及热带作物的冻害最为严重。寒潮对工农业生产和百姓日常生活的影响都很大,它是一种灾害性天气。

中国气象局规定寒潮天气标准:当冷空气过境后,凡气温在24 h内下降10 ℃以上,并且在这一天内,其最低气温又在5 ℃以下的就称之为寒潮。每次冷空气的强度不同,根据降温幅度大小又有强冷空气和冷空气活动之分。

由于我国幅员辽阔,南北气候差异很大,强冷空气长途跋涉,到了南方后强度明显减弱,难以达到规定的寒潮标准。因此,各省根据当地实际情况,制定了发布冷空气强度标准。冬季里,要注意收听天气预报,及时做好预防大风降温的各项准备。

3. 热带气旋

热带气旋是发生在热带海洋上的强烈天气系统(图8-2),它像在流动江河中前进的涡旋一样,一边绕自己的中心急速旋转,一边随周围大气向前移动。像温带气旋一样,在北半球热带气旋中的气流绕中心呈逆时针方向旋转,在南半球则相反。愈靠近热带气旋中心,气压愈低,风力愈大。但发展强烈的热带气旋,如台风,其中心却是一片风平浪静的晴空区,即台风眼。在热带海洋上发生的热带气旋,其强度差异很大。1989 年以前,我国把中心附近最大风力达到8 级或以上的热带气旋称为台风,将中心附近最大风力达到12 级的热带气旋称为强台风。自1989 年起,我国也采用了国际分类标准,即当热带气旋中心附近最大风力小于8 级时称为热带低压,8 和9 级风力的称为热带风暴,10 和11 级风力的为强热带风暴,只有中心附近最大风力达到12 级的热带气旋才称为台风。

由以上定义不难看出,热带气旋是热带低压、热带风暴、强热带风暴和台风的总称。但由于热带低压破坏力不强等原因,习惯上所指的热带气旋一般不包括热带低压。热带气旋的生成和发展需要巨大的能量,因此它形成于高温、高湿和其他气象条件适宜的热带洋面。据统计,除南大西洋外,全球的热带海洋上都有热带气旋生成。

图8-2 台风示意图

大多数的热带低压并不能发展为热带风暴,也只有一定数量的热带风暴能发展到台风强度,台风之间的强度差异也很大,有的强风中心附近最大风速为 35 m/s,但中心附近最大风速超过 50 m/s 的台风也不鲜见。如在浙江瑞安登陆的 9417 号台风,登陆时其中心附近的最大风速就达 45 m/s。

热带气旋的生命史可分为生成、成熟和消亡 3 个阶段。其生命期一般可达一周以上,有的热带气旋在外界环境有利的情况下生命期可超过两周。当热带气旋登陆或北移到较高纬度的海域时,因失去了其赖以生存的高温高湿条件,会很快消亡。

热带气旋灾害是最严重的自然灾害,因其发生频率远高于地震灾害,故其累积损失也高于地震灾害。

我国是世界上受热带气旋危害最甚的国家之一,近年来,因其造成的年平均损失在百亿元人民币以上,象 9417 号台风那样的登陆强热带气旋,一次造成的损失就超过百亿元人民币。

台风是中国人表达在每年特殊季节中,在台湾岛附近出现的一种具有特殊性质的风暴。我国习惯称海温高于 26 ℃ 的热带洋面上发展的热带气旋称为台风,台风中心风力达到 12 级,有时中心风力可达 17 级以上。

以往人们将每年的台风按编号命名,但这种方式呆板、单调、不易记忆,不便于气象部门预警。近年来,我国开始给台风起了名字,目前的台风有 140 个名字,分别由中国、菲律宾、韩国、泰国、越南、美国等提供,这些名字可循环使用。

4.雾

海雾是海上一种常见的天气现象(图8-3)。它能降低海上的能见度,使航行的船只迷失航路,造成搁浅、碰撞等重大事故。在狭窄航道、近岸区发生的海难中,由海雾引发的事故占了很大比重,可见海雾是航海的克星,也是一种频发的海洋灾害。1993 年 4 月 11 日,我国自行研制的科学考察船"向阳红 16"号离开上海开始执行调查海底多金属结构资源的任务。次日凌晨,海雾弥漫在东海上,能见度极差,视距十分有限。5 时 05 分,突然一座小山一样的物体朝"向阳红 16"号撞来。原来,那是悬挂塞浦路斯国旗的 3.8 万吨级油轮"银角"号。由于距离太近,事发突然,来不及闪避,"向阳红16"号被拦腰撞穿一个大洞。海水大量涌入,短短30 min后,"向阳红16"号就沉入大海。这次海难造成3人死亡和无法估量的国家财产和资料的损失。

图8-3 能见度不良示意图

海雾是海面低层大气中水汽凝结的一种天气现象,因它能反射各种波长的光波,故常呈乳白色。海雾的形成过程要具备两个条件:一是在水汽凝结时必须要有凝聚核(如盐粒或尘埃等)作为凝结的核心,否则水汽没有依托,就不能形成水滴;二是已经凝结成的水滴(或冰晶),必须较长时间悬浮在靠近海面的空气层中,使水平能见度小于1 km。由于海雾成因不同,通常可分为平流雾、混合雾、辐射雾和地形雾四种类型。

全球各大洋的海雾,类型虽然很多,但其中范围大、影响严重的主要是受冷海流影响产生的平流雾。这种雾多在春夏盛行,尤以夏季为甚,此时雾的浓度大,持续时间长,严重的可持续一两个月。在高纬度海区,或冰山、冰流外缘水域,常出现蒸发雾,这种雾浓度小,雾层薄,多变化。

8.2 灾害性天气的预防

8.2.1 预防热带气旋的措施

1.我国大陆地区的台风信号规定

白色台风信号。图形符号为 6白 ,颜色为白色。其含义为:热带气旋48 h内可能影响本地。

绿色台风信号。图形符号为 6绿 ,颜色为绿色。其含义为:本地未来24 h内可能受热带气旋影响,平均风力可达6~7级(39~61 km/h);或已经受热带气旋影响,平均风力为6~7级。

黄色台风信号。图形符号为 6黄 ,颜色为黄色。其含义为:本地未来12 h内可能受热带气旋影响,平均风力可达 8 级(62~74 km/h)以上;或已经受热带气旋影响,平均风力为 8~9 级(62~88 km/h)。

红色台风信号。图形符号为 **6红**,颜色为红色。其含义为:本地受热带气旋影响,未来 12 h 内平均风力可达 10 级(89~102 km/h)以上;或已经受热带气旋影响,平均风力为 10~11 级(89~117 km/h)。

黑色台风信号。图形符号为 **6黑**,颜色为黑色。其含义为:热带气旋将在未来 12 h 内在本地或附近登陆,平均风力 12 级(118~133 km/h)或以上;或已经受热带气旋影响,平均风力 12 级或以上。

2. 我国香港地区的台风信号规定

警告信号的意义及应注意的事项

T1 这是戒备信号,表示有一热带气旋集结于我国香港地区 800 km 的范围内,稍后可能影响本港。

注意事项:如拟外出,应谨记有一热带气旋正接近本港,稍后可能影响航行计划。留意电台及电视台有关台风最新情况的报告。

3 维多利亚港内现正或预料会吹强风,持续风力达 41~62 km/h,阵风更可能超过 110 km/h。3 号热带气旋警告信号发出后 12 h 之内,海港附近区域的风力普遍会加强。

注意事项:应把一切容易被风吹倒的物件绑紧,特别是露台或屋顶上的物件。花盆及其他易于吹走的物件应搬往屋内。围板、棚架和临时搭建物应绑牢。沟渠应保持畅通,以免淤塞溢流。留意电台及电视台有关台风的进一步消息。

▲8 ▼8 ▲8 ▼8
NW 西北 SW 西南 NE 东北 SE 东南 维多利亚港内现正或预料会有烈风或暴风从信号所示方向吹袭,持续风力达每小时 63~117 km/h,阵风更可能超过 180 km/h。

注意事项:在烈风吹袭前,应先采取一切防风措施。锁紧门窗,把门闩闩好,窗板或大闸上牢。迎风的大玻璃窗应加贴胶纸,减少玻璃破裂时所引致的损伤。

不要站在靠近迎风的窗户附近。把家具及贵重物件搬离风口位。万一窗户被强风吹破,确保仍有一个安全地方暂避,故应早点决定万一迎风的窗户破裂时,哪一个房间可作栖身之用。

光管招牌负责人须安排截断招牌的电力供应。

车辆应停泊在最不容易遭受破坏的地方。

✕9 烈风或暴风的风力现正或预料会显著加强。

注意事项:切勿外出。远离迎风的门窗,以免被风中的碎片击中。锁紧屋内的门户,并确保将儿童安置在家中背风的地方。切勿触摸被风吹松的电缆。窗门如被风吹毁,应待情况安全时才修补。

如不在家中,应立即找一个安全的地方暂避,直至台风过后为止。

✚10 风力现正或预料会达到飓风程度,持续风力达 118 km/h 或以上,阵风更可能超过 220 km/h。

注意事项：防风措施与上述相同。

切记当风眼正面掠过香港地区时，风势可能会静止一段时间，可能由数分钟至数小时不等。市民应保持戒备，因为强风可能会从另一个方向突然吹袭。如果所在地点安全，应继续留在原处，以防强风随时吹袭。

3. 台风防御指引

白色台风信号 **6白**：警惕台风对当地的影响。注意收听、收看有关媒体的报道或通过气象咨询电话等气象信息传播渠道了解台风的最新情况，以决定或修改有关计划。

绿色台风信号 **6绿**：做好防风准备。注意有关媒体报道的台风最新消息和有关防风通知；把门窗、围板、棚架、临时搭建物等易被风吹动的搭建物固紧；将露于阳台的花盆及其他可能被风吹走的物品移入室内；疏通沟渠。

黄色台风信号 **6黄**：进入防风状态。幼儿园、托儿所停课；关紧门窗；不要在迎风的窗户旁站立；移走在风口位的家具及贵重物品；危险地带和危房居民应到避险场所避风；停止高空和户外危险作业；切断霓虹灯招牌及危险的室外电源；游艇进入避风锚地抛锚避风；其他同绿色台风信号。

红色台风信号 **6红**：进入紧急防风状态。中小学停课；居民切勿随意外出；远离迎风门窗；确保小孩留在家中最背风的安全地方；当门窗被风损毁时，应待风力没有威胁时再行安装；停止露天集体活动和室内大的集会，立即疏散人员；其他同黄色台风信号。

黑色台风信号 **6黑**：进入特别紧急防风状态。停业停课（除特殊行业）；加固港口设施和防止船只走锚、搁浅和碰撞；当台风中心经过当地时，风力会减到很小或静止一段时间，切记强风将会转向突然吹袭，应继续留在安全处避风；其他同红色台风信号。

4. 游艇防台工作

在台风期间，为保证游艇、码头和人命安全应采取如下措施：

（1）所有游艇、浮动设施、码头、游艇安全管理部门应当按时收听气象信息，当收听到气象部门发布的台风消息时应做好记录，标绘台风位置和路径，掌握风情，及时安排本船或通知所属游艇落实防台措施。

（2）在台风来临前游艇应做好防风工作，及早选择进港避风或选择安全水域锚泊，台风来临初期所有游艇停止航行或作业并采取安全措施。

（3）港内停泊或作业的游艇，如港内不具备避风条件，应出港到锚地或安全水域锚泊，服从海事部门有关游艇疏导、清港指令。

（4）在港游艇的全体船员应立即返航待命，并使游艇处于适航状态，做好随时避风的准备。

（5）在港修理、报废、停航以及其他不能自航的游艇或设施，应进入戒备状态，游艇或设施管理部门应紧急落实安全避风措施。

（6）进出锚地时游艇应安全有序地进入安全水域或锚地，有巡逻艇在现场的应服从现场海巡艇指挥。

（7）锚位选择应根据风向、水流、底质、本轮技术状况尽量选择下风口抛锚。

（8）锚地避风的游艇应遵守锚地管理规定与他船保持适当的安全距离，游艇加强值班，加强无线电甚高频收听，确保安全。

（9）气象部门和VTS中心发布台风警报解除信息后，避风的游艇应有序地驶离避风锚地。当地避风的游艇或设施的锚泊地点对其他游艇航行有妨碍时，应及时驶离，让出航道，以保证航道畅通。

（10）各游艇如发现航标漂失、移位或灯光熄灭以及沉船、沉物、漂流物应立即报告VTS中心，以便采取必要措施，迅速恢复正常的航行秩序。

（11）在发现他船遇险时应及时向VTS中心报告，根据条件在保证自身安全情况下履行必要的救助义务。

8.2.2　预防雷雨大风的措施

1. 雷暴警告

发出雷暴警告旨在提醒各方雷暴有可能在短时间内（一至数小时内）影响境内任何地方。警告发出后，警告信息会通过电台和电视台向外广播，亦会在气象台的网页上发布。

无论雷暴影响范围广泛或只涉及某一地区，气象台都会发出雷暴警告。如果雷暴在短时间内只影响某一地区，气象台会在雷暴警告中说明雷暴影响的区域，以提醒市民做出适当的安排。如果雷暴有可能持续一段较长时间或影响境内其他地区，气象台会延长雷暴警告。如果雷暴影响范围广泛或影响的地区不断转移，气象台会在雷暴警告中指出雷暴将影响本港而不会特别提及个别地区。

雷暴的发展、移动与消散可以非常迅速，也有可能只影响局部地区。雷暴警告的作用在于补充日常的天气报告，促请各方特别留意预报中已有提到或事前未有预料的雷暴，以协助可能因雷暴而受影响的人员，并提醒有关政府部门及机构采取相应行动。

雷暴警告生效时，应随时留意天色的变化，以便获得适当的指导。

2. 闪电位置资讯

香港天文台在2005年与广东省气象局及澳门地球物理暨气象局合作建立了一套闪电定位网，24 h监测珠江三角洲的闪电活动。闪电发生后，录得的闪电位置会在天文台的网页以图像显示，亦会摘要地向电台、电视台公布，及在天文台的"打电话问天气"系统上发布。当雷暴警告生效时，游艇可以利用闪电位置的资讯，以掌握雷电影响的地区。

由于系统无可避免会有误差、漏报及虚报，所以在使用闪电资讯时，应同时参考天文台发出的雷暴警告和网上的雷达图像及雨量分布。

3. 雷暴中注意事项

（1）留在室内。在室外工作的人员应躲入建筑物内。

（2）避免使用电话或其他带有插头的电器，包括电脑等。

（3）切勿接触天线、水龙头、水管、铁丝网或其他类似金属装置。

（4）避免用花洒淋浴。

（5）切勿处理以开口容器盛载的易燃物品。

（6）闪电击中物体后，电流会经地面传开，因此不要躺在地上，潮湿地面尤其危险。应该蹲着并尽量减少与地面接触的面积。

（7）海上的小艇应小心提防狂风或水龙卷袭击。

4. 雷雨大风中的安全航行

（1）在航行中如遇到雷雨大风,应叫船长立即备锚并派人瞭头,向来往游艇通报本船动态。对继续航行没有把握时,应就近择地锚泊。待天气好转后再继续航行。

（2）如无法就近锚泊需继续航行时,应掌握本船的确切船位和附近船舶的动态,并将船速降至能够维持安全操纵的速度,同时应特别注意风力和风向的变化对本船船位可能产生的影响。

（3）与交管中心保持有效的联系,并在必要时向其申请航行支持。

8.2.3　雾季航行注意事项

作为游艇驾驶人员,不仅仅要了解海雾的基本知识,还要做好雾航的应对措施。雾中航行的首要特点就是能见度不良、视线受限制。对于交汇船只不能及时发现和辩明其动态,易造成紧迫局面或紧迫危险。雾中航行时,游艇驾驶人员应遵守《国际海上避碰规则》和《交通部海上雾中航行规则》。

1. 进入雾区之前应采取的措施

（1）测定准确船位,通知船长上驾驶台和机舱备车。

（2）根据规则采用安全航速同时施放雾号,关闭水密门窗,采用人工操舵和加强瞭望。

（3）开启雷达、VHF 等必要助航仪器。

（4）保持肃静,注意他船的雾号及号灯。

2. 雾中航行注意事项

（1）及时调整航线的离岸距离。雾区航行应谨慎驾驶,熟练运用雷达来导航和避让。

（2）在雾中航行不能单凭雾号的声音大小或有无来判断游艇航行安全情况。当听到正横前有雾号,但不能判定碰撞危险是否存在时,应立即停车,必要时倒车把船停住,直到碰撞危险完全过去。

（3）雾中视线受限,不能较好地进行陆标定位,主要运用雷达和 GPS 定位,我们应充分掌握雷达和 ARPA 的性能,并能较好地运用,准确判断有无碰撞危险。

（4）在接近海岸时利用测深辨位,对航行安全有较大的利用价值。

（5）如果海区等深线较明显,还可利用等深线避险、判定离岸距离和缩小游艇概率巷迹区等。

雾中航行要求游艇驾驶人员合理运用并遵守《国际海上避碰规则》《交通部海上雾中航行规则》和相关的航海惯例,做到谨慎驾驶、准备充分、安全航行,运用良好船艺避免紧迫局面或急迫危险情况的发生,从而避免事故。

8.2.4　寒潮大风中航行注意事项

1. 大风浪中航行对游艇造成的影响

（1）大风带来的涌浪会增加游艇的航行阻力,降低航速,使游艇产生剧烈摇摆。

（2）顶浪航行时,易发生拍底现象,增大了对船体的危害,空转使游艇强烈震动,有时会造成桨叶脱落、尾轴断裂;中拱或中垂现象使船体结构变形,受到严重损伤,甚至船体断裂。

（3）顺浪或偏顺浪航行时,游艇达到"冲浪运动"的状态时会被瞬时加速而发生打横,船会大角度横倾,诸多不利因素可能叠加,使游艇发生倾覆危险。

（4）垂直于涌浪传播方向航行时,游艇会发生横摇,横摇的幅度随着三角浪的强度而增大,游艇动稳性(GM)值下降,甚至为负值,从而导致游艇有迅速倾覆的危险。

(5)由于波涛的阻力使游艇的主机工作超负荷而降速,机电设备负荷大,而航海仪器、通信设备及其他设备在涌浪的冲击和游艇剧烈的振动中有可能受到损坏和出现不正常状况。

(6)甲板上浪严重,直接冲击各甲板机械,受甲板上浪的冲击力易受损。

2.安全对策与要求

游艇在冬季的大风浪天气影响下航行,困难增加,如果没有完整的、有效的、具体的安全保障措施,发生事故和险情的概率就可能增加。为此,要针对冬季大风浪航行的特点、重点和难点,落实各项预防措施,保障安全。

(1)高度重视大风浪航行的重要性,力戒麻痹和松懈思想

由于恶劣天气发展快、气象预报不及时,曾造成不少游艇的设备损坏、人员伤亡甚至游艇灭失。针对这些特点,全体船员必须引起高度重视、力戒麻痹松懈和厌战情绪,认真抓好游艇大风浪航行的安全工作。

(2)气象跟踪分析,正确判断

密切注视气象等实际情况,制订多种方案组成的周密的航行计划,从最困难处着想。根据当时当地的实际海况及游艇当时的具体情况,随时调整航向、航速,必要时调整压载水状况或适时调头改向等选择最佳航法。

(3)保证水密,排水畅通

检查甲板开口封闭的水密性;检查各水密门是否良好;关闭大舱舱盖、天窗、舷窗、道门,将通风筒关闭,并加盖防水布;锚链筒盖好,防止海水灌进锚链舱。

检查排水管系、排水泵、分路阀、规定配备的潜水泵等,保证处于良好工作状态;清洁污水沟(井),保证甲板上的排水孔畅通。

(4)落实劳动保护措施,确保人员的安全

游艇进入大风浪海区前或进入严寒海区时,一定要装设甲板扶手绳,保证甲板巡视人员和其他作业人员安全。

(5)加强检查,保障通信、导航设备完好

检查日常通信设备和应急通信设备,保障通信畅通。检查助航仪器,确保在正常状态。应提前48 h接受即将航行海域的天气预报。

(6)准备有关的图书资料

备妥和查阅航线附近的沿岸海图及相关资料,并要改正到最新一期通告,了解熟悉水文、地貌,以便视情择地避风。

(7)保证主机正常运转

应注意主机转速变化,防止飞车和增压器喘振等情况发生,要集中精力加强检查,防止主、辅机和舵机发生故障。

(8)做好应急准备

保证驾驶台和机舱、船首、舵机室在应急情况下通信畅通;检查应急电机、天线、舵设备等处于良好状态;保证消防和堵漏设备随时可用。

(9)坚持安全巡查,及时消除隐患

无论是航行值班还是停泊值班,都应坚持安全巡查制度,安全巡查的结果记入航海日志。

8.3 获得天气预报的途径

海上游艇可以通过多种渠道接收世界各国气象台发布的海上天气预报或警报。仔细阅读后,再结合海上实际天气与海况,考虑是否需要作适当的补充或订正。

8.3.1 航线天气预报的步骤和方法

航线天气预报又称游艇补充天气预报,是在气象台发布的天气预报的基础上,结合游艇观测资料和航行要求进行补充、订正和优化。其主要步骤和方法如下:

(1)接收传真地面分析图(或天气预报),分析目前大范围环流背景特点,确定直接影响本船的天气系统并分析其发展、演变情况。

(2)接收传真地面预报图,结合外推法及其他经验方法,确定未来 24 h(或更长时间),本船前方航线上,将受何天气系统,何部位控制,并考虑该系统的发展演变趋势。

(3)在仔细研究气象台所发布的该海域天气预报的基础上,结合本船现场观测的气象与海况、天气模式、本人经验等进行补充和订正。例如,可在推算航线上,每隔 3 ~ 6 h 取一个点,利用外推法对该点的风向、风力、浪高和海面能见度等作出预报,并标绘在海图上,这样就作出了航线天气预报。在此过程中应尽量利用高空图、波浪图、卫星云图等辅助资料,使预报更加可靠。必要时,游艇可以考虑变更航线,避开大风浪区。

(4)在航行过程中,每 6 h 接收一张最新地面图,根据最新资料,其中包括海上天气与海况的演变特征,按上述步骤和方法,对前面作出的航线天气预报进行必要的修正,直至到达目的港为止。

二、天气报告和警报

游艇不论是在航行中还是在锚泊时,每天都应按时接收各国有关气象部门为商船发布的海上天气报告和警报。航海者应了解天气报告用语的确切含义和正确使用方法。

1. 海岸电台及其负责海域

现在世界各国都按国际海事组织(IMO)和世界气象组织(WMO)所划定的海区范围,由指定的海岸无线电台广播海上天气报告和警报。

我国在大连、上海、广州、香港、基隆、花莲、高雄等地设有海岸电台,每天定时用中、英文明码电报向国内外商船转发由当地气象台制作的海上天气报告和警报。

2. NAVTAX 和 GMDSS

天气预报和警报除通过海岸电台转发之外,还通过 NAVTAX 转发。近年来又开辟了一条新途径,从 1988 年开始国际上采用全球海上遇险与安全系统(GMDSS),其中向船舶发布气象警报和预报是现代化 GMDSS 系统功能的一个组成部分。

在港口附近,还可以通过无线电广播、电视、报纸、电话、VHF 或国际信号旗等多种方式获取天气报告或警报。

3. 天气报告的内容

各岸台播发的报文均符合国际统一规定的格式和内容,至少应包括以下 3 个部分:①警报(大风、热带气旋警报等);②天气形势摘要(高压、低压、热带气旋、锋等天气系统的位置、强度、移向、移速等);③海区天气预报(天空状况、天气现象、风力、风向、浪级等)。

4.阅读天气报告应注意的事项

(1)阅读天气报告时应注意广播台名称、广播时间、有效时间(世界时或地方时)和受重要天气系统影响的海域。了解不同岸台报文的习惯用法、风格和常用缩略语(如有的报文不分段落,无标点符号,甚至省略谓语动词等)。

(2)时间用语(地方时)含义

白天:08—20时	夜 间:20—08时
早晨:05—08时	傍 晚:18—20时
上午:08—12时	上半夜:20—24时
中午:11—14时	半 夜:23—03时
下午:12—18时	下半夜:00—05时

3.天空状况用语含义

晴:总云量0~2　　　　　　　　少云:总云量3~5

多云:总云量6~8(或高云量8~10)　　阴:中、低云量9~10

8.3.3 卫星云图

气象卫星从太空不同的位置对地球表面进行拍摄,大量的观测数据通过卫星传回地面工作站,再合成精美的云图照片。人们既可以接收可见光云图也可通过使用合适的感光仪器接收到其他波段的卫星照片如红外云图。目前,电视节目中通常使用的云图,就是红外云图通过计算机处理、编辑而成的假彩色动态云图画面。

在黑白红外卫星云图照片中,我们看到有些地方呈白色,有些地方呈黑色,而另一些地方却呈灰色等。那么这些颜色都有些什么含义呢?我们知道,如果地球表面是一片晴空区,卫星观测到的是从地面发射到太空的红外辐射信息,卫星云图上表现为黑灰色。黑色越深,表示地面辐射越强,天气越晴好。当某地上空为云、雨覆盖,卫星观测到的则是从云顶发向太空的红外辐射,表现为白色或灰白色。白色表示辐射很弱,气温很低,云系很厚密,降雨强度也就很大。晴空区与云雨区之间的过渡带通常为深灰、灰、浅灰色云系覆盖,表示有不同厚度的云而无明显降水。在电视显示的卫星云图上,地表和海洋常用绿色和蓝色表示。

由气象卫星从太空摄得的可见光云图是利用云滴和冰晶等对阳光的粗粒散射而产生的散射光拍摄而成。云图上白色表示太阳光反射强,灰黑的地方表示反射较弱。由于陆地的反射能力比海洋高,所以可见光云图上的陆地表现为灰色,海洋表现为黑色,而冰雪和深厚云系覆盖的地区一般呈白色。

使用红外云图的一个好处是它能不分昼夜地提供云盖和气团温度信息,而可见光云图只有白天的资料可用。当然,要准确地解释卫星云图包含的信息最好是两种云图结合起来使用。

8.3.4 全球气象卫星观测系统

全球观测系统是一种以全世界规模进行气象观测工作的协作系统,其任务是为世界气象组织各成员的日常业务和科研工作提供全球各地基本气象观测资料和环境观测资料。它包括两个基本副系统:一是地面副系统,二是空间副系统。

地面副系统:包括基本天气测站网(有地面站1 000多个);其他陆地天气站(有人气象

站、自动气象站、高空站);海洋站(固定式、移动式、自动式、游艇式、浮标式、海岛式);各类专设的气象观测站(农业气象站、本底污染监测站等)。

空间副系统:由极轨气象卫星和地球静止气象卫星组成。到1997年底,全球环境观测卫星网包括4颗极轨气象卫星和5颗地球静止环境观测卫星。极轨卫星和地球静止气象卫星通常配备可见光和红外图像探测器,从红外云图和可见光图像中可以得到许多气象参数。几颗极轨卫星配备可以提供任意区域云的温度和水汽垂直廓线的探测设备。

全球气象卫星观测系统所取得的资料,对台风、暴雨、洪水、海温和海冰等的监测、预报以及大气运动规律的研究等都具有重要的意义。

习　题

1. 发布寒潮警报的标准是_____。
   A. 24 h 内气温剧降 10 ℃以上,同时最低气温降至 5 ℃以下
   B. 长江中下游及以北地区 48 h 内降温 10 ℃以上,同时最低气温降至 4℃以下
   C. 48 h 内降温达 14 ℃以上
   D. 以上都对

2. 我国也采用了国际分类标准,即当热带气旋中心附近最大风力小于_____级时称为热带低压,_____级风力的称为热带风暴,_____级风力的为强热带风暴,只有中心附近最大风力达到_____级的热带气旋才称为台风。
   A. 8;10 和 11;8 和 9;12　　　　　　　B. 8;8 和 9;10 和 11;12
   C. 7;10 和 11;8 和 9;12　　　　　　　D. 6;8 和 9;7 和 8;12

3. 由于海雾成因不同,通常可分为_____类型。
   ①平流雾;②混合雾;③辐射雾;④地形雾
   A. ①②④　　　　　B. ②③④　　　　　C. ①②③④　　　　　D. ①②③

4. 大陆和本港周边地区的台风信号规定,白色台风信号图形符号为 ⑥白 ,其含义为_____。
   A. 热带气旋 24 h 内可能影响本地　　　B. 热带气旋 48 h 内可能影响本地
   C. 热带气旋 72 h 内可能影响本地　　　D. 以上都不对

5. 红色台风信号图形符号为 ⑥红 ,颜色为红色,其含义为_____。
   A. 本地受热带气旋影响,未来 12 h 内平均风力可达 10 级以上;或已经受热带气旋影响,平均风力为 10~11 级
   B. 本地受热带气旋影响,未来 10 h 内平均风力可达 9 级;或已经受热带气旋影响,平均风力为 10~11 级
   C. 本地受热带气旋影响,未来 12 h 内平均风力可达 12 级以上;或已经受热带气旋影响,平均风力为 12~13 级
   D. 本地受热带气旋影响,未来 12 h 内平均风力可达 9 级以上;或已经受热带气旋影响,平均风力为 8~9 级

6. 当发出黄色台风信号 ⑥黄 时应_____。

    A. 做好防风准备   B. 进入防风状态

    C.警惕台风对当地的影响   D.进入紧急防风状态

7. 绿色台风信号 **6绿** 表示_____。

    A. 做好防风准备   B. 应进入防风状态

    C.警惕台风对当地的影响   D. 应进入紧急防风状态

8. 白色台风信号 **6白** 表示_____。

    A. 做好防风准备   B. 应进入防风状态

    C.警惕台风对当地的影响   D. 应进入紧急防风状态

9. 红色台风信号 **6红** 表示_____。

    A. 做好防风准备   B. 应进入防风状态

    C.警惕台风对当地的影响   D. 应进入紧急防风状态

10. 黑色台风信号 **6黑** 表示_____。

    A. 做好防风准备   B. 应进入防风状态

    C. 应进入特别紧急防风状态   D. 应进入紧急防风状态

11. 雷暴中注意事项有_____。

①留在室内,在室外工作的人应躲入建筑物内;

②避免使用电话或其他带有插头的电器,包括电脑等;

③切勿接触天线、水龙头、水管、铁丝网或其他类似金属装置;

④避免用花洒淋浴;

⑤切勿处理以开口容器盛载的易燃物品;

⑥闪电击中物体后,电流会经地面传开,因此不要躺在地上,潮湿地面尤其危险,应该蹲着并尽量减少与地面接触的面积。

    A.①②③④⑤   B. ①②③④   C. ③④⑤⑥   D. 以上全是

12. 进入雾区之前应采取的措施有_____。

①测定准确船位,通知船长上驾驶台和机舱备车;

②根据规则采用安全航速同时施放雾号,关闭水密门窗,采用人工操舵和加强瞭望;

③开启雷达、VHF 等必要助航仪器;

④保持肃静,注意他船的雾号及号灯。

    A.①②③④   B. ①②③   C. ②③④   D 以上都不是

13. Z(Zone Time)有的国家用 GMT 表示,它是指_____。

    A. 世界时   B. 北京时   C. 美国时   D. 南非时

14. 世界时是 00 时,那么北京时是_____。

    A.08 时   B.14 时   C. 20 时   D. 24 时

15. 我国在大连、上海、基隆、花莲、高雄_____、_____等地设有海岸电台。

    A.广州 福州   B. 广州 香港   C.天津 四川   D.广州 四川

16.各岸台播发的报文均符合国际统一规定的格式和内容,至少应包括以下_____

部分。

①警报(大风、热带气旋警报等);

②天气形势摘要(高压、低压、热带气旋、锋等天气系统的位置、强度、移向、移速等);

③海区天气预报(天空状况、天气现象、风力、风向、浪级等)

    A.①②   B.②③   C.①②③   D.②④

17. 如果地球表面是一片晴空区,卫星云图上表现为_____。_____,表示地面辐射越强,天气越_____。

    A.白色 白色越浅 晴好   B.黑色 黑色越深 晴好

    C.白色 白色越深 晴好   D.黑色 黑色越浅 晴好

18. 可见光云图上的陆地表现为_____,海洋表现为_____,而冰雪和深厚云系覆盖的地区一般呈白色。

    A.黄色 蓝色   B.黄色 黑色   C.灰色 黑色   D.红色 蓝色

19. 全球观测系统是一种以全世界规模进行气象观测工作的协作系统,其任务是为世界气象组织各成员的日常业务和科研工作提供全球各地基本气象观测资料和环境观测资料。它包括两个_____。

    A.地面副系统 天气副系统   B.地面副系统 空间副系统

    C.空间副系统 天气副系统   D.地面正系统 空间正系统

20. 空间副系统是由_____气象卫星和地球_____气象卫星组成的。

    A.高空站 海运站   B.极轨 运动

    C.极轨 静止   D.其他

第9章 航海新技术

9.1 船载航行数据记录仪

9.1.1 船载航行数据记录仪(voyage data recorder,VDR)概述

船载航行数据记录仪是以安全并可恢复的方式实时记录并保存船舶发生事故前后一段时间内的游艇位置、动态、物理状况、命令和操纵手段等信息,并将最新一段数据保存且存于最终存储器中的仪器。船载航行数据记录仪分为航行数据记录仪(voyage data recorder,VDR)和简易航行数据记录仪(simplified VDR,S – VDR),俗称"船用黑匣子(marine black box,MBB)"。

1. VDR 的国际标准

(1)IMO 性能标准

包括船载航行数据记录仪(VDR)性能标准和简易航行数据记录仪(S – VDR)性能标准。

(2)IEC 技术标准

①IEC 61996 – 1 Ed. 1.0《海上导航及无线电通信设备和系统:船载航行数据记录仪(VDR):第 1 部分:航行数据记录仪(VDR):性能要求、试验方法和要求的试验结果》。

②IEC 61996 – 2 Ed. 2.0《海上导航及无线电通信设备和系统:船载航行数据记录仪(VDR):第 2 部分:简易航行数据记录仪(S – VDR):性能要求、试验方法和要求的试验结果》。

2. VDR 的国内标准

(1)国家海事局的规定

中国海事局于 2001 年 4 月 20 日颁布了《船载航行数据记录仪技术条件和检验程序》(国内游艇试行)。

(2)中国船级社规定

①2001 年制定了《船载航行数据记录仪检验指南》。

②2006 年颁布了《关于简易航行数据记录仪(S – VDR)安装及检验要求的规定》。

3. VDR 使用的意义

(1)有助于准确分析海事原因,划分事故责任。

(2)在船舶综合管理、提高安全防范能力、提高海上救助水平等方面具有重要意义。

4. VDR 与 AIS,ECDIS 的关系(图 9 – 1)

5. 船载航行数据记录仪的系统组成(图 9 – 2)

(1)数据采集单元(主机)

包括数据处理器、传感器接口、信号处理电路、麦克风组:IEC61162/NMEA0183 数据采集、其他信号(雷达、语音、开关信号)。

（2）保护存储单元

包含数据保护容器（固定/自由浮离）和保护最终记录介质（FRM），数据保存至少两年。

能在经受冲击、穿刺、耐火、深海压力和潜水情况下保护存储的数据；外壳为橙色；设有水下声响信标（其电池可用30天）；自浮式保护容器指示灯和无线电发射机应具有7天的工作能力。

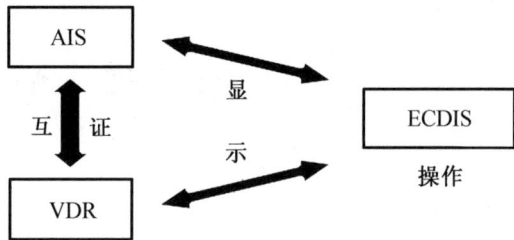

图 9 - 1　VDR 与 AIS，ECDIS 的关系示意图

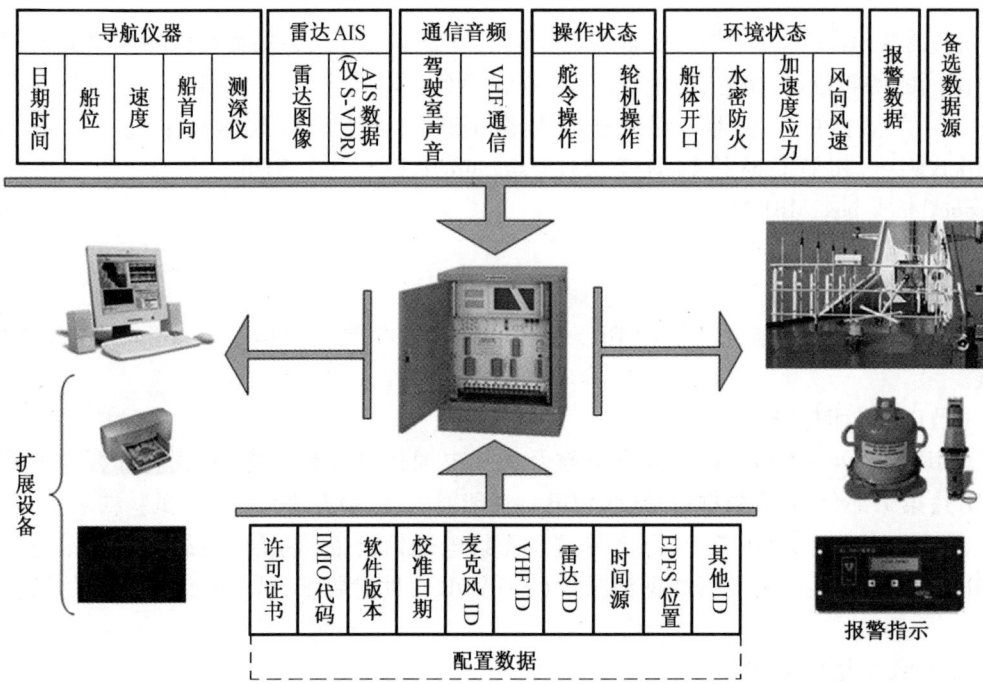

图 9 - 2　船载航行数据记录仪的系统组成示意图

（3）数据回放设备

在有再现系统的软硬件条件下，可以进行数据再现、声音再现、图形再现，但不可以改写。

（4）报警指示器

监测供电、记录、误码率、麦克风、数据完善性。包括声音和视频报警。

6. 电源

包括主电源、应急电源、专用备用电源。

当主电源和应急电源都失电时，专用备用电源可自动供电 2 h。

9.1.2　VDR 的主要功能

1. VDR 的主要功能

（1）船舶航行数据的记录功能

①VDR 的船舶固定数据：船名、呼号、IMO 编号、船舶类型、航行状态等。

②VDR 的船舶动态信息和操作信息。

VDR 船舶动态信息：时间、船位、航速、主机转数、实际舵角及可选数据（雷达数据、水深、船体开口状况、水密门和防火门状况、加速度和船体应力、风速和风向）。

VDR 船舶操作信息：操作时间、船舶车钟指令、机舱车钟回令、主机油门操作、可变螺距螺旋桨操作及可选数据（语音信息、侧推器、号灯动态、主要报警信号）。

（2）VDR 数据存储与使用

①连续 12 h 记录所有数据，数据存储时间大于 12 h，新数据刷新旧数据。

②主电源故障时应能持续工作 2 h。

③事故后调查期间，数据的使用只能由权利机关进行。

④船公司和船员再现使用数据时应防止已存储数据和正在记录的数据受到破坏和窜改。

2. 显示和打印功能

3. 自检功能

4. 自动报警功能

（1）设备报警：故障。

（2）工作报警：辅助警示信号。

9.1.3　VDR 与 S – VDR 数据记录功能区别（表 9 – 1）

表 9 – 1　VDR 与 S – VDR 数据记录功能区别表

数据		设备	
类型	内容（来源）	VDR	S – VDR
导航仪器	日期时间船位（EPFS）	强制	强制
	速度（计程仪或 EPFS）	强制	强制
	艏向（罗经）	强制	强制
	水深（测深仪）	强制	非强制 *
雷达 AIS	雷达图像（雷达）	强制	非强制 *
	AIS 数据（AIS）	不需要	若记录雷达数据，则不需要
音频操作状态	驾驶室/VHF 声音	强制	强制
	舵令及响应	强制	非强制 *
	轮机命令和响应	强制	非强制 *
环境状态	船体开口	强制	非强制 *
	水密门和防火门	强制	非强制 *
	加速度和船体应力	若有传感器	非强制 *
	风速风向	强制	非强制 *
报警	主报警	强制	非强制 *

* 若有 IEC61162 或 NMEA0183 数据或 RGB 接口（雷达），则应予记录。

9.1.4 船载航行数据记录仪操作、检验、管理

1. 船载航行数据记录仪操作

(1)配置操作:启用时完成,有密码保护。

(2)运行操作:

①操作控钮的基本功能

a.电源　顺序接通主电源、应急电源和备用电源,接通后应确认无报警且正常记录数据连续不间断工作。

b.存储　将最近 12 h 数据存储在可移动存储单元中。

c.记录终止　按下时,系统停止继续记录航行数据。

d.报警确认　确认报警,声音报警静音。

e.测试　启动设备自检程序。

②发生事故时数据备份操作

a.一般性事故结束后,按存储键,确认数据存储到存储单元,取出移动存储卡。将数据复制到计算机中。

b.重大事故结束后且无再继续记录数据的必要,按记录终止键(如果有),再按照 a 的操作完成数据备份,然后关闭系统电源。

c.恶性事故准备弃船,若情况允许,将数据备份至存储介质带走。若情况紧急,无需任何操作,设备在断电 2 h 后,自动停止记录,数据将随数据保护舱回收后得到恢复。

2. 船载航行数据记录仪的验收与检验

(1)系统安装后的验收

①产品证书,各单元的安装情况;

②防篡改性能检验;

③只有通过安全方法才能停止系统的记录;

④对记录的数据的访问设置密码;

⑤正确的文字标志;

⑥检查采集的数据项目满足要求;

⑦检查系统主机和最终保护容器的安装情况;

⑧电源试验;

⑨确定自动/手动释放装置的有效期和有效性;

⑩自浮式保护舱,检查定位信标和指示灯的功能;

⑪检查文件配备,安装指南、操作和维护手册等。

(2)年度检验

①测试开始前无报警;

②外电源失电报警启动后,设备可运行 2 h;

③音响信标处于正常工作状态;

④备电池(音响信标及电源)均在有效期内;

⑤核查船上记录确认 VDR/S – VDR 经正确维护保养;

⑥记录的数据项目满足 IMO 性能标准的有关要求;

⑦自浮式保护舱自浮式装置令人满意;

⑧测试完成时,应确认设备恢复到正常工作状态。

(3)日常维护

①正常工作时,只需随时查看报警指示器监控面板。

②如发现船舶有无法处理的异常情况,立即向船东或所在/就近港口的海事主管机关报告,报告内容应包括:发现设备异常工作的时间、地点、可能原因、海况、天气情况等,船舶进入第一港口时书面报海事主管机关签证备查。

③若系统提供回放功能,则每月进行一次回放检测。

④按说明书要求定期检查更换专用备用电池。

⑤以上情况记录在航海日志。

3. 船舶航行数据的管理

(1)船东在任何时候都拥有记录仪/数据的所有权。

(2)发生海事事件时,船东应配合海事调查,协助回收保护舱,恢复航行数据。

(3)在事故第一现场,船长有责任保护航行数据,上交主管当局。

(4)弃船时未能够及时撷取数据,海事主管当局应负责协调回收保护舱。

(5)调查时主管当局监管原始数据,拷贝交船东留存。数据恢复和解读由主管当局负责,并通知船东。

9.1.5　船载航行数据记录仪配备要求(表9-2)

表9-2　船载航行数据记录仪配备要求

游艇种类	2002年7月1日之后建造	2002年7月1日之前建造
客船或客滚船	VDR	VDR
3 000 总吨以上货船	VDR	VDR 或 S-VDR

9.2　船舶自动识别系统

9.2.1　船舶自动识别系统(automatic identification system,AIS)技术的来源及发展

AIS 是工作在 VHF 海上频段的船舶和岸基广播数据传输系统。它是一种可在船与船之间以及船与岸之间交换数字信息的新工具。设置 AIS 的目的是为了自动船舶识别、避免船舶碰撞、协助目标跟踪、减少话音报告、简化信息交换并提供附加信息以帮助了解船舶交通状况。目前,AIS 已在越来越多的船舶上配置,作为雷达的补充,用作船舶之间避碰和自动交换信息的重要助航工具。AIS 是一个辅助的船舶航行信息源,利用基站 AIS 收集和交换船舶航行等有关信息的功能,可使 VTS(Vessel Traffic Service)改善和加强对船舶交通的服务管理功能,可使港航部门获取有关船舶的装载货物、航行计划、实际位置等信息。此外,AIS 还可在航标和搜寻救助等方面应用。

9.2.2　AIS 的国际标准化进程

在1995年 IMO 的 NAV 41 会议上,瑞典和芬兰联合首次提出了"将自组织时分多址技

术应用于船舶间和船岸间的海上转发器系统的建议草案"的提案。该转发器曾被称为 4S（Ship‐Ship，Ship‐Shore）转发器，它利用了由瑞典民航局提出的新概念 GP&C（全球定位与通信）和新技术 STDMA（自组织时分多址接入）。GP&C 的特征是利用 VHF 无线数据链路和自组织时分多址接入技术实现航空、航海以及陆路运输领域的导航、识别、监视、状态报告和通信。在 1996 年 IMO 的 NAV 42 会议上，各成员国就确定未来 AIS 是利用新提出的 STDMA 技术还是利用过去 GMDSS 系统中提出的 DSC 技术这一问题进行了广泛的争论，最后达成的共识是：未来的 AIS 必须能够满足船舶间以及船岸间不断增长的信息交换的需要，一个在不久的将来不能满足需要的国际标准将会成为技术发展的障碍。到了 1997 年 NAV 43 会议，IMO 成员基本上取得了一致的意见，确定以 STDMA 技术为基础的"通用船载自动识别系统"作为未来的全球海上实施系统。该系统不仅考虑了最初提出的 VTS 对船舶识别的需要，同时也认为 AIS 应当满足海洋中船舶避碰的需要。1998 年 IMO 的 NAV 45 会议确定了 AIS 的性能标准。

9.2.3　AIS 特征

AIS 具有以下特征：
(1)船‐船间，船‐岸间通信；
(2)广播式，点对点式通信；
(3)自主连续地运行；
(4)不需要人工干预。

9.2.4　AIS 的功能

AIS 装置的主要功能是能够自动向有相应装置的海岸电台、其他船只及航空器提供相关信息，包括船籍、船型、位置、航向、航速、航行状态及其他相关安全的信息；也能自动接收配备该装置的船舶发出的上述信息；能监视和跟踪这些游艇，并能与岸基装置交换数据（图 9‐3）。

概括地说 AIS 的功能包括：
(1)识别船只；
(2)协助追踪目标；
(3)简化信息交流；
(4)提供其他信息以避免碰撞发生。

9.2.5　AIS 的工作模式

1.连续模式

这是预设的缺省模式，以此模式运行时，各台站自行安排其信息自身的发射时间，并自动解决各台站在发射时间上的冲突。这种模式用于船对船避碰，可用于一切水域。

2.指定模式

以此模式运行时，各台站应采用政府管理部门所指定的发射时间表，即由交通监管当局遥控数据发送时隙及发送间隔。这种模式用于交通监管水域。作为一种 VTS 工具，帮助船舶有效导航，改善航行安全，改善环境保护及改善 VTS 的运行。

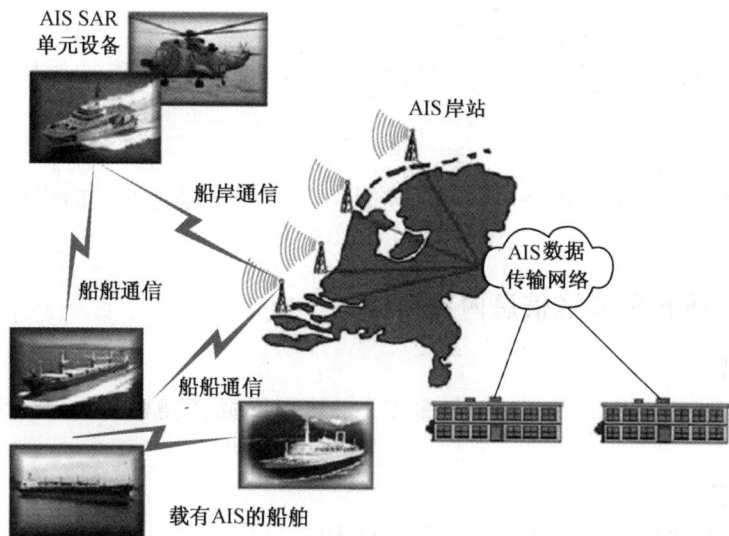

图9-3 AIS功能示意图

3. 轮询模式

以此模式运行时,各台站应自动回应船只或政府管理部门的询问,轮询模式的运行不应和其他两种模式的运行发生冲突,回应信息的发送应在接收询问信息的频道上进行。

9.2.6 AIS 各部分构成及作用

1. AIS 各部分构成

内置的 GPS/DGPS 接收机、VHF 数据通信机、通信控制器、船舶运动参数传感器接口、数据接口、内置完整性测试模块和最小键盘与显示单元(图9-4)。

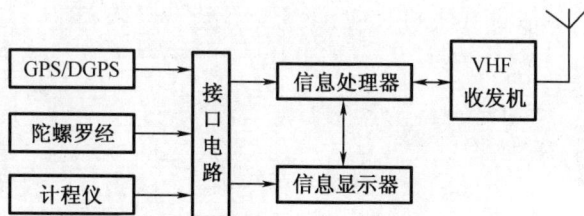

图9-4 AIS 组成示意图

2. AIS 各部分作用

（1）AIS 内置的卫星定位传感器

主要是用于提供通信链路同步定时和游艇对地运动参数的。它是系统外接卫星定位系统的补充。

（2）船舶运动参数传感器接口

经此接口与船桥上安装的 GPS 接收机、陀螺罗经、计程仪和船舶转向计相连,收集它们提供的各种船舶运动信息:船位、航向、航速、游艇转动方向和转向率。

（3）数据接口

将 AIS 通过数据接口与电子海图显示及信息系统或雷达相连。该接口不仅能够输出本船的运动参数和接收到周围船舶的信息，而且能接收来自显示终端的控制指令和发送报文。

（4）通信控制器

是 AIS 的核心。根据 AIS 的网络协议控制 VHF 数据通信链路上的信息传输和各接口的数据交换。

9.2.7　AIS 船站发送信息内容

1. 静态信息

包括用户识别码 MMSI、电台呼号、船名、船长和型宽、船舶类型、定位天线在船上的位置。

2. 动态信息

包括船位、对地航速、航行状态、船首向、世界时、转向速度、对地航向。

3. 与航程有关的信息

包括吃水、危险货物、目的地与估计到达时间、航路计划（转向点）、人员数（船员、旅客、其他）。

4. 与安全有关的信息（根据要求发送）

包括重要的航行警告、重要的气象警告。

5. AIS 传输信息的更新率

9.2.8　AIS 应用

1. AIS 在游艇避碰中的应用（图 9－5）

混淆船

无线电测向（DF）

图 9－5　AIS 的应用示意图

（1）AIS 在探测目标中的应用

①当遇到雨雪、大风浪等恶劣天气时，雷达的回波信号可能会受到干扰，而出现杂波或丢失目标等问题。

②当目标船航行于多岛礁、航道的弯头或大船的背后等遮蔽水域时，雷达将无法观测到这些目标，而 AIS 在这些居间障碍物的高度不影响无线电波传输的情况下，仍可发现目标。

③对于进入雷达盲区的极近距离的小船（如拖轮）雷达上不能发现该目标，而 AIS 的探测能力依然如故。

④AIS 定位精度高。

（2）AIS 在船舶避碰信息交换中的应用

AIS 能够自动、快捷、全面地提供有助于避碰的信息。AIS 本身可对附近海区船舶实施监视并能自动计算目标船舶的 DCPA 和 TCPA，能对碰撞危险给予警告（表9-3）。

表9-3

静态信息	开机 2 min 内自动发射，以后每6 min 广播一次或根据要求
动态信息	2 s~3 min 之内广播一次，取决船速和航向变化率
与航次有关的信息	每6 min 广播一次或根据要求
与安全有关的信息	手动编辑，即时发射

（3）AIS 在 VTS 中的应用

①船舶自动识别；

②改善船舶跟踪：

a.扩大了地理覆盖范围；

b.提高位置精确度；

c.不再有雷达遮挡区；

d.实时操纵数据；

e.天气对跟踪性能的影响。

③船岸信息交换；

④岸对船的 AIS 服务。

9.2.9 设备的安装期限

1.国际船舶（表9-4）

表9-4 国际船舶安装 AIS 要求表

船舶类型			安装时间
2002 年7月1日后建造的船舶			必须安装
2002 年7月1日前建造的船舶	国际航线	客轮、油轮	2003 年7月1日前
		≥50 000 总吨船舶	2004 年7月1日前
		300~50 000 总吨船舶	不迟于2004 年7月1日后的第一个安检日或2004 年12月31日前之较早者
	国内航线	客轮及500 总吨以上船舶	2008 年7月1日前

2. 中国籍沿海航行船舶配备船载电子海图系统时间表(表 9 - 5)

表 9 - 5 中国籍船舶安装 AIS 要求表

配备时间	配备范围
不迟于 2010 年 7 月 1 日	3 000 总吨及以上沿海航行客船、滚装船舶
不迟于 2010 年 10 月 1 日之后的第一次年度检验,最迟不晚于 2010 年 12 月 31 日	1 000 ~ 3 000 总吨沿海航行客船、滚装船舶、3 000 总吨及以上液货船
不迟于 2011 年 1 月 1 日之后的第一次年度检验	1 000 ~ 3 000 总吨液货船
不迟于 2011 年 4 月 1 日之后的第一次年度检验	300 ~ 1 000 总吨沿海航行客船、滚装船舶、液货船,3 000 总吨及以上沿海航行集装箱船,10 000 总吨及以上沿海航行所有其他船舶,200 总吨及以上拖船
不迟于 2011 年 7 月 1 日之后的第一次年度检验	1 000 ~ 3 000 总吨沿海航行集装箱船,3 000 ~ 10 000 总吨沿海航行所有其他船舶

9.3   船舶远程识别跟踪系统

9.3.1   船舶远程识别跟踪系统(long range identification and tracking of ships,LRIT)的概念

LRIT 是通过从船载自动识别系统(AIS)提取船舶识别码、船位和时间等数据,并利用全球海上遇险和搜救系统(GMDSS)的 Inmarsat—C 或高频设备(HF)以固定的时间间隔发送 LRIT 数据,经计算机对数据处理,实现船舶的远程识别与跟踪。

9.3.2   背景

自"9.11"事件以后,美国担心恐怖分子会利用船舶运输危险物资,甚至把船舶当作"漂浮的炸弹"从事恐怖袭击活动。在美国的提议下,IMO 通过了《国际船舶和港口设施保安规则》,并将 AIS 的配备提前。然而,由于 AIS 系统受通信距离的限制只能跟踪近岸船舶,而船舶报告系统虽能覆盖全球,但因报文为人工编制可能影响跟踪精度。为解决船舶远距离的跟踪问题,美国等国提出了建立 LRIT 的设想。但很久以来,船舶远程识别与跟踪问题一直没有得到解决。2002 年 12 月,IMO 召开了海上保安外交大会,通过了 SOLAS 公约修正案,将《国际保安规则》纳入 SOLAS 公约。在这次大会上,LRIT 作为海上保安的特别措施被提交给海安会(MSC),及其航行安全分委会(NAV)和通信及搜救分委会(COMSAR)研究;2006 年 5 月,IMO 海事安全理事会(MSC)第 81 次告议通过了经修订的 1974 年 SOLAS 国际公约修正案,增加了强制实施船舶远程识别跟踪系统的相关自容,并于 2008 年 1 月 1 日生效。LRIT 系统于 2009 年 1 月 1 日起开始实施,适用于从事国际航行的客船(包括高速船)、300 总吨及以上的货船(包括高速船)以及海上移动式钻井平台。但是只在 A1 海区内作业的并且配备有 AIS 的船舶,不需配备 LRIT。装有 LRIT 系统的船舶能自动发射船舶识别码、船舶位置(WGS - 84 经度和纬度)、提供船位的时间和日期等远程识别与跟踪信息。SOLAS

公约修订案第 V 章规定,在遵循国际协议、规则或标准规定要保护航行信息或在船长认为作业有损船舶安全或保安的特殊情况下,在尽可能短的时间内,可以关闭或停止发射远程识别与跟踪信息,在后一种情况下,船长应及时通知有关主管机关,说明所做决定的理由并指出系统或设备关闭的期限。

9.3.3 船舶远程识别与跟踪系统基本原理

1. LRIT 系统结构及其基本功能

(1) LRIT 系统结构

LRIT 系统由 LRIT 船载设备、通信服务提供方(CSP)、应用服务提供方(ASPs)、LRIT 数据中心(DC)(包括相关船舶监视系统(VMS 缔约国政府或其共同建立的对悬挂其船旗的船舶信息的监视系统))、LRIT 数据分配计划(DDP)服务器、国际数据交换(IDE)和 LRIT 数据用户(LDU)组成。LRIT 系结构如图 9 – 6 所示。

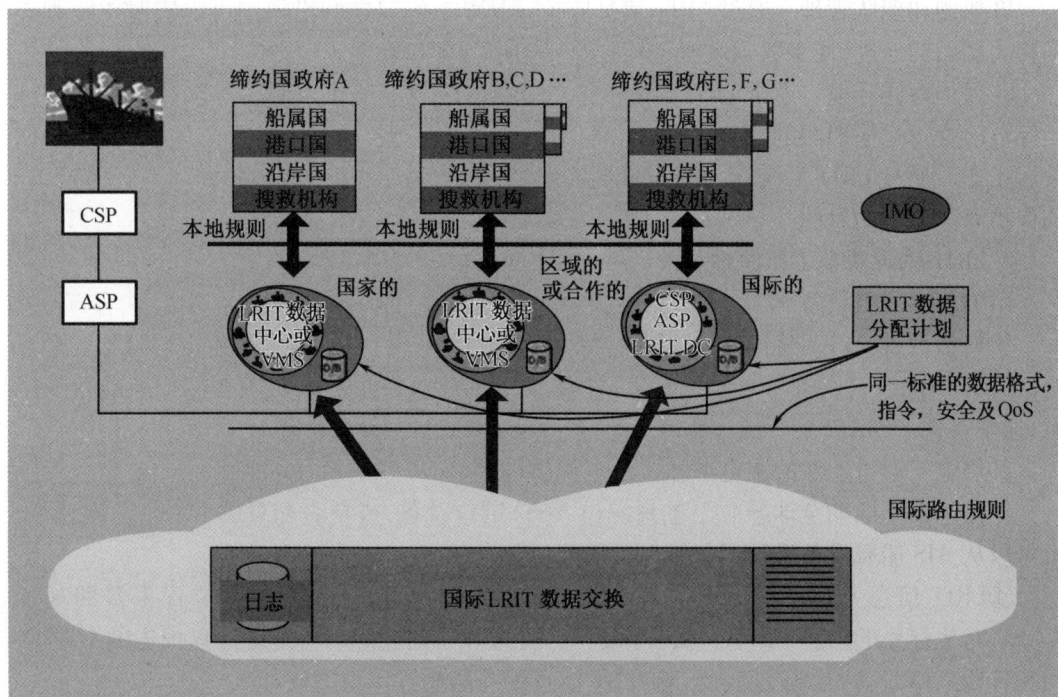

图 9 – 6   LRIT 系统结构示意图

考虑到 LRIT 系统和运行涉及的众多问题,IMO 在 MSC 82 次会议上指定国际移动卫星组织(IMSO)为 LRIT 协调员,其行政职责包括:借助系统管理员界面有限地获取系统数据,如管理、资费、技术和运行数据,协助 MSC 负责 LRIT 系统某些特定构成要素(如 IDC 和 IDE)和特定层面运行性能的检查、管理与资费审核,对涉及管理、技术、运行、资费等问题争端进行调查,测试 IDE,IDC 和 DDP 之间通信新程序,向海安会提出解决问题的方法,提交测试报告和相关资料,协助建立和管理 IDC 与 IDE,参与所有新 DC 的测试,审核所有 DC 的运行及其费用架构并提出年度报告,核实缔约国政府和搜救机构的数据请求等。

（2）LRIT 系统基本功能

船载设备在无需任何人工干预的状态下自动每隔 6 h 或以不同时间间隔自 DC 发射 LRIT 信息。发射的 LRIT 信息通过通信服务提供方和应用服务提供方传输给主管机关指定的 DC。按照国家和地区的区别，DC 可以分为国家数据中心（NDC）、区域或协作数据中心（R/CDC）以及国际数据中心（IDC）。根据请求，DC 将来自船载设备的 LRIT 信息传给有权接收的 LDU。IDE 按照 DDP 在各个 DC 之间传递信息。缔约国政府从指定的 DC 获得 LRIT 信息。搜救服务机构能够获得无论搜救区内外的所有游艇发射的求救信息。

LRIT 系统具有以下功能：

①海上保安　通过 LRIT 信息监控，各缔约国政府可以预防和减少船舶和港口遭受恐怖袭击，大大提高全球海上船舶保安能力。

②海上搜救　通过 LRIT 信息监控，搜救服务可以有效缩小海上遇险船舶搜救范围，缩短搜救反应时间。

③船舶和船队管理　通过 LRIT 信息监控，船旗国、港口国和沿海国可以实时跟踪和查询相关船舶的航迹，便于各国政府对其所属船舶的监督和管理。

④保护海洋环境　通过 LRIT 信息监控，缔约国政府能够重点跟踪危险化学品船和油轮等危险货物运输船舶的船位，防止泄漏、溢油事故的发生，以及一旦事故发生，及时采取善后工作。通过 LRIT 系统，也便于国际组织对受保护的特殊海域或敏感海域进行监控，起到保护海洋环境的目的。

2. LRIT 系统基本工作原理

（1）LRIT 船载设备

①通信设备　LRIT 船载通信设备应满足 1MO A 694(17)决议（全球海上遇险与安全系统（GMDSS）无线自设备和电子导航设备一般要求的建议）的要求，能覆盖船舶所航行的区域，通常首选 INMARSATC 或 MINIC 系统。

②供电　通过船舶的主电源和应急电源供电。

③传感器　船舶全球导航卫星系统（GNSS）定位设备，或自身配置的 GNSS 定位设备，也可以从 AIS 船载设备远程通信接口获取船位数据。

④LRIT 信息　IRIT 信息始发于船舶，包括船载设备识别码，本船位置报告即基于 WGS–84 坐标系的游艇 GNSS 位置（经度和纬度），和时间标志即所发射位置报告的 UTC 时间和日期。LRIT 系统通过接收船舶 LRIT 信息跟踪船舶。

⑤LRIT 信息报告时间间隔

a. 缺省位置报告。设备在缺省情况下，无需人工干预自动以每 6 h 的时间间隔向 DC 发射本船 LRIT 信息。

b. 预先设置位置报告。在无需人工干预的情况下通过预先设定的时间间隔向 DC 发射本船 LRIT 信息，时间间隔由最短的 15 min 到 6 h。

c. 根据请求位置报告。在无需人工干预的情况下，按照数据 LDU 轮询指令或者远程遥控控制发射 LRIT 信息，以及远程遥控改变 LRIT 信息的发射时间间隔。

d. 当船舶靠港、进入船坞修理或者长时间不使用时，船长或者主管机关可以将 LRIT 信息的发射时间间隔增加到 24 h，或者暂时停止发射。

e. 当船舶遭遇危险、载运危险货物或者是特种船时，LRIT 信息的发射时间间隔需要降低到 15 min。

（2）LRIT 数据用户

LRIT 数据用户（LDU）包括授权接收 LRIT 信息的缔约国政府和搜救服务机构。根据缔约国政府与船舶的对应关系，船舶 LRIT 信息的接收仅限于：

①船旗国主管机关有权获得悬挂其船旗的所有船舶在任何位置的 LRIT 信息；

②港口国政府有权要求意欲进入其港口或其管辖水域港口设施的船舶的 LRIT 信息，但须通报接收 LRIT 信息的船舶距海岸的距离或预计到港时间，其他缔约国内水的船舶除外；

③沿海国有权获得距海岸 1 000 n mile 以内不论船旗的所有船舶的 LRIT 信息，但其他缔约国内水的船舶以及其领海内悬挂其船旗的船舶除外。

（3）通信服务提供方

通信服务提供方（CSP）提供必要的通信基础设施和服务，在船舶与 ASP 之间建立通信链路。船舶发射的 LRIT 信息通过 CSP 设定的通信链路发送给 ASP。

CSP 也可以提供 ASP 服务。

（4）应用服务提供方

应用服务提供方（ASP）负责船舶 LRIT 信息的收集和处理，并传输给相应的 DC。ASP 的建立与缔约国政府和 DC 是对应的。向 NDC 提供服务的 ASP 需得到建立该中心的缔约国政府的认可，向 R/CDC 提供服务的 ASP 需得到建立该中心的所有缔约国政府的一致认可，向 IDC 提供服务的 ASP 需得到 MSC 的认可。缔约国政府需向 IMO 提交由其认可的 ASP 清单，并且附上认可条件。当有变化时要及时通知 IMO。

①ASP 功能

a. 在 CSP 和 DC 之间提供通信协议接口，配置船载设备与 DC，管理 LRIT 信息的传输，如信息传输配置、信息传输时间间隔调整、按请求传输信息、信息传输暂停以及信息传输的恢复与管理等。

b. 通过集成交互管理系统监控 LRIT 信息数据流和路由。

c. 确保以安全可靠的方式收集储存和传输 LRIT 信息。

②ASP 数据处理

ASP 接收船舶发射的 LRIT 信息后，对数据进行处理，给 LRIT 电文附加表 9 - 6 所示的附加信息，并将扩展的电文发送至相应的数据中心。

表 9 - 6　ASP 和 DC 增加的数据

船舶识别	IMO 船舶识别编号和 MMSI
船名	发送 LRIT 信息的游艇名字
时间标志2	ASP 接收 LRIT 信息的时间和日期
时间标志3	ASP 接收 LRIT 信息发送给相应的 DC 的时间和日期
DC 识别码	由唯一的识别码表示的 DC 识别码
时间标志4	DC 接收 LRIT 信息的时间和日期
时间标志5	由 DC 将数据发送给 LDU 的时间和日期

（5）LRIT 数据中心

LRIT 数据中心 DC 分为国家、区域或者协作以及国际 DC。一个缔约国政府可以建立国家 DC（NDC），某些缔约国政府可以协商建立区域或者协作的 DC（R/CDC），没有建立 NDC 或者没有参加建立 R/CDC 的国家，可以在 MSC 的认可和协调下建立国际 DC（IDC）。

除了被要求将 LRIT 信息发射到 NDC 或 R/CDC 的游艇之外，IDC 能够代表缔约国政府接收或者处理所有其他游艇的 LRIT 信息。

根据 LRIT 性能标准，DC 具有以下功能：

①采集船舶按照其主管机差的命令向 DC 发射的 LRIT 信息。

②经访问当前和先前版本 DDP，按照 DDP 或根据请求向有权接收信息的 LDU 发布 LRIT 信息，按照协议给 LDU 仅提供其得到授权的数据。

③LRIT 信息可通过 IDE 在 DC 之间根据请求发送。

④执行或通过 IDE 向其他 DC 发送 LDU 变更船舶或船队 LRIT 信息发射时间间隔的请求。

⑤当某一特定船舶停止发射 LRIT 信息时，通知 LDU 和其主管机关。

⑥将发射信息至本中心的船舶 LRIT 信息存档，至少保存一年至 IMO，MSC 审查通过 LRIT 协调员的性能年度审查报告；存档的 LRIT 信息包括该中心两个性能年度审查之间活动的完整记录。

⑦最近 4 天内存档的 LRIT 信息，应在收到请求 4 min 内发送；最近 4 天至 30 天期间存档的 LRIT 信息，应在收到请求 1 h 内发送；一个月以上存档的 LRIT 信息，应在收到请求 5 天内发送。

⑧采用合适的硬件和软件，定期备份 LRIT 信息，并有机外存储，在发生故障时，可尽快维持连续服务。

⑨保存向本中心发射 LRIT 信息船舶的记录，包括船名、IMO 船舶识别编码、呼号和 MMSI。

⑩采用标准协议、安全的传播方式和标准可扩展的电文格式与 IDE 和 DDP 服务器通信。

⑪在发送 LRIT 信息时添加表 9 - 6 所示的附加数据。

此外，DC 还向搜救服务提供搜救区内外所有船舶发来的求救信息，以便快速实施救援。

（6）国际 LRIT 数据交换

在 MSC 的协调下，缔约国政府合作建立国际 LRIT 数据交换（IDE）。

①IDE 功能　IDE 使用标准互联网通信协议连接所有的 DC 和 DDP 服务器，根据 DDP 方案，使用 LRIT 电文中的 LDU 识别码（LRIT ID）确定自文的发送去向，并将 LRIT ID 与 DDP 中 DC 的网络服务端点 URL/URI 对应，在 DC 间传递 LRIT 数据，确保 LRIT 数据准确传递。IDE 不直接向 LDU 提供 LRIT 信息，DC 通过访问 IDE，使授权 LDU 获得 LRIT 信息。

②IDE 日志　IDE 不读取 LRIT 电文中的船舶位置数据以及存储或归档任何船舶 LRIT 位置数据，但将电文标题信息存储并归档为日志，至少存档 1 年，直到 MSC 审查和接收了 LRIT 协调员对其运行审核的年度报告。存档的日志应提供两个年度运行审核期间数据变换活动的完整记录，包括来自 RDC，CDC 或 IDC 的日志，以及与性能相关的统计信息，供审查、计费和统计分析之用。

LRIT 协调员可以离线获取所有的日志,审核 IDE 的性能。缔约国政府和 DC 只能离线使用与他们请求的和提供的 LRIT 信息相关的那部分日志。

③IDE 性能 IDE 具有至少每秒接收与处理 100 个报告的能力,在接收到输入 30 s 内对其进行处理,并给出相应的输出,以每年优于 99.9% 的可用性,每周 7 天,每天 24 h,以及以每天优于 95% 的可用性,向 LRIT 系统提供数据。

(7)LRIT 数据分配计划

IMO 负责制定和维护 LRIT 数据分配计划(DDP),数据、建立运行和维护 DDP 服务器。IDE 和 DC 和 LRIT 协调员可以获取当前和先前版本的 DDP。

DDP 内容包括:

①所有缔约国政府、得到授权接收 LRIT 信息的搜救(SAR)服务机构、DC、IDE、ASP、DDP 服务器和 LRIT 协调员的标识其 LRIT 身份的清单;

②考虑 DDP 技术标准相关条款,基于 WGS 84 坐标系的各缔约国政府有权接收船舶 LRIT 信息的地域范围(地理坐标),包括国际法定义的领海基线向内陆的水域、领海和海岸 1 000 n mile 之内的水域;

③缔约国政府及其主管机关按照 SOLAS V/19 - 1 规定的关于执行命令的信息;

④缔约国政府境内的港口及其设施相关的地理坐标(WGS 84);

⑤各缔约国政府对应的收集与存档 LRIT 信息的数据中心的标示符和其 LRIT 身份的清单;

⑥各 DC,IDE 和 DDP 服务器的统一资源定位器/统一资源标识符(URL/URI)(网络服务端点)的清单;

⑦为各 DC 服务的 ASP 清单及其 LRIT 标识符;

⑧缔约国政府关于 LRIT 相关事务的详细联系方式;

⑨授权接收 LRIT 信息的搜救服务机构关于 LRIT 相关事务的详细联系方式;

⑩缔约国政府认可的 ASP 及其附属认可条件相关的信息及接触点;

⑪各 NDC. R/CDC,IDC 和 IDE 相关信息及其接触点;

⑫LRIT 协调员相关信息及其接触点;

⑬DOP 及其服务器相关信息,IMO 中负责操作和维护 DDP 或其服务器官员的详细联系方式;

⑭保留先前所有版本 DDP 和其有效的时间和日期。

3. LRIT 系统性能

LDU 能够在船舶发射 LRIT 信息 15 min 内获得该信息以及在发出申请 30 min 内获得 LRIT 信息。

系统性能用下面式子表示:

$$系统性能 = (满足要求的报告数/要求报告的总数) \times 100\%$$

该数值越大,则说明系统的性能越好。例如,在第一时间段内,满足要求的报告数是 400,要求报告的总数是 500;而第二相同时间段内,满足要求的报告数是 450,要求报告的总数是 500。按照上面的公式可以得出:第一个时间段内系统性能是 $400/500 \times 100\% = 80\%$,第二个时间段内系统性能是 $450/500 \times 100\% = 85\%$。那么我们就可以说在第二个时间段系统的性能要好于第一个时间段。对于整个系统而言,该数值要满足在任意 24 h 以上达到 95%,在任意一个月以上达到 99%。

9.3.4 船舶远程识别与跟踪系统数据传输

LRIT 系统能够在全球范围内长期连续追踪记录船舶和船队航迹,对其数据的获取涉及国家主权、领海范围、商业秘密、船舶安全等众多问题。因此 LRIT 数据的内容、发送、存储、获取的安全性和可靠性一直是各缔约国关注的焦点。

1. 数据安全

LRIT 系统数据传输用陆线连接,通常采取下列方法确保数据传输的安全性。

(1)授权:LRIT 信息只提供给得到授权的 LDU。

(2)身份验证:在数据变换之前,系统内参与信息变换的各个部分,必须进行身份验证。

(3)保密:LRIT 系统各部分之间进行数据变换时,应用服务器的运行方确保数据不能被未取得授权者获得。

(4)完善性:参与 LRIT 信息交换的各方确保 LRIT 数据的完善性,数据不得被篡改。

2. 数据传输

LRIT 数据传输链路如图 9 - 7 所示。

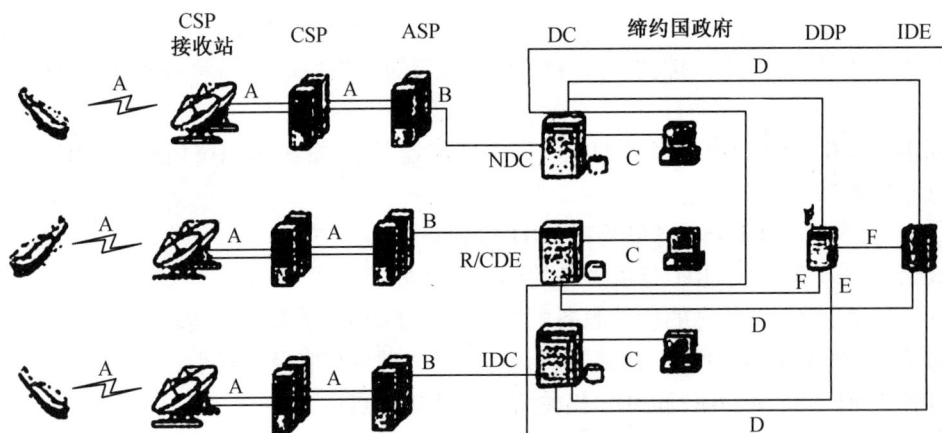

图 9 - 7 LRIT 数据传输链路示意图

(1)船舶发射的 LRIT 数据

船舶 LRIT 信息由船上经过认可的 LRIT 系统船载设备(GMDSS 设备)发射,例如通过 Inmarsat C 或 Mini C 系统发射到卫星地面站。然后此信息由 CSP 经互联网发送给 ASP,该信息包括船舶实时 GNSS 船位(WGS - 84 经纬度坐标)、发射该船位时的时间和日期、船载设备识别码,如图 9 - 7 中 A 段所示。

在收到 CSP 发射的 LRIT 数据时,ASP 向该数据添加时间标志 2,即 ASP 接收 LRIT 数据的时间和日期,为了便于识别与该 LRIT 信息相匹配的船舶,ASP 还将向该信息中添加 IMO 船舶识别编号和 MMSI。然后,ASP 将该数据发送给相应的 DC,并添加时间标志 3,即 ASP 将接收到的 LRIT 数据发送给相应的 DC 的时间和日期,以及添加 DC 识别码,如图 9 - 7 中 B 段所示。

DC 在收到该 LRIT 数据时添加时间标志 4,即 DC 接收到 LRIT 数据的时间和日期,并将该数据的副本储存于数据库中。此外,DC 还将对该数据进行处理,在处理的过程中,DC

将船舶的位置与其在 DDP 中的副本比对,如图 9－7 中 E,F 段所示。如果该分配计划中的规则显示某 LDU 请求或按计划有权接收该信息,则 DC 会直接或通过另一个 DC 间接(图9－7 中 D 段)将该信息发送给 LDU,并向该信息添加时间标志 5,即由 DC 将信息发送给 LDU 的时间和日期,否则不发送,如图 9－7 中 C 段所示。

2. LRIT 请求信息或轮询信息

提出请求或轮询的 LDU 向 DC 发送请求信息(图 9－7 中 C 段),DC 处理该请求。如果正在处理该请求的 DC 正对应于被请求船,则直接将 LRIT 数据发送给该船所对应的 ASP (图 9－7 中 B 段);如果处理请求的 DC 确定被请求船对应于另一 DC,则需将该请求信息发送给 IDE(图 9－7 中 E 和 F 段),然后 IDE 处理该请求,将其发送给被请求船所对应的 DC (图 9－7 中 D 段)。DC 再将该请求发送给被请求船所对应的 ASP(图 9－7 中 B 段)。如果是搜救服务机构提出的请求或轮询,那么该请求被直接发送给 IDE,然后 IDE 将该请求发送给所有的 DC。当请求或轮询信息被 DC 处理并且被请求船也向处理该请求信息的 DC 做出了回应后,请求或轮询将被发送给船舶所对应的 ASP,ASP 使用船舶的 LRIT 船载设备识别码通过 CSP(图 9－7 中 A 段)与船舶建立通信连接,并将请求或轮询发送给船载设备,然后船载设备根据信息做出相应的反应。

9.3.5 船舶远程识别与跟踪系统的实施与运行注意事项

1. LIRT 系统实施

SOLAS 公约关于 LRIT 修正案(规则 V/19－1)已于 2008 年 1 月 1 日生效,确定该系统于 2008 年 12 月 31 日开始正式运行,但由于各缔约国 DC 等基础设施建设和管理等诸多因素的影响,该系统实际上于 2009 年 6 月 30 日才陆续开始运行。公约规定,LRIT 船载设备纳入船舶安全证书管理,证书附件作为设备记录。

LRIT 是在海上保安环境日益紧迫的局面下开始实施和运行的全球船舶跟踪系统。美国是 LRLT 系统的最初倡导者和积极推动者。在系统的建立和实施过程中美国也做出了非常大的努力。从 2008 年至 2011 年底,IDE 及其应急恢复系统的建设与运行费用都是暂时由美国负担的。当然,因为 LRIT 系统数据涉及国家主权、领海范围、船舶和船队的商业活动和航行安生,所以掌握 LRIT 数据也意味着巨大的政治和商业利益。

我国 DC 已于 2009 年 7 月 1 日正式运行。从该 DC 可以实时查询所有中国籍船舶的身份和船位信息,还能对靠近中国海岸线的外国籍船舶进行身份和实时船位查询。中国籍船舶每隔 6 h 向中心报告一次船位,如需要精确掌握船舶的动态,DC 还可以向船舶发出请求命令,达到最快每隔 15 min 报告一次船位信息。当外国籍船舶进入中国港口或者中国海岸线 1 000 n mile 之内时,DC 也可以得到该船舶船位等信息。目前,我国各直属海事局已经把 LRIT 船载设备作为必查项目。

2. LRIT 船载设备符合性测试

2008 年 5 月 MSC84 会议通过了"MSC 1/Cire1257 通函关于要求发射 LRIT 信息船舶的符合性勘验和发证导则"(以下简称导则)。2008 年 12 月,MSC85 次会议修订了 MSC 1/Cire1257,以 MSC 1/Cire1296 通函取代了 MSC 1/Cire1257。2009 年 5 月,MSC86 会议修订了 MSC 1/Cire1296 通函,以 MSC 1/Cire1307 通函取代之。在 2008 年 12 月 l5 日之前签发的 LRIT 船载设备符合性测试证书应遵循 MSC 1/Cire1257,在 2009 年 7 月 1 日之前签发的证书应遵循 MSC 1/Cire1296,之后签发的证书则应遵循 MSC 1/Cire1307。

根据导则要求 LRIT 船载设备必须通过主管机关认可的发射 LRIT 信息符合性测试,测试由船舶主管机关授权的 ASP 或认可的测试应用服务提供方进行。测试通过后测试应用服务提供方代表游艇主管机关给船舶颁发 LRLT 符合性测试报告。

在下列情况下,符合性测试报告将不再有效,须重新申请符合性测试。

(1)LRIT 船载设备发生变化。

(2)船舶改挂其他缔约国政府的船旗。但是,当进行符合测试的 ASP 也是新船旗国政府认可或授权进行测试的 ASP 时,符合性测试报告依然保持有效,在此情况下,ASP 应以新船旗国主管机关的名义重新签发符合性测试报告,以表明船舶新的符合性,但完成符合测试的日期不需改变。

(3)签发符合性测试报告的 ASP 通知主管机关或船级社,该 ASP 不再证实其所签发的符合性测试报告的有效性。

(4)主管机关撤销了对进行符合性测试的 ASP 的认可或授权。但在此情况下,主管机关可以决定,在撤除认可或授权的日期之前或主管机关确定的日期之前签发的符合性测试继续保持有效。

(5)当 LRIT 船载设备不能正常使用时。

3. LRIT 船载设备营运检验以及安全证书的签署和签发

船舶满足 SOLAS V/19 – 1 要求取得安全证书后,在进行安全证书的年度、定期、换新检验时,如果符合性试验报告保持有效,则可以签署或签发相关证书。

9.3.6   LRIT 系统运行注意事项

LRIT 系统的实施已纳入 SOLAS 公约,因此船舶所有人和船舶管理人员应注意以下问题:

(1)适用船舶必须进行 LRIT 测试工作,取得所在船旗国授权/认可的测试 ASP 颁发的证书,否则将会造成船舶滞留。

(2)按照相关国家法规,从 2008 年 12 月 31 日起,LRIT 测试证书已纳入船舶无线电安全证书检验范畴,符合性测试证书应妥善保存在船上备查。如果在检验时发现船舶不能满足相关要求(如船舶未持有主管机关授权或认可 ASP 签发的有效的符合性测试报告等),验船师通常先与船公司协商制订限期整改方案,然后将有关情况(包括建议)报告检验机关总部,并经总部请示船旗国主管机关同意后签发不超过 2 个月的附加条件安生证书,指明相应法定遗留项目。

(3)LRIT 船载设备应妥善维护保养使之处于良好的工作状态。如果设备无法正常发射信息,船舶所有人必须向主管机关报告其原因和预计恢复工作时间。

(4)LRIT 船载设备通常应保持在全天候正常运行状态。根据 SOLAS 公约,当船长认为设备的运行有损船舶安生或保安时,可以关闭设备,停止 LRIT 信息的发射,并记录在航海日志,同时及时通知主管机关,说明理由和告知系统或设备关闭的期限。

习   题

1. 船载航行数据记录仪使用的意义是_____。

①准确分析海事原因,划分事故责任;②增强船舶综合管理;③提高安全防范能力;④

提高海上救助水平。

    A.①③④   B.②③④   C.①②③④   D.以上都不是

2. 船载航行数据记录仪系统的组成包括_____。

①主机;②传感器;③信息再现设备;④最终存储器。

    A.①③④   B.①②③④   C.②③④   D.以上都不是

3. 船载航行数据记录仪的游艇固定数据包括_____。

    A.船名、呼号、IMO 编号、船舶类型、航行状态

    B.时间、船位、航速、主机转数

    C.船名、呼号、IMO 编号、船位、航速

    D.时间、船位、航速、IMO 编号、船舶类型、航行状态

4. 船载航行数据记录仪数据存储与使用_____。

    A.连续 24 h 记录所有数据,数据存储时间大于 12 h,新数据刷新旧数据

    B.连续 12 h 记录所有数据,数据存储时间大于 12 h,新数据刷新旧数据

    C.连续 6 h 记录所有数据,数据存储时间大于 24 h,新数据刷新旧数据

    D.连续 18 h 记录所有数据,数据存储时间大于 12 h,新数据刷新旧数据

5. 船载航行数据记录仪主电源故障时应能持续工作_____ h。

    A.3   B.4   C.2   D.5

6. 船舶自动识别系统的功能包括_____。

①识别船只;②协助追踪目标;③简化信息交流;④提供其他信息以避免碰撞发生。

    A.①③④   B.①②④   C.①②③   D.①②③④

7. 船舶自动识别系统的工作模式为_____。

①连续模式;②指定模式;③轮询模式。

    A.①②   B.①③   C.①②③   D.②③

8. 船舶自动识别系统的静态信息包括_____。

①用户识别码;②MMSI;③电台呼号;④船名;⑤船长和型宽;⑥船舶类型;⑦定位天线在船上的位置;⑧船位。

    A.①②③④⑤⑥⑧   B.①②③④⑤⑦⑧

    C.①②③④⑤⑥⑦   D.以上全是

9. 船舶自动识别系统的动态信息包括_____。

①船位;②对地航速;③航行状态;④船首向;⑤世界时;⑥转向速度;⑦对地航向;⑧用户识别码。

    A.①②③④⑤⑥⑦   B.①②③④⑤⑦⑧

    C.①②③④⑤⑥⑧   D.以上全是

10. 船舶自动识别系统的设备安装期限为_____后建造的船舶,必须安装。

    A.2003 年 7 月 1 日   B.2002 年 7 月 1 日

    C.2003 年 1 月 1 日   D.2002 年 1 月 1 日

11. LRIT 系统基本功能包括_____。

①海上保安;②海上搜救;③船舶和船队管理;④保护海洋环境。

    A.①③④   B.①②④   C.①②③   D.①②③④

12. 设备在缺省情况下,无需人工干预自动以每_____小时的时间间隔向 DC 发射本

船 LRIT 信息。

    A. 4   B. 6   C. 7   D. 8

13. 在无需人工干预的情况下通过预先设定的时间间隔向 DC 发射本船 LRIT 信息,时间间隔由最短的_____ min 到_____ h。

    A. 12;9   B. 15;9   C. 15;6   D. 12;6

14. 当船舶靠港、进入船坞修理或者长时间不使用时,船长或者主管机关可以将 LRIT 信息的发射时间间隔增加到_____ h,或者暂时停止发射。

    A. 12   B. 18   C. 6   D. 24

15. 当船舶遭遇危险、载运危险货物或者是特种船时,LRIT 信息的发射时间间隔需要降低到_____ min。

    A. 12   B. 15   C. 18   D. 24

16. IDE 不读取 LRIT 电文中的船舶位置数据以及存储或归档任何游艇 LRIT 位置数据,但将电文标题信息存储并归档为日志,至少存档_____年。

    A. 1   B. 2   C. 3   D. 4

17. IDE 具有至少每秒接收与处理 100 个报告的能力,在接收到输入 30 s 内对其进行处理,并给出相应的输出,以每年优于 99.9% 的可用性,每周_____天,每天_____ h,以及以每天优于 95% 的可用性,向 LRIT 系统提供数据。

    A. 6;12   B. 7;12   C. 7;24   D. 6;24

18. LDU 能够在游艇发射 LRIT 信息_____ min 内获得该信息以及在发出申请_____ min 内获得 LRIT 信息。

    A. 12;30   B. 15;30   C. 12;60   D. 15;60

19. 在下列情况下,符合性测试报告将不再有效,须重新申请符合性测试。_____

①LRIT 船载设备发生变化;

②船舶改挂其他缔约国政府的船旗。但是,当进行符合测试的 ASP 也是新船旗国政府认可或授权进行测试的 ASP 时,符合性测试报告依然保持有效,在此情况下,ASP 应以新船旗国主管机关的名义重新签发符合性测试报告,以表明船舶新的符合性,但完成符合测试的日期不需改变;

③签发符合性测试报告的 ASP 通知主管机关或船级社,该 ASP 不再证实其所签发的符合性测试报告的有效性;

④主管机关撤销了对进行符合性测试的 ASP 的认可或授权。但在此情况下,主管机关可以决定,在撤除认可或授权的日期之前或主管机关确定的日期之前签发的符合性测试继续保持有效;

⑤当 LRIT 船载设备不能正常使用时。

    A. ①②③   B. ①③④⑤

    C. ②③④⑤   D. 以上全是

20. 如果在检验时发现游艇不能满足相关要求(如船舶未持有主管机关授权或认可 ASP 签发的有效的符合性测试报告等),验船师通常先与船公司协商制订限期整改方案,然后将有关情况(包括建议)报告检验机关总部,并经总部请示船旗国主管机关同意后签发不超过_____个月的附加条件安生证书,指明相应法定遗留项目。

    A. 3   B. 1   C. 2   D. 4

附录1　海区水上助航标志图例

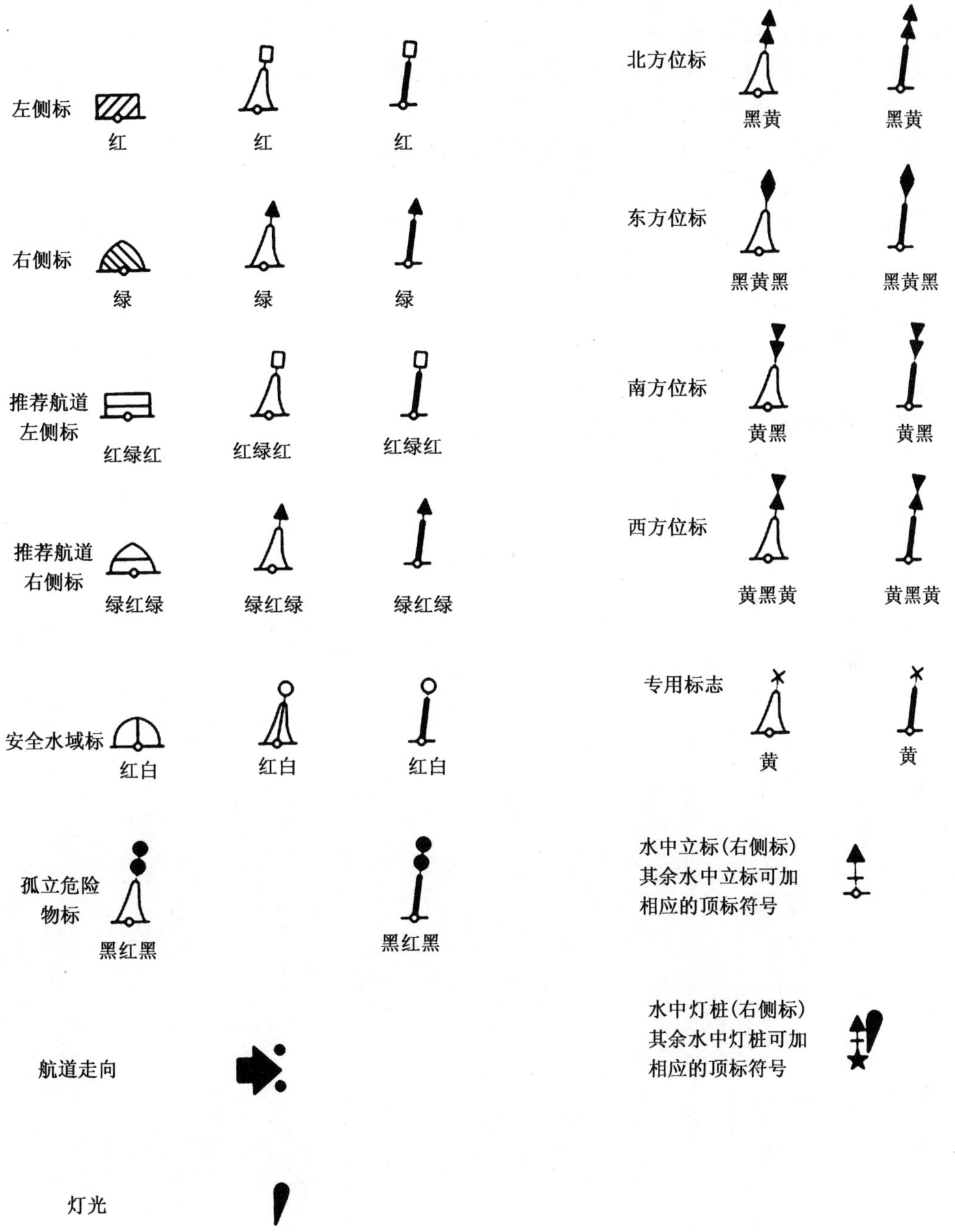

左侧标				北方位标		
红	红	红		黑黄	黑黄	

左侧标　红　红　红

右侧标　绿　绿　绿

推荐航道左侧标　红绿红　红绿红　红绿红

推荐航道右侧标　绿红绿　绿红绿　绿红绿

安全水域标　红白　红白　红白

孤立危险物标　黑红黑　黑红黑

航道走向

灯光

北方位标　黑黄　黑黄

东方位标　黑黄黑　黑黄黑

南方位标　黄黑　黄黑

西方位标　黄黑黄　黄黑黄

专用标志　黄　黄

水中立标(右侧标)
其余水中立标可加
相应的顶标符号

水中灯桩(右侧标)
其余水中灯桩可加
相应的顶标符号

附录 2　我国沿海港口信号

　　为维护我国港口安全秩序,方便船舶与港口间的联系,我国交通部制定了沿海港口信号规定,用以加强信号管理。未曾列入此规定的通信业务,可依照《1969 年国际信号规则》和《1972 年国际海上避碰规则》办理。各港口因特殊情况,需要制定临时性信号时,应尽可能不被误认为是此规则规定的信号。

　　我国沿海港口信号共分八个部分(详见相关专业书介绍):

　　1. 船舶信号(附图 1)

　　2. 船舶检疫信号(附图 2)

　　3. 泊位信号(附图 2)

　　4. 工程船信号(附图 2)

　　5. 交通注意信号(附图 2)

　　6. 风情信号——强风信号(附图 2)

　　7. 机动船声号——动向(附图 2)

　　8. 各特定信号(附图 2)

		船　舶　信　号			

旗号或号型	灯号	意义	旗号或号型	灯号	意义
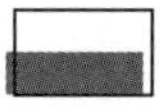	○ ●	引航船在工作	C B 6	○ ○ ●	本船失火，需要立即救助
G 		本船请派引航员引航			
H 		有引航员在本船	C B 7	○ ○ ●	本船漏水，需要立即救助
R 		本船需要淡水			
Z 	○ ●	本船需要拖轮	W	○ ○ ○	本船有急症病员，急需医疗援助
D O 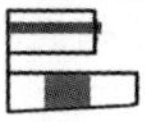		本船需要带缆艇或带缆员系缆或解缆	D 	○ ○ ○	船舶进出船坞，上下船排(包括浮船坞的沉浮)，要求来往船舶注意避让(船厂也同时显示)
D I	○ ● ○	本船需要交通船			
L 4		本船需要垃圾船(车)	V E 	○ ● ○	本船正在熏蒸
L 5		本船需要粪便船(车)	B O 	○ ● ●	本船熏蒸后正有散气
L 6	○ ● ○	本船需要污水船(车)	R Y 	○ ●	(1)本船正在进水上、水下拖工作业；(2)正在编拆竹木排，要求来往船舶慢车通过
R U 1	○ ● ●	本船在试航或者在船厂码头试车	B 	●	本船正在装卸或者载运爆炸、易燃等危险货物
S M		本船正在测速	● ● ●	●(另示锚灯)	本船搁浅
			● ●	● ●	本船失去控制
O Q		本船在校正电测向仪或罗径	●	● ○	200吨及以上的机动船或者拖轮船队将要或正在掉头(不满200吨的机动船也可以显示)
			P 		本船即将开航出港，所有人员立即回船

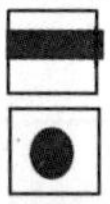

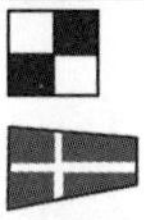

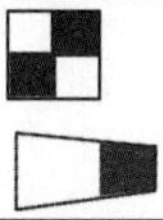

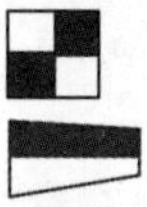

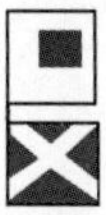

附图 1　船舶信号图例

声号	意义	声号	意义
▬▬ •	指示被指挥船减速	▬▬ ▬▬ •	追越船要求通过前船右舷
● ▬▬ ••	指示被指挥船停车	▬▬ ▬▬ ••	追越船要求通过前船左舷
● ▬▬ ▬▬	(1)能见度不良时锚泊船警告来船注意; (2)指示被指挥船解缆	▬▬ ● ▬▬ •	(1)本船在等请你船先行动或驶过; (2)前船同意后船追越
▬▬ • ▬▬	(1)大连港：要求进出港或移泊; (2)天津港：要求通过船闸	▬▬ ● ▬▬ ▬▬	前船要求后船追越
▬▬ ••	能见度不良时拖 轮拖带船舶航行	▬▬ •• ▬▬	(1)本船要求先行动或驶过; (2)顺水船要求逆水船等候或避让
● ▬▬ ▬▬	本船有急症病员急需 医疗援助	●● ▬▬ ▬▬	本船试鸣号笛

附图 2　船舶声号示意图

习题参考答案

第 1 章

1~10	BAABB	BDBCD	11~20	BDACA	AABBA
21~30	BABDC	CCADB	31~40	BDACB	ABDAA
41~50	CBDCB	DBDBC	51~59	BADCD	ADDB

第 2 章

| 1~10 | DCBAA | ACBAB | 11~19 | AABBB | CCBC |

第 3 章

| 1~10 | BACCC | CBBBC | 11~19 | AACDB | CBDC |

第 4 章

1~10	AABBC	AAAAA	11~20	BBADA	CADAA
21~30	ADCAD	CCDBC	31~40	AACCA	ADDAD
41~50	BCADB	DDCDB			

第 5 章

| 1~10 | CDDDB | DBDDD | 11~20 | CDBDB | AACDC |
| 21~25 | ABABA | | | | |

第 6 章

1~10	ADADB	DDBBA	11~20	CCCAC	ADDAD
21~30	DCDBD	DBABC	31~40	CAABA	DCADC
41~46	CCDDD	ADCAD			

第 7 章

1~10	ACBCB	CAABD	11~20	BDDAC	CCCBB
21~30	ACBDD	DDCAC	31~40	CCCAD	CCBAB
41~50	BCBAB	ABADB	51~60	ABCAC	DAADC

第 8 章

1～10   ABCBA   BACDC   11～20   DAAAB   CBCBC

第 9 章

1～10   CBABC   DCCAB   11～20   DBCDB   ACBDC

参 考 文 献

[1] 丁勇.航海学[M].大连:大连海事大学出版社,2005.

[2] 赵仁余.航海学[M].北京:人民交通出版社,2006.

[3] 陈家辉,张吉平.航海气象学与海洋学[M].大连:大连海事大学出版社,2005.

[4] 洪德本.航海仪器[M].大连:大连海事大学出版社,2003.

[5] 船舶船员适任证书知识更新(船长、驾驶员)[M].北京:人民交通出版社,2012.